Pró

DESTROZADOS

La **recuperación** de una **relación extramatrimonial**

DAVE CARDER
con DUNCAN JAENICKE

Unilit

Sepa

Publicado por
Unilit
Miami, FL 33172

© 2013 Editorial Unilit (Spanish translation)
Primera edición 2013

Originalmente publicado en inglés con el título:
Torn Asunder: Recovering from Extramarital Affairs por Dave Carder con Duncan Jaenicke.
© 1992, 1995, 2008 por David M. Carder y R. Duncan Jaenicke.
Publicado por Moody Publishers, 820 N. LaSalle Blvd., Chicago, IL, 60610.
Traducido con permiso.
Todos los derechos reservados.
(This book was first published in the United States by Moody Publishers, 820 N. LaSalle Blvd., Chicago, IL, 60610 with the title **Torn Asunder***, copyright © 1992, 1995, 2008 by David M. Carder and R. Duncan Jaenicke. Translated by permission.)*

Traducción: Dr. Andrés Carrodeguas
Diseño de la cubierta: Alicia Mejías
Fotografía de la cubierta: © 2013, Picsfive, Reinhold Leitner, Alfonso de Tomas. Usados con permiso de Shutterstock.com.

Los nombres de las personas y ciertos detalles de las historias de los casos descritos en este libro se cambiaron a fin de proteger a los clientes del autor. Además, en ciertas ocasiones, la composición de los hechos se realizó a partir de casos reales.

Todas las páginas web mencionadas aquí son exactas en el momento de la publicación, pero pueden cambiar en el futuro o dejar de existir. La inclusión de referencias y recursos de las páginas web no implica reconocimiento alguno de la editorial respecto al contenido total de las mismas. Los grupos, las empresas y las organizaciones que se enumeran son solo para fines informativos, y la lista no implica el respaldo de la editorial por sus actividades.

Producto 495765
ISBN 0-7899-1957-5
ISBN 978-0-7899-1957-1

Impreso en Colombia
Printed in Colombia

Categoría: Vida cristiana/Relaciones/Amor y matrimonio
Category: Christian Living/Relationships/Love & Marriage

A Ronnie,
quien por más de cuarenta años en todo el ciclo
familiar (que ahora incluye tres hijas casadas, un hijo adulto
y cinco nietos), en medio de sus propios logros
educativos y profesionales, siempre ha participado en la
creación de ese mundo especial dentro de nuestro
matrimonio que ha hecho mi vida tan rica.
Una última palabra: ¡aún no hemos terminado!

CONTENIDO

PRÓLOGO

Hace muchos años que conozco a Dave Carder; es más, antes de que se publicara *Destrozados* por primera vez. Recuerdo el riesgo que le significó hace dieciséis años escribir acerca del tema tan sensitivo del adulterio en la comunidad cristiana. No era algo que la gente estuviera dispuesta a analizar. Con todo, Dave creía en lo más profundo que había una gran necesidad de presentar un enfoque que les proporcionara ayuda a quienes tenían vidas destrozadas por la infidelidad.

El riesgo valió la pena. Con el paso del tiempo, *Destrozados* se ha convertido en el patrón de referencia sobre el tema del adulterio. En realidad, el tiempo ha demostrado que *el enfoque da resultados*. El libro de Dave ha preparado un camino claro y alcanzable para ayudar a las parejas a salir de la desesperación y el caos para llegar a la sanidad y la reconciliación definitivas. Tanto si se trata de una traición leve, como si es una grave, el libro de Dave ha demostrado que si ambos en la pareja colaboran, todo es posible mediante la gracia de Dios. Esto es cierto por varias razones:

Es bíblico. Los principios y las recomendaciones de *Destrozados* son confiables porque Dave los basa en las enseñanzas de las Escrituras, y ha hecho bien su trabajo. No solo eso, sino que el libro toma el material por debajo del nivel de la infidelidad en sí misma, a fin de llegar a las cuestiones espirituales del corazón y el alma que se deben enfrentar para resolver el origen de los problemas: «Los pensamientos humanos son aguas profundas; el que es inteligente los capta fácilmente» (Proverbios 20:5, NVI).

Está bien documentado. Dave también ha estudiado a fondo las investigaciones psicológicas y de parejas realizadas acerca de este tema. No solo encontrarás esta información muy útil, sino que también te darás cuenta que está de acuerdo con los principios bíblicos en los que se basa el libro. La verdad siempre corresponde con la verdad.

Es esperanzador. En una cultura que le da una importancia mínima al compromiso que significa el matrimonio, y sugiere que las personas se limiten a seguir adelante con la vida, *Destrozados* demuestra que con unos corazones bien dispuestos, amor, apoyo y orientación, las parejas pueden volver a estrechar sus lazos y renovar su confianza mutua. Son muchas las personas que temen sentir esperanza, y sus amigos mismos les dicen que abandonen toda esperanza. Sin embargo, hay una esperanza real y sustancial en este libro. Ha sido la guía para unos cambios que han transformado la vida de muchas parejas a lo largo de los años.

Es práctico. Si algún tema necesita un enfoque realista y paso a paso, es la sanidad de la infidelidad. La gente necesita saber lo que se le pide, y lo que debe hacer en medio de la confusión y las dudas. Este libro lleva al lector a través del proceso de una manera que lo aclara todo.

Creo que esta nueva edición de *Destrozados* ayudará a una nueva generación en la que hay tantos necesitados de su orientación en este doloroso aspecto de la vida. Tal como este libro ya lo ha venido haciendo, sus principios universales y permanentes seguirán ministrando y sanando. Dave Carder no solo conoce el tema, sino que vive en integridad como un hombre que hace lo que dice. Su vida, sus enseñanzas, su carácter y su competencia le dan al lector la seguridad de que este libro va a cambiar vidas.

Dios te bendiga.

Dr. John Townsend

AGRADECIMIENTOS

Desde que apareció *Destrozados* por primera vez hace dieciséis años, el fuego arrasador del adulterio, para desdicha, se ha seguido propagando, atizado por los medios de comunicación, alimentado por los desechos de las familias destruidas y provocado por una cultura en la que han desaparecido los valores, todo en medio de un ambiente en el que los hombres y las mujeres pasan juntos más tiempo que nunca en viajes profesionales, esfuerzos voluntarios y ministerios en común. Agrégale a esto el cambio de actitud de las mujeres hacia las relaciones sexuales fuera del matrimonio, la explosión de la práctica de la cohabitación sin compromiso, los grandes secretos de Internet, y no nos extrañaremos que más de la mitad de los matrimonios experimente la infidelidad.

Por fortuna, sin embargo, en este carbonizado panorama, muchas parejas hayan esperanza y ayuda en los materiales que contiene *Destrozados* mientras luchan por rehacer su vida y sus relaciones. Al mismo tiempo que estas parejas continúan contando sus historias, yo continúo aprendiendo lo que es más eficaz y competente para la recuperación del adulterio. A estas amadas personas es a las que les reconozco mi deuda por las revisiones que les he hecho a los materiales de *Destrozados*. En su mayoría, ha podido rescatar su matrimonio y hacer florecer de nuevo sus relaciones. Algunos no pudieron superar la traición y las complicaciones resultantes, pero todos nos han informado acerca de los beneficios que ha producido este esfuerzo por lograr la sanidad.

A Dennis Stocia, verdadera máquina de un solo hombre para destruir divorcios, cuyo motor siempre está encendido, y cuya grandiosa imagen de pasión por el matrimonio no tiene comparación, mi agradecimiento por su visión.

A Peggy Vaughan, una de las pioneras en la recuperación del adulterio, que tomó su propio trauma y creó, casi sin ayuda de nadie, un sistema internacional de apoyo para ayudar a los que se recuperan del adulterio. Creyó en mí y en los materiales de *Destrozados* desde el primer día que nos reunimos en el sur de California.

A Diane Sollee, fundadora de www.SmartMarriages.com, cuyo liderazgo en este campo durante esta última década ha llevado a un lugar de prominencia la educación al matrimonio (junto con la recuperación del adulterio). Tuviste el sueño del cual todos nos hemos beneficiado, y me brindaste la oportunidad de alcanzar a una audiencia nacional.

A mi equipo de Recursos para la Prevención de Aventuras y la Recuperación, en *Smart Marriages*. Es maravilloso tener amigos dispuestos a hacer pública su experiencia en la vida para ayudar a otras parejas que luchan en medio del caos de la recuperación del adulterio: Don y Nancy Anderson, Brian y Anne Bercht, y Gary y Mona Shriver.

A la Dra. Janis Spring, cuyos libros y talleres sobre la recuperación después de las aventuras me han sido de suma utilidad.

Al Dr. David Atkins (hace poco en el Seminario Fuller, y ahora en el Departamento de Psiquiatría de la Universidad de Washington), por tu continua corriente de investigación en el campo del adulterio. Solo quisiera que hubiéramos podido continuar los estupendos almuerzos en los que comentábamos tus hallazgos más recientes.

Al Dr. Douglas Snyder (Texas A&M), a quien conocí mientras era estudiante de posgrado en la Universidad Estatal de Wayne, Detroit. Tu Inventario de Satisfacción Matrimonial ha sido uno de los mejores recursos que he tenido en mis medios desde entonces, y me encantó asistir hace poco a tu taller de recuperación después de las aventuras en la Conferencia Nacional de la AAMFT. Todo eso apoyó en gran medida cuanto he llegado a creer acerca de la ayuda a las parejas en este campo.

Por último, al Dr. Mark Laaser y a su esposa, Debbie, mis grandes amigos y colegas en esta labor de ayudar a las parejas. Toda historia de adulterio tiene siempre dos caras, y ustedes dos juntos han sido modelo de lo que anda buscando todo el que haya pasado por esto. Su vida, sus libros, sus presentaciones y sus cuidados intensivos de los matrimonios demuestran la pasión que ambos tienen por los matrimonios en proceso de recuperación.

Prefacio:
Una carta de «La otra mujer»

Nota del Autor: Lo que sigue es una adaptación de una carta que recibí de una mujer que logró obtener de manera informal un primer borrador del original que se convirtió en este libro. Estuvo involucrada de manera romántica con un pastor de su iglesia y me pidió que le permitiera hablarles a otros, movida por su dolor, y con la esperanza de que no se dejaran absorber por la misma trampa en la que cayó.

Creo que su historia es una buena forma de ponernos a pensar en este tema tan importante y doloroso. Y, puesto que en la mayor parte de este libro hablamos sobre todo del miembro descarriado de la pareja y su cónyuge, podría ser bueno que leyéramos unas pocas palabras de «la otra mujer». Al fin y al cabo, hacen falta tres para formar un triángulo amoroso y lo lamentable es que eso es lo que sucede hoy en muchos matrimonios. Los materiales de las novelas están invadiendo a los matrimonios cristianos con demasiada regularidad.

Así que siéntate y agárrate de tu asiento. Permíteme que te presente a «la otra mujer».

Mi esposo y yo nos casamos jóvenes, cuando descubrí que estaba embarazada de un hijo suyo. Éramos los típicos adolescentes de clase media: solo habíamos ido demasiado lejos con nuestras pasiones unas cuantas veces, y el resultado fue aquel embarazo. Les estaba sucediendo a muchos chicos que conocíamos.

Así que nos casamos. Nos amábamos y, además, yo razonaba que si las cosas no resultaban, siempre me podía divorciar para comenzar de nuevo. Mi madre hizo eso; muchas de mis amigas lo hicieron también, y no me pareció que fuera un mal plan. Entonces, al cabo de unos meses antes de nuestra boda, deposité mi confianza personalmente en Cristo y me hice cristiana. Mi esposo se hizo cristiano poco después de nuestra boda. Según iba creciendo en mi fe y comenzaba a leer la Biblia, iba descubriendo que, a los ojos de Dios, el divorcio no es una opción a ejercer con facilidad. Sin embargo, eso no me preocupaba demasiado, puesto que nuestro matrimonio parecía haber comenzado bien.

Transcurrieron diez años, tuvimos tres hijos y les establecimos un hogar típico.

En mi fervor por ser una esposa y madre muy cristiana, comencé a dominar muchas de las funciones que había que desempeñar en nuestra familia, quedándome por completo a cargo del auto, las cuentas, la planificación, la agenda, las reparaciones de la casa y otras cosas más, mientras que mi esposo, Tyler, era cada vez más pasivo ante mi hiperactividad. Su trabajo implicaba de diez a doce horas diarias, y allí era donde usaba sus músculos, en lugar de hacerlo en casa. ¿Y por qué no? Como sea, yo me estaba encargando de todo.

En medio de mi ajetreo, ni siquiera me daba cuenta de que Tyler y yo nos íbamos distanciando cada vez más. No veía que nos movíamos por órbitas diferentes. Ni siquiera sabía que había muchas de mis necesidades que no se satisfacían. Todo lo que hacía era mantenerme en un incansable movimiento día tras día, cayendo exhausta en la cama, tratando de conseguir suficiente energía para seguir en continuo movimiento al día siguiente.

En la iglesia, comencé a participar en el ministerio con los jóvenes y me iba bastante bien. El ministerio estaba creciendo, una gran cantidad de jovencitos estaban recibiendo la salvación y creciendo en su fe, y eso me resultaba muy satisfactorio.

En ese ministerio trabajaba de cerca con un pastor de jóvenes que llamaré Tim. Comencé a disfrutar cada vez más de la compañía de Tim. Me sentía viva cuando estaba a su lado. Me miraba a los ojos cuando hablábamos, y me prestaba toda su atención. Notaba cuando yo cambiaba de peinado o llevaba puesta una ropa nueva. Hablábamos y hablábamos durante horas acerca de nuestras metas en el ministerio, las mejores estrategias para llegar a los jóvenes, etc. Mientras escribo estas líneas, tengo los ojos llenos de lágrimas porque ahora solo quedan cenizas de todo eso. Todas las elevadas metas, los sueños de ministrarles a los jóvenes, y los gozos y éxitos de esa época quedaron destrozados entre las rocas. Tim se retiró del ministerio, cayó en la vergüenza y el escándalo, y la iglesia ha sufrido en gran medida por la revelación de que uno de los pastores se estaba acostando con una de las damas de su grupo de voluntarios: yo.

Recuerdo la primera vez que sentí que se estaban estableciendo lazos entre mi corazón y el de Tim. Le conté algunos de los sufrimientos que tenía en mi vida, en especial los relacionados con la familia en la que crecí. Tim me escuchó de manera atenta y compasiva, y cuando yo acabé de derramar lo que llevaba en el corazón, me dijo: «No quiero que nadie te vuelva a herir otra vez. Te quiero proteger». Esas palabras me electrizaron, mientras salían a la superficie unas emociones que llevaba sepultadas en el corazón.

Durante días, no me pude quitar de la mente esas palabras. Tim me iba a proteger; ese pensamiento le hacía bien a mi alma herida. Por la forma en que actuaba en mi hogar (haciendo el papel de la «supermadre» y «superesposa» fuerte), mi esposo no tenía idea alguna de que yo necesitara protección, o incluso que quisiera que lo hicieran. Todas las señales que le enviaba eran equivocadas.

Otra cosa que me atraía de Tim era su liderazgo. Cuando le hablaba de un problema por el que estaba pasando, me escuchaba hasta el fin y después me sugería una estrategia para superarlo. Tyler, en cambio, solo me escuchaba en parte, y después me respondía: «Lo que se te ocurra será lo mejor».

A medida que mi relación con Tim se iba haciendo más peligrosa, me percataba de que mi manera de ver a mi esposo iba cambiando. Recordando todo esto, puedo ver que Satanás nos hacía tragar sus anzuelos y que procurábamos justificar los sentimientos ilícitos que teníamos el uno por el otro, pero Tim y yo comenzamos a hacer una lista de todos los defectos que tenían nuestros respectivos cónyuges. En lugar de tolerar las flaquezas y defectos normales, insistía a cada momento en los mismos, primero a Tim y después a Tyler al atosigarlo y al quejarme.

Tim y yo tratamos de detener nuestra relación, que cada vez tomaba mayor velocidad, puesto que veíamos que se dirigía en una dirección errónea, pero no tomamos suficientes medidas drásticas. Tratamos de rendirle cuentas a otra persona, pero eso no dio resultados. Pronto nuestras pasiones cegaron nuestra razón, y caímos sin control en los brazos del otro.

En algún momento, tomamos la decisión inconsciente de vivir nuestra vida, guiados solo por nuestras emociones. Sabía lo que sucedería si alguna vez nos descubrían, lo más probable es que su carrera se hiciera añicos y que mi matrimonio ardiera en llamas, pero ambos estábamos convencidos de que nunca nos descubrirían.

Entonces sucedió. La esposa de Tim nos sorprendió in fraganti. Nos dio hasta el fin de semana para decidir cuál sería el curso de acción que seguiríamos. Tyler estaba fuera de la ciudad esa semana en un viaje de negocios, y yo me sentía petrificada por el temor y la indecisión.

Por raro que pareciera, la esposa de Tim opinaba que yo *no* se lo debía decir a mi esposo. Pienso que tanto ella como Tim temían su pérdida del pastorado. Pensaban que podríamos sellar ese infortunado capítulo de nuestra vida y seguir adelante. A mí me pareció bien la idea, porque temía enfrentarme a Tyler.

Tim y yo hablamos por teléfono esa semana, y decidimos que aquella era nuestra mejor opción. Oramos juntos por teléfono y nos despedimos. En mi corazón, no creía en realidad que Tim no me volvería a llamar. Vana ilusión, supongo.

Sin embargo, pasó una semana y no me llamó. Los vi en la iglesia ese domingo, tomados del brazo y riendo junto con otra pareja. La esposa estaba radiante y, como es obvio, Tim también la estaba pasando bien. Me sentí aplastada. No lo pude impedir; solo me eché a llorar allí mismo y en ese mismo momento.

Me sentía muy herida. Sentía que Tim me había usado, y ahora que todo había terminado, su esposa era la primera en su vida. En mi estado emocional de consternación, no podía dejar de pensar que solo unos cuantos días antes yo había sido la mujer más importante en su vida. Ahora, ella estaba de vuelta en «mi» lugar y todo había terminado. Me sentí usada. Sin valor alguno. Desechada.

En la iglesia, en esos momentos de mi desesperación, como es natural, Tyler se sentía perplejo, y nos apresuramos a regresar a casa. Yo estaba deshecha por completo... un caso perdido. Tyler quiso saber por qué estaba tan alterada, y pensé que decírselo en esos momentos era más de lo que yo podría soportar.

No obstante, él insistió, y pensé que sería peor que continuara con la farsa, así que le revelé toda mi repugnante historia.

Tyler se quedó anonadado. Pasó un largo tiempo antes que pudiera creer que era cierto lo que le había contado. Durante semanas, estuvo caminando en medio del aturdimiento.

Mientras tanto, yo estaba muy deprimida y hasta llegué a pensar en suicidarme. Satanás encontró en mis acciones pecaminosas una manera de entrar en mi vida, y me acusaba a cada momento: «¿Cómo es posible que te entregaras con tanta facilidad a alguien como Tim? Él también fue muy débil en su pecado... ¡y es pastor! Como ves, nunca te amó en realidad; ya te desechó y regresó con su esposa. Eres una tonta». No tengo que decir que Tyler pronto llamó al jefe de Tim, nuestro pastor principal, y el resultado fue que Tim tuvo que renunciar. La junta de la iglesia lo supo, pero trató de que no se regara la noticia por la congregación, diciendo que la decisión se debía a motivos «personales». Sin duda, ¡personales! Fue ingenuo de su parte pensar que podían guardar el secreto.

Pronto mis amigas me comenzaron a llamar para ver si lo que les dijeron era cierto. Muchas me hirieron más aun sin darse cuenta, y todavía me pregunto por qué pensaron que necesitaban amonestarme a mí, una persona que había pasado años aprendiendo la Biblia en clase, para hacerme ver que mis acciones eran pecaminosas. ¿Acaso no sabían que yo *sabía* que había hecho algo indebido? Lo sabía demasiado bien, y algunos días quería acabar con mi vida por causa de todo eso.

El resultado que trajo consigo el que mis supuestas amigas me recordaran mi fallo fue que quise más aun a Tim, mi verdadero amigo. Sentía que el único que me comprendía era Tim. Tyler estaba tratando de comprenderme, pero se sentía muy indignado, y eso no era fácil. Además, habíamos empeorado las cosas al no comunicarnos a un nivel profundo, de manera que esa relación no me proporcionaba mucho alivio. Ansiaba un amor y una aceptación incondicionales, pero no encontraba casi nada.

Pasaron varios meses sin contacto alguno con Tim. Él pareció estarse asentando de nuevo en su matrimonio, lo cual era un claro contraste con la situación que tenía yo. Me seguía sintiendo a la deriva, descubierta y avergonzada.

Entonces, un día, mientras Tyler estaba en su trabajo, Tim me llamó. Me habló de cuánto me había echado de menos, y de que aún seguía amándome mucho. Según él, solo había aguardado tanto tiempo para llamarme porque quería esperar a que las cosas se tranquilizaran un poco. Había conseguido un trabajo en un restaurante de comida rápida, y su esposa estaba comenzando a dejar de vigilarlo. Me preguntó si nos podíamos ver esa tarde. Y, por supuesto, nos encontramos.

En mi estado de agotamiento, absorbí el afecto renovado de Tim como si fuera una esponja seca. Las llamas de nuestra aventura ardieron de inmediato, convirtiéndose en un incendio, como cuando una chispa cae en un montón de astillas secas.

Así seguimos durante meses, sin que ninguno de nuestros cónyuges sospechara nada. Tim me dijo que su amor por mí era tan importante que estaba dispuesto a arriesgarlo todo. Me dijo que hasta la pérdida de su ministerio valió la pena.

Me sentí más amada que nunca, y entré de nuevo con ansias en mi mundo de fantasía: Comencé a soñar que me casaría algún día con Tim. Sin duda, nuestros cónyuges encontrarían otras personas con las cuales volverse a casar, razonaba con necedad. En nuestra aventura renovada, mi dolor quedó aliviado por un tiempo, y comencé a levantarme de mi basurero emocional.

Entonces, nos volvieron a atrapar.

Me sentí como una alcohólica adicta a la bebida. Solo que mi licor era Tim.

Esta vez, Tyler saltó de inmediato y se puso en acción. Insistió en que cambiáramos nuestro número de teléfono, de manera que estuviera fuera del listado, y que cambiáramos de iglesia. Yo estuve de acuerdo con los cambios; ambos sabíamos que era mi última oportunidad para reformarme... era ahora o nunca. Entonces fue cuando Tyler y yo comenzamos a comunicarnos de verdad. Tuvimos muchas conversaciones llenas de llanto hasta altas horas de la noche. Recuerdo una noche en la que le hablé claro con respecto a mi debilidad para las decisiones y mi falta de dominio propio. Mientras lloraba, le grité literalmente: «¡Ayúdame! ¡No sé cómo parar! Soy débil, y ni siquiera sé ya lo que es bueno. Estoy ciega y solo puedo ver lo que estoy sintiendo ahora mismo. ¡Por favor, Tyler, ayúdame a parar!». Esa noche lloré y lloré en los brazos de Tyler. Fue un momento decisivo para nosotros.

Tyler y yo comenzamos a acudir a consejería y en la actualidad me estoy recuperando poco a poco, pero con seguridad. Dios me está enseñando algunas lecciones importantes, como la de apoyarme en Él y hallar mi identidad en Él, en lugar de buscarla en un hombre, ya sea mi esposo o un amante. Por supuesto, mi esposo es la principal persona en la que busco apoyo, pero ni siquiera él es mi único apoyo. Si escucha mis problemas con menos atención de la que me pondría otro hombre, no pasa nada. Mi meta principal es caminar con Dios y con Tyler, dándole a conocer a mi esposo mis necesidades, pero sin buscar con urgencia que las satisfaga otro hombre.

Una de las ideas que me ayudaron a permanecer dentro de mi matrimonio fue el factor realidad. Leí un libro muy útil, *The Divorce Decision**, que habla de las duras realidades de un matrimonio destruido. Los inmensos costos monetarios, los hijastros enojados, los problemas de la visitación de los hijos, los dolores de cabeza que da el excónyuge, lo que son las familias mixtas, la culpabilidad que no nos deja, la depresión, y cosas semejantes que siempre siguen a la persona que decide divorciarse de su cónyuge para irse con su amante. Cuando miré de frente todo eso, me di cuenta de lo grave que era. Comencé a abandonar el mundo de fantasía con el que había soñado, en el cual Tim y yo nos marcharíamos juntos y seríamos felices para siempre.

Podría seguir hablando de las lecciones que he aprendido a causa de mi conducta, pero voy a terminar animándote a ti, lector, a que te sumerjas en el material que contiene este libro. Mi oración es para que sea una fuente de sabiduría y bendición para ti. Este libro es útil y práctico para los que han experimentado la infidelidad. Aunque, más que eso, es un mensaje sabio para todos los matrimonios.

Nota
* Gary Richmond, *The Divorce Decision*, Word, Waco, TX, 1988.

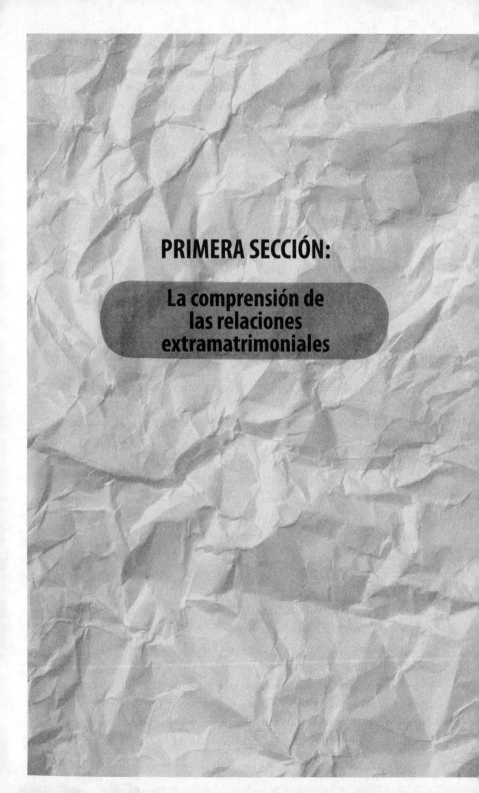

PRIMERA SECCIÓN:

La comprensión de las relaciones extramatrimoniales

1

«Lo que Dios ha unido»:
En busca de sanidad para los matrimonios destrozados

La infidelidad está tejida en toda la urdimbre de nuestra cultura. Desde los programas de televisión hasta las páginas de nuestros diarios, la infidelidad es demasiado común y corriente, y se exalta para nuestra juventud.

Por ejemplo, es una realidad política bien comprobada que el clan de los Kennedy, comenzando por Joseph Patrick Kennedy, el patriarca de la familia su sufrida esposa, Rose, y siguiendo a través de sus hijos Bobby, John (JFK) y Edward (Ted), se ha visto plagado por este esquema casi siempre secreto de conducta. Marilyn Monroe[1] y otras mujeres[2] han admitido sin rodeos sus conexiones con el expresidente y con su hermano Bobby. «Una tradición familiar era ser mujeriego», dice Garry Willis, biógrafo de los Kennedy y profesor de la universidad *Northwestern*. «El juego familiar de dar "caza" es parte de la personalidad creada en estos tres imitadores [hijos] de su carismático padre. Pasarse las mujeres de uno a otro y alardear de hacerlo era considerado por los Kennedy como un logro»[3].

Nuestra conciencia nacional está pasando por un proceso de cauterización que nos lleva hasta el punto en que ni siquiera nos sorprendemos cuando oímos hablar de cosas como estas. Por ejemplo, cuando se imprimió por vez primera este libro, había un escritor que andaba apareciendo en programas de entrevistas en la televisión nacional para hablar de su último libro, *How to Cheat on Your Wife and Not Get Caught* [Cómo engañar a tu esposa sin que te atrapen]. ¿Te parece una broma? No, el autor hablaba en serio, y en sus materiales de promoción ofrecía enseñarles a sus lectores «a mentir con éxito», «a ser más listo que una esposa astuta o suspicaz», «a evitar los sentimientos de culpabilidad» y «a ser más astuto que el detective de su esposa»[4].

Aún hoy, mientras hago las revisiones para esta edición de *Destrozados*, la comunidad cristiana sigue batallando con las sorprendentes revelaciones hechas en el año 2006 por el Rvdo. Ted Haggard, uno de sus principales pastores y líderes.

Lo que es más, los estudios estadísticos apoyan los titulares de los periódicos. En la población general, algunos informes sugieren que un asombroso 50-65 % de los esposos, y un 45-55 % también asombroso de las esposas, ha tenido aventuras fuera del matrimonio antes de llegar a los cuarenta años[5]. Alrededor del 25 % de todas las parejas que busca terapia matrimonial presenta la infidelidad como su principal preocupación, y después de iniciada la terapia, otro 30 % más termina revelando la existencia de una aventura en su matrimonio[6]. El 40 % de las parejas que se divorcia cita como causa la infidelidad, haciendo de ella la justificación que se menciona con mayor frecuencia[7].

Los investigadores, utilizando la Encuesta Social General de 1994, informan que alrededor del 90 % de los hombres y las mujeres que no eran felices en su matrimonio sentían que existían las condiciones para que fuera justificada una aventura amorosa. Además, como se sospechaba, las generaciones jóvenes parecen ser aun más tolerantes que las generaciones de más edad en su actitud hacia la infidelidad[8]. Es sorprendente que solo una tercera parte de los hombres indica que la insatisfacción con su matrimonio sea la razón de su aventura amorosa. Al parecer, la mayoría de los hombres se enreda casi siempre en la infidelidad para resolver su desilusión sexual, mientras que, por otro lado, las dos terceras partes de las mujeres involucradas en la infidelidad informan que no se sentían felices con su matrimonio antes de tener su aventura[9].

Dentro de la comunidad cristiana es más difícil dar con las estadísticas, debido a la vergüenza que esos círculos le atribuyen a esta forma de conducta. Sin embargo, un estudio realizado con pastores por *Christianity Today* reveló que el 23 % de los 300 pastores que respondieron, admitía haber tenido alguna forma de conducta sexualmente inadecuada con alguien que no era su esposa, mientras estaba en el ministerio; el 12 % admitía que tuvo relaciones extramatrimoniales; el 18 % confesaba que tuvo otras formas de contacto sexual (como besos apasionados o caricias), y solo el 4 % decía que le descubrieron[10]. Otro estudio hecho con pastores durante diez años en la década de 1990 reveló unas proporciones similares de infidelidad. Sin embargo, un 14 % adicional de los pastores admitió que mintió en la encuesta, con lo cual sugerían que la proporción quizá fuera sustancialmente más alta de lo que aparece a primera vista[11]. Al unir todo esto al hecho de que esta encuesta se realizó en conferencias de pastores de todo el país (donde, según es de esperar, los pastores adúlteros despedidos no pueden asistir), los investigadores sugirieron que la proporción de infidelidad entre los pastores se podría acercar al 40 %[12].

Sin duda, los por cientos entre los cristianos son más bajos que los existentes en la población general, pero es probable que haya una gran cantidad de casos que no se informaron debido al estigma que lleva consigo esta forma de conducirse. Aparte del hecho de que los números podrían ser demasiado bajos para reflejar la realidad, siguen siendo excesivamente altos para unos líderes cristianos. Y lo triste es que, entre sus feligreses, es probable que la incidencia de infidelidad sea muy cercana a la que existe en la población general. Y eso también es demasiado alto para los que llevan el nombre de Cristo.

EL SUFRIMIENTO DE BEN Y LYNN

Se ha dicho, y con razón, que las personas y la Palabra de Dios son las dos únicas cosas en las que vale la pena que invirtamos nuestro tiempo. Y son historias de personas las que voy a contar en este libro cambiando, como es lógico, los nombres y algunas circunstancias. A medida que tú y yo caminemos junto a las diversas personas que vamos a encontrar en estas páginas, hablaremos de su sufrimiento y trataremos de aprender algo acerca de este suceso que es el más devastador de todos los relacionados con el matrimonio: la relación extramatrimonial.

Para comenzar, quiero relatarte la historia de Ben y Lynn. Ejemplifica muchos aspectos de este doloroso tema que nos permitirá comenzar con el pie derecho. Más adelante en este libro, analizaremos más a fondo su historia.

La «pareja perfecta»

Ben creció en medio de una familia afectuosa y cariñosa, con muchos abrazos y apoyo de su madre, y muchos tiempos especiales con su padre, sonriendo y disfrutando sus pasatiempos. Había heredado la aptitud de su padre para el drama y el teatro. Para él, lo natural era que siguiera los pasos de su padre, y numerosas personas comenzaban ya a decir que su capacidad era superior a la de su famoso padre, quien había hecho bastante teatro para la comunidad de su lugar. Su padre fundó un ministerio cristiano de radio, y no se sentía amenazado por lo que decía la gente, sino que siempre animaba a Ben a que persiguiera sus intereses. La mamá y el papá lo apoyaron en el trayecto de manera emocional y económica.

Lynn, en cambio, perdió a su padre a causa de una enfermedad cuando solo tenía seis años. La madre y las dos hijas se unieron en su pequeña familia y siguieron adelante con la vida. No había demasiado tiempo para sentir lástima de sí mismas: la mamá trabajaba muy fuerte durante muchas horas, y las dos hijas hacían todos los quehaceres de la casa, incluyendo el de cocinar. Todo lo hacían bien, aunque nadie tenía tiempo para relajarse, alegrarse, ni divertirse. Las tres se volvieron muy eficientes, y su hogar funcionaba como una maquinaria bien aceitada.

Ben y Lynn se conocieron en la universidad. De inmediato, se hicieron amigos y comenzaron a salir juntos. Ben amaba a Lynn, y le encantaba la facilidad con la que sucedían las cosas cuando era ella la que se hacía cargo de las situaciones. Él tendía a ser espontáneo; su madre decía que así eran todos los buenos actores. Por intuición, sabía que Lynn le haría bien, con su manera organizada de actuar.

Lynn encontró en Ben esa masculinidad afectuosa y gregaria que le había faltado durante la mayor parte de su vida. Aportaba la diversión y la seguridad, y ella aportaba la eficiencia y la productividad. Juntos, parecían uno para el otro. Los estudios superiores de Ben (en comunicaciones, como su padre) le siguieron al matrimonio, y tuvieron tres hijos. Lynn lo manejaba todo con calma. Ben ingresó en la organización de su padre como productor y director, y le iba muy bien. Tal parecía que nunca se terminaba con lo que había que hacer en la casa, y andaban corriendo de continuo. Los hijos iban y venían a cada instante de juegos, lecciones y escuela. La asistencia a una escuela privada significaba que los mejores amigos de los jovencitos no vivían en su mismo vecindario, y esto a su vez daba lugar a más viajes en auto. Los cambios de ropa, la aplicación del maquillaje, la recogida del almuerzo... todo lo hacían en el auto día tras día.

Ben y Lynn bromeaban de vez en cuando y se lamentaban con otras parejas atrapadas también en esa incesante actividad. A pesar de eso, nada cambiaba jamás. Una noche, mientras estaba acostado en la cama viendo las noticias de la medianoche, Ben alcanzó a ver en el pasillo a Lynn que llevaba la ropa doblada a cada uno de los dormitorios de los niños. Era una gran madre, pero a Ben le daba la impresión de que se habían descarrilado en algún punto de su vida. Sin embargo, ¿cómo se podía quejar? Sabía que Lynn estaba exhausta cada vez que terminaba el día.

Su matrimonio parecía bueno, incluso perfecto. Aun así, a Ben no le desaparecían las dudas ni la sensación de vacío. Al principio, trató de echar a un lado esos pensamientos. Cuando no lo logró, intentó hablar con Lynn, pero nunca parecía haber tiempo para hacerlo. Estaba siempre moviéndose a toda velocidad, cocinando, limpiando y ayudando con las tareas.

El «éxito» en el trabajo

Poco a poco, Ben se fue involucrando cada vez más en su nuevo puesto, y desaparecieron sus preocupaciones en cuanto a la agitación en que vivían y su falta de comunicación. Su nuevo puesto exigía mucho esfuerzo, pero Ben supo estar a la altura de la situación, y se ganó la admiración de sus colegas, tanto dentro como fuera del estudio.

Varios miembros del equipo de difusión elogiaban con franqueza los esfuerzos de Ben, y llegó el momento en que él mismo comenzó a alimentarse de ese reconocimiento. En especial, Whitney, su ayudante de producción, parecía admirar su trabajo. Era una mujer afectuosa y divertida, aparte de ser muy eficiente y productiva. Cuando faltaba una hora para salir al aire, podía hacer que las cosas funcionaran como era debido.

Como es natural, Ben admiraba aquella combinación de talentos que veía en Whitney. Era casada, pero no tenía hijos. Traía su humor a un proceso que en todo lo demás era más bien serio. Casi todos en el equipo se tomaban demasiado en serio, pero ella era humilde. Aunque capacitada, no parecía estar entusiasmada en exceso con su propia persona. Comenzaron a cenar juntos en grupos después de las transmisiones. En una ocasión, solo pudieron hacerlo ellos dos y otra empleada, y todos la pasaron bien. Hablaron y rieron acerca de algunas de las experiencias más recientes de su familia, y ese tiempo fue refrescante para Ben.

Cuando volvía a casa en su auto, iba pensando en el tiempo que hacía que no pasaba unos momentos así con Lynn. Se prometió cambiar esa situación, y le pidió a ella que apartara un tiempo para salir solos ese fin de semana o el siguiente. Entonces, después de varias cancelaciones de último minuto por citas con el dentista y por conferencias en la escuela, él renunció a tratar de interferir en la agenda tan apretada que tenía Lynn.

Sube la temperatura

Pronto, Ben y Whitney comían juntos después de las transmisiones con mucha frecuencia. Después de cerrar el estudio, ella se detenía un instante en la oficina de él para darle las gracias por su capacidad como líder. Además de esto, se veían socialmente a menudo junto con otras parejas más. Algunas veces, Ben se sentía un poco incómodo por la evidente admiración de Whitney, pero su matrimonio daba la impresión de mantenerse firme, y él desechaba esas preocupaciones.

Así fue, hasta una noche que ella pasó por su oficina después de la transmisión como de costumbre para darle las gracias. Ben no pudo creer la emoción que lo embargó de pronto. Quiso que se quedara más tiempo, pero ella se marchó en seguida. Cuando iba de camino a su casa, Ben se sentía confundido. Quería poder conversar de aquello con Lynn, pero sabía que era imposible. *Eso es todo lo que le hacía falta a Lynn: oír decir a su esposo que se estaba enamorando de otra mujer.* Así que lo desechó de su mente.

Para no caer en una aventura con Whitney, Ben trató de poner cierta distancia entre ellos. Al parecer, tuvo éxito, pues al final de una sesión de grabación varios meses más tarde, Whitney llegó a su oficina y le preguntó si podía hablar con él. Ben sabía que debía haber dicho que no, pero la angustia que sentía en su voz apelaba a su sentido de la justicia. Sabía que necesitaba decirle por qué la estaba evitando. Cuando se sentó, Ben ni siquiera esperó a que fuera ella la que comenzara a hablar del tema. Le dijo con toda claridad que pensaba que se estaba enamorando de ella y que, por tanto, necesitaba mantenerse a distancia. Ella le dijo que también sentía afecto por él. En los meses siguientes, esto se convirtió en una relación amorosa auténtica.

Al cabo de ocho o nueve meses, Ben comenzó a pensar en abandonar esa aventura. Le preocupaban los comentarios espontáneos de Whitney con otras personas, que estaban empezando a demostrar que se daban cuenta de lo que sucedía. Cada vez era más descuidada en cuanto a la forma en que actuaba cuando estaba cerca de él, y podía sentir que en realidad no le importaba quién descubriera que mantenían una relación. Le trató de hablar acerca del asunto, pero los momentos en que estaban juntos siempre eran tan breves y tan intensos que no encontraba la manera de hablarle del tema.

Hasta ese momento, nadie sabía nada, aunque Lynn ya le había hecho preguntas acerca de la conducta de Whitney. La presión iba en aumento, y él se estaba viendo obligado a aumentar los engaños. ¿Dónde estaba? ¿Cuándo regresaría? ¿A qué se debe este gasto? Detestaba mentirle a Lynn, pero ya para entonces, aquello se había convertido en un estilo de vida. Whitney bien valía la pena para Ben o, al menos, eso pensaba él.

Cuando le comenzó a hablar de dejar a sus cónyuges para casarse, se aterró. No les podía hacer semejante cosa a su reputación, sus hijos, su esposa, sus padres, su profesión. *Era* demasiado dejarlo todo por Whitney, por mucho que la amara. De hecho, Whitney comenzó a hacer planes para dejar a su esposo, y Ben se dio cuenta de que la relación que tenían significaba para ella mucho más que para él. Cada vez estaba más atrapado, pero aun así no lograba encontrar la manera de acabar con la situación.

Ahora Whitney ya estaba hablando de fechas: un momento real de separación, y la forma en que harían los planes para su boda. Ben se sintió más nervioso e incómodo. Todavía no había nadie que estuviera al tanto de su aventura. Había estado muy cerca de que sucediera, pero siempre se las había arreglado para escabullirse. Con todo, ni la renuncia ni el alejamiento parecían necesarios. *¿Por qué Whitney no puede dejar las cosas como están?*, reflexionaba, molesto por la insistencia suya en que aumentara la intensidad de su relación.

Tales preguntas generaron ira y acusaciones en Whitney. Le dijo que no la amaba en realidad y que se echaba atrás. Él sintió que lo estaba amenazando con un chantaje. Con su alto perfil dentro del ministerio radial, tendría algo con lo cual obligarlo a actuar a su manera. Le estaba exigiendo cada vez más tiempo. Ben se hallaba en un estado de ansiedad muy elevado.

En su hogar, las insinuaciones sexuales de Lynn lo desconectaban. Todo lo que quería era que lo dejara tranquilo. En cambio, cuando estaba con Whitney, el momento era especial. Tal parecía que compensaba por toda la angustia que pasaba en su casa.

Por último, después de una de sus dolorosas sesiones mentales de idas y venidas, Ben decidió de una vez por todas que no valía la pena mantener aquel engaño. Sabía que tenía que acabar con esa relación.

Después de su siguiente transmisión, Whitney, tal vez sintiendo la agitación que él llevaba por dentro, lo presionó para que fijaran un momento real en el cual realizar su fuga. Aunque se había preparado para terminar con la aventura, cuando le mencionó el momento de fugarse, le pareció algo atractivo. ¡Qué huida! Ya no tendré que mantener una fachada. Ben se escuchó aceptando todos los planes de ella, pero en su mente sabía que tenía que ir a su casa para decirle a Lynn la verdad. Era ahora o nunca.

La revelación
Tal como lo esperaba, Lynn perdió los estribos. De inmediato, llamó al jefe de Ben, el ejecutivo de producción. Hasta la llegada del productor y su esposa, Lynn se mantuvo sola en la alcoba, sollozando.

Lynn oyó el timbre de la puerta, y salió cuando ellos entraban. Eso fue como un torrente surgido de un dique roto. Insultó a Ben una y otra vez, usando cuanta palabra le venía a la mente; le hizo preguntas acerca de la aventura, pero comenzó a maldecirlo de nuevo antes de que él tuviera la oportunidad de responderle. Al final, después de un par de horas, aquel torrente de maldiciones, insultos, llanto y furia comenzó a tranquilizarse.

La esposa del productor estaba horrorizada y abrumada. El productor mismo estaba preocupado por el ministerio, puesto que Ben era muy bien identificado como el hijo del fundador, y a Whitney se le conocía en la industria como la persona que trabajaba a su lado. Hizo una gran cantidad de preguntas detalladas que reflejaban que también se sentía traicionado y, como un tonto, por haber dejado que lo engañaran de esa manera.

Lynn supo algunos datos al escuchar lo que Ben le decía al productor. Cuando lloraba de vez en cuando, se sentía alternando entre tenerle lástima y sentirse más furiosa aun con él. *¡Qué hipócrita es!*, se repetía una y otra vez.

Cuando oyó decir a Ben que él y Whitney habían estado haciendo planes para marcharse de la ciudad juntos ese fin de semana, corrió al teléfono de su alcoba y llamó al esposo de Whitney. Sentía ganas de matarlos a los dos, y hasta le dijo a Ben que lo mejor era que se largara con Whitney y que saliera de su vida. Al principio, le gritó que se marchara de la casa, pero después cambió de idea.

Al final, el productor y su esposa estaban a punto de marcharse, pero antes de irse, el productor despidió sin ambages ni rodeos a Ben en ese mismo instante, diciéndole que vaciara su escritorio antes de la siguiente serie de grabaciones. No hubo apelación, ni consulta con la junta de directores, ni sugerencia de una terapia para ayudar a Ben a recuperarse del destrozo en que se hallaba moralmente y restaurarse en su ministerio, mucho menos con su esposa. Ben estaba tan avergonzado en esos momentos que se limitó a aceptar que desaparecería en medio del silencio. No conocía ninguna otra opción.

Dos semanas más tarde, se marcharon de la ciudad, Ben conduciendo el camión de la mudanza y Lynn en la furgoneta con un remolque y dos de sus hijos. Tenían por delante un viaje de dos mil cuatrocientos kilómetros. Se estaban mudando con los padres de Ben, en la Florida. No tenían ningún otro lugar donde ir.

Un nuevo comienzo

Las preguntas de sus padres echaron a perder su llegada. El dinero estaba escaso, así que Lynn aprovechó de inmediato la oportunidad de aceptar una posición de maestra sustituta a largo plazo. Era su primer trabajo fuera de casa en diez años. Una salida humillante, una mudanza hasta el otro extremo de la nación, una cesantía para Ben, una nueva profesión para Lynn, nuevas escuelas para sus hijos, la incertidumbre económica y la pérdida de sus amigos, su hogar y todo lo que había constituido su seguridad... ¡Y todo en solo tres semanas!

Lynn ni siquiera había tenido tiempo para pensar en lo sucedido. La sorpresa que le causó la revelación de Ben la dejó exhausta, perpleja y casi incapaz de funcionar con normalidad. En el nuevo lugar donde estaban nadie sabía nada acerca de la aventura, pero ambos estaban preocupados de que les siguiera su mundo secreto.

Las cosas siguieron mejorando. Ben consiguió un trabajo conduciendo un autobús en el que transportaba grandes cantidades de turistas que van y vienen de los parques temáticos del centro de la Florida; una posición no muy respetable para alguien que tenía una maestría y experiencia en los medios a nivel nacional, pero esperaba que al menos fuera algo que sirviera para alejar el problema y mantenerlo ocupado sin estar deprimido. También comenzó a participar en un programa de discipulado y responsabilidad mutua con uno de los pastores de su nueva iglesia. Juntos, Ben y Lynn comenzaron a acudir a un consejero en el centro de la Florida.

En su sesión inicial, el terapeuta matrimonial les pidió que revisaran su historia. Eso despertó de nuevo la ira y la obsesión. Lynn no se pudo contener, de manera que Ben salió de la habitación hasta que ella se controlara de nuevo. Sin embargo, cuando Ben entró para su momento a solas, ella sintió pánico. Antes, todo esto había sido un secreto tal que no podía soportar más secretos ni «sesiones secretas», a pesar de que estaba con un consejero.

Cuando el consejero le sugirió a Lynn que no necesitaba en absoluto a su esposo para sobrevivir como persona, estuvo de acuerdo. Al fin y al cabo, creció en un hogar donde solo estaba uno de sus padres, y le fue muy bien.

Entonces, cuando el consejero le sugirió que en realidad la infidelidad era un problema de ambos, y no solo de Ben, estalló la guerra con más insultos y una gran cantidad de justificaciones en cuanto a su conducta como esposa, su repugnante engaño y muchas cosas más.

El resto de las sesiones se utilizaron para ayudar a Lynn a ver que solo cuando aceptara su parte de responsabilidad en la aparición de la aventura, podría tener algún tipo de influencia sobre la reconciliación. En esos momentos, no estaba segura siquiera de querer una reconciliación. No se sentía unida a nadie, más que a sus hijos.

Lynn necesitaba tranquilizarse y centrarse en la forma en que había ido creando una distancia en su matrimonio. Ese distanciamiento había incitado a Ben a enredarse con otra mujer. Poco a poco, fue reconociendo que estaba tratando a sus hijos como madre de la misma forma que lo hizo su madre viuda. Lynn era la que lo hacía todo; actuaba como si fuera una madre soltera, aunque estaba casada con Ben.

De esta manera, había dejado a Ben que se las arreglara solo con su vida emocional. Para Lynn siempre había algo que hacer y muchos pequeños que abrazar. En algún punto del camino, Ben había «muerto», alejándose poco a poco de sus vidas. Cuando sus sospechas aumentaron y comenzaron las acusaciones, entró en negación con respecto a su distanciamiento emocional, y todo lo que hizo fue mantenerse más ocupada aun. Se imaginaba que si se mantenía saltando de una cosa a otra, no sentiría el dolor. No tenía tiempo para disfrutar de las razones por las que escogió a Ben en un principio: por el espíritu dulce y amante de la diversión del que ella había visto tan poco en su niñez.

Dar clases le permitía a Lynn vivir en otro mundo la mayor parte de su día. En cambio, llegar del trabajo a su hogar para encontrarse con sus hijos, sus suegros, dos cuartos y dos baños, la traía pronto de vuelta a su dura realidad. Las horas que transcurrían entre las cuatro de la tarde y las diez de la noche parecían reavivar toda su ira y su angustia día tras día.

Sin embargo, comenzaron a suceder varias cosas. Lynn no se podía quedar despierta lavando la vajilla, porque no estaba en su casa. En segundo lugar, se iba a acostar con las emociones a flor de piel, lo cual la obligaba a hablar con Ben. En tercer lugar, tenían que hablar en voz baja para no molestar a sus hijos ni a sus suegros. Eso hacía que a Ben le fuera más fácil escucharla. Así tuvieron muchas noches en las que durmieron poco y lloraron mucho, pero la comunicación íntima forzada comenzó a dejar su marca de sanidad en la relación entre ambos.

También ayudaba a Lynn ver por qué los padres de Ben se habían sentido tan felices de que se casara con su único hijo. Desde su punto de vista, la eficiencia y la organización de Lynn eran justo lo que necesitaba Ben para quedar en libertad de seguir su carrera. Lynn se haría cargo de todo, a fin de que Ben pudiera triunfar.

Al principio, le molestó la idea. También le molestaba la práctica diaria de abrazar a Ben que tenía su suegra. *¿Cómo es posible que haga algo así cuando su hijo ha creado todo este caos y este sufrimiento?*, pensaba con amargura. A medida que iba observando más de cerca a la familia de Ben, comenzó a ir reuniendo las pistas sobre lo que se estaba perdiendo Ben en su matrimonio. Tenía que conceder con tristeza que, aun con todos los fallos que hubieran tenido sus padres, al menos Ben recibía de ellos un apoyo emocional y físico que era más de lo que recibía en la relación existente entre ellos dos.

Mientras tanto, Ben tenía una gran cantidad de tiempo para pensar mientras conducía el ómnibus de turistas, y se comenzó a dedicar a unas lecturas valiosas mientras esperaba a que sus pasajeros volvieran a subir al ómnibus. Así pudo comprender mucho mejor por qué tuvo aquella aventura y, poco a poco, comenzó a aprender a expresarle con palabras sus necesidades a Lynn de una manera más eficaz.

Pasos hacia delante y hacia atrás

Por ese tiempo, el exministerio de radio de Ben le pidió a una pareja de la junta directiva que iban a estar en la zona por un asunto de negocios que se reunieran con Ben y Lynn y les trajeran de vuelta un informe. Al principio, Ben y Lynn se sintieron animados; al menos había alguien que los recordaba en su lugar de origen y parecía interesarse por ellos. Esa pareja en particular los había apoyado mucho allí; incluso, la esposa estuvo dispuesta a decirle a Lynn que su esposo tuvo una «aventura de una sola noche» al principio de su matrimonio, y que la sobrevivieron, de modo que ella y Ben también podrían sobrevivir.

Sin embargo, cuando se reunieron con la pareja que los visitó, les resultó evidente que esa otra pareja nunca se había esforzado por resolver su propio problema. De una manera legalista y crítica presentaron una larga lista de lo que el «infiel malvado», Ben, debería hacer, y obviaron por completo la situación del matrimonio.

Esa visita hizo que el progreso de Ben y Lynn retrocediera varios pasos. Por lo general, es cierto que si entra en escena otra pareja que no ha procesado su propio problema, casi siempre daña más que ayuda. Como verás a lo largo de este libro, es crucial de todo punto que cualquier infidelidad se procese de manera total y adecuada.

Para Ben, la reunión solo le sirvió para reavivar las cuestiones sin resolver de la aventura, despertando recuerdos del ambiente en el que se produjo la misma. Quería regresar allí para defenderse, y se sentía frustrado al ver que todo el mundo parecía estar pasando por alto todos sus logros y sus contribuciones, a fin de centrarse en su «indiscreción». Sabía que estaban hablando de él como el que inició la aventura, y que veían a Lynn como la heroína que no lo había dejado al producirse la revelación. Lo estaban considerando como el malo de la historia.

No hace falta decir que Ben tuvo que procesar toda esa ira y cada etapa de su propio proceso de aflicción. Así se dio cuenta de que, a pesar de que no podría cambiar las cosas ante los ojos de las personas que estaban en su lugar de origen, sí podía esforzarse por hacer que el matrimonio fuera mejor para Lynn y para él, sin tener en cuenta lo que pensaran los demás.

La excavación en busca de respuestas

Poco después de esto, el consejero le pidió a Ben que indagara sobre el historial de aventuras que había en su familia, y a Lynn que se centrara en los hombres que la habían abandonado por muerte (su padre), por su matrimonio (su hermano mayor se enojó y se distanció de ella), y ahora por una aventura (Ben). Este historial era crítico para entender la actitud hacia los hombres que ella les comunicaba a sus hijas. Además, a cada uno le asignó un libro que debían leer: para Lynn fue *Back from Betrayal: Surviving His Affairs*

[De vuelta de la traición: Sobreviviendo a sus aventuras]; para Ben, *Sex in the Forbidden Zone: When Men in Power—Therapists, Doctors, Clergy, Teachers, and Others—Betray Women's Trust* [Sexo en la zona prohibida: Cuando los hombres con poder (terapeutas, médicos, clérigos, maestros y otros) traicionan la confianza de las mujeres][13]. Cuando Ben indagó en la historia de su familia, su padre fue sorprendentemente franco.

Le habló sobre sus propias tentaciones con la infidelidad, lo cual ayudó a explicar por qué le aconsejó después de descubrirse su aventura que siguiera adelante como si nada hubiera sucedido. Era el enfoque del «agua pasada no mueve molino»; ya está hecho, no se puede cambiar, así que no toques esos temas. Esa conversación fue revolucionaria para Ben: empezó a comprender las influencias que habían estado obrando en él.

Al final, Ben y su familia se pudieron mudar para su propio apartamento. Esto le proporcionó a Ben un sentido de identidad, y representó un progreso apreciable que significaba que estaban volviendo a la estabilidad. Lynn respiró con alivio, porque no tenía que seguir viviendo con su suegra. Además, su trabajo se estaba convirtiendo en una experiencia positiva.

Ahora, después de siete meses de recuperación, Ben y Lynn sentían que iban a salir adelante. Ahora era seguro que Ben comenzara a lamentar sus pérdidas (un proceso que examinaremos en capítulos posteriores), un proceso que le provocó mucha tristeza. Lynn ya estaba en capacidad de consolarlo cuando sufría, y hasta de darle ánimo diciéndole que todo iba a obrar para bien.

Durante ese tiempo, regresaron a su antiguo campus universitario. ¡Qué nostálgica revisión de tiempos más felices juntos! Era un reconfortante recordatorio de que estaban en el buen camino. Su terapeuta comenzó a guiarlos a través de los ejercicios de creación de confianza y de intimidad que explicaremos con más detalles en los capítulos 10 y 11. No les fue fácil, puesto que habían tenido mucha práctica en distanciarse entre sí, pero comenzaron poco a poco a entrar en contacto el uno con el otro.

A Lynn le costaba trabajo ver un toque amoroso como otra cosa que no fuera un preludio a las relaciones sexuales. Ben aprendió a ser delicado y paciente con ella, y las cosas mejoraron. Le explicó que era vulnerable en especial a los elogios de otras mujeres, y Lynn se dio cuenta entonces de que muy pocas veces había expresado palabras de admiración hacia él. Todos esos años en los que apenas hubo algún apoyo de tipo verbal le habían hecho daño a Ben.

Después de todo un año de terapia matrimonial, Lynn sigue enseñando y Ben está sintiendo de nuevo deseos de volver a la radio. Su recuperación no ha terminado, pero están progresando. Siguen juntos, porque quieren estar juntos, y no porque no tengan alguna otra opción. Solo están disfrutando el uno del otro, en lugar de esperar para ver quién va a durar más tiempo esta vez. Están juntos con una sinceridad total, y saben que no les queda nada que esconder.

Hace poco, decidieron hablarles a algunos amigos más cercanos sobre lo que habían aprendido durante todo el año acerca de la aventura y de su relación mutua. Para Ben y Lynn fue un momento muy temible, pero el apoyo que recibieron de esa otra pareja hizo que el riesgo corrido valiera la pena. Es probable que solo sea cuestión de tiempo antes que otras parejas que se hallan en medio del procesamiento de sus propias aventuras comiencen a buscar la ayuda de Ben y Lynn. Entonces, les podrán transmitir a otros la sanidad que han recibido.

ALGUNAS PALABRAS DE ORIENTACIÓN
Elenco de los personajes
Las aventuras pueden surgir de ambas partes. Es importante que aclaremos este punto desde el comienzo de este libro. *Los esposos pueden engañar a las esposas, y también las esposas les pueden ser infieles a sus esposos.* Aunque esto quizá parezca un tanto obvio, es importante aclararlo desde el principio.

Hay tres identificadores clave que usaremos a lo largo de estas páginas para referirnos al elenco de los personajes.

Infiel: Este es el que se descarría y se involucra en una relación ilícita ajena a sus compromisos matrimoniales.

Cónyuge: Este es el engañado, el que no se descarría.

Amante: La persona con quien se involucra el infiel.

Por razones de claridad y de coherencia en este libro, he decidido referirme al infiel como «él» y al cónyuge como «ella». Siguiendo esta decisión, se mencionará casi siempre al amante como «ella».

(En este libro no entramos en el escenario en el que el varón se involucra en una aventura homosexual, aunque es evidente que son muchas las similitudes que son ciertas para ese modelo). Al escoger de manera convencional el referirme al infiel en masculino y al cónyuge en femenino, no estoy diciendo que solo los hombres sean los que engañen a sus esposas. En estos tiempos en los que hay una inversión de papeles y una gran libertad sexual, se está produciendo lo contrario en grandes proporciones. (Hoy en día, en realidad las esposas jóvenes se están involucrando en aventuras de este tipo en una proporción mayor que los hombres de la misma edad).

Por lo tanto, en las páginas que siguen, siéntete libre para sustituir en tu mente a mi hombre infiel con una mujer infiel, si esto es lo que se ajusta a tu situación.

Acerca del pecado y la culpa

Cuando leas este libro, es posible que te venga la idea de que no pienso que sea adecuado decir que la infidelidad es pecado, ni llamar al adulterio por lo que es: adulterio.

¡Nada más lejos de la verdad! Dios ha condenado esta forma de conducta, y yo doy por sentado que mis lectores están de acuerdo en que es indebida. No obstante, lo que más se necesita cuando se revela una de estas aventuras es compasión y comprensión, y no condenación. Es obvio que el infiel ha traicionado a su cónyuge; en cambio, no lo es la manera de reparar y reconstruir su matrimonio.

Con respecto al divorcio

Este libro no es un tratado acerca de la voluntad de Dios en cuanto a que las personas se divorcien y se vuelvan a casar. Este tema es largo y complicado, y no es lo que quiero analizar aquí. He aquí mi enfoque:

1. Dios aborrece el divorcio (Malaquías 2:16), al igual que cada persona que ha pasado por esto.
2. La meta de Dios para los casos de infidelidad es el perdón y la reconciliación.
3. No obstante, debido a la historia personal del cónyuge, una historia de abandono o de abuso, de temor a procesar las cuestiones

difíciles, etc., la infidelidad podría convertir en irreconciliable al matrimonio. Por lo tanto, aunque se deban realizar todos los esfuerzos posibles para evitar el divorcio, el adulterio es una razón bíblica para el divorcio (Mateo 19:1-12). Es importante que comprendamos que muchas personas se limitan a huir de sus problemas y escogen esta opción. Sin embargo, este libro se escribió con el propósito de mostrarles otro camino.

4. El divorcio nunca es una manera saludable de resolver los problemas que existan en el matrimonio. Tal vez parezca que sea la mejor vía de escape para la persona que está sufriendo, pero nunca lo es. La víctima de adulterio debe hacer un esfuerzo para trabajar en el proceso de recuperación que bosquejamos en este libro, aun en el caso de que se produzca el divorcio. Es de suma importancia que procesemos los asuntos sin terminar (las cuestiones sin resolver). Si no lo hacemos, generaremos un alto riesgo de fracaso en el matrimonio y en las relaciones del futuro.

¿PARA QUIÉN ES ESTE LIBRO?

En un sentido, este libro está pensado para todas las personas casadas. Todos sabemos que la infidelidad puede constituir un peligro para cualquiera, dada nuestra naturaleza humana caída. Aun así, se escribió, en primer lugar, para los que afectados por la infidelidad, ya sea que su matrimonio se halle en problemas en el presente o que se dividiera en el pasado. Es para los que ahora están divorciados o separados, con el fin de ayudarlos a comprender lo que sucedió en su matrimonio. Y es también para los que, como consejeros profesionales o amigos íntimos, quieren ayudar a los que les ha golpeado este problema matrimonial que es el más mortal de todos.

Idealmente, en este libro se abordan las necesidades de las parejas que, tras la revelación de la aventura, quieren contribuir para rehacer su matrimonio destrozado. Me decidí a escribirlo para aquellos de ustedes que no tienen a nadie que les ayude en el proceso de recuperación. Este tema es tan sensible y complejo que casi todas las parejas necesitan (o quieren con urgencia) alguna ayuda externa. Una pareja declaró: «¡Nunca habríamos podido salir adelante sin consejería! Estoy casi seguro de que nos habríamos dado por vencidos o no sabríamos qué camino seguir». Lo lamentable es que no siempre hay consejeros preparados al alcance de las parejas, así que traté de hablar de una forma muy específica y directa, y de desarrollar el material de manera clara y con la esperanza de que se puedan ayudar a sí mismos. Se organizó de acuerdo con el proceso óptimo de recuperación.

En cuanto a los que tienen la fortuna de encontrarse en un buen programa de terapia, este libro los ayudará como un manual. Lo encontrarán reconfortante y útil, y será una manera de ir comprobando su progreso.

En cuanto a los que aún no le han hablado a nadie acerca de su aventura secreta, ya sea cosa del pasado como si se está desarrollando en el presente, este libro les proporcionará la valentía necesaria para poner al descubierto su aventura y comenzar su recuperación. Encontrarán que lo que no se confiesa solo les conducirá a una posterior destrucción de su vida y reputación.

No es fácil

Como sabe cualquier pareja en este proceso, recoger y reconstruir las ruinas de su matrimonio no es nada fácil, rápido, previsible, lógico, ni lineal; raras veces las personas involucradas en una infidelidad actúan de manera racional. Estas aventuras les hacen cosas extrañas a las personas. Se pierde el sentido de lo que es normal. Deben establecerse nuevos límites.

Si te encuentras con este libro después de pasado algún tiempo en tu proceso de reconciliación, tal vez te sientas algo desanimado al ver el camino que te queda por recorrer aún. Si ese es tu sentir, considera esto como un indicador a lo largo del camino. Es más, quizá tengas que recorrer una buena distancia, pero no te desanimes, porque no se trata de un viaje fácil. Varias de las parejas a las que les he dado consejería a través de la recuperación después de su aventura, sostienen la idea de que si todavía sigue siendo doloroso hablar del tema para uno de los dos, o para ambos, es probable que no lo hayan hablado lo suficiente. Hay muchos lugares por donde entrar a él. Hagan que esa mala experiencia produzca buenos resultados al leer juntos este material.

La mayoría de las veces, los procesos descritos en este libro les parecerán claros, fáciles y directos. En otros momentos, sus sentimientos les dirán que nada podría estar más lejos de la verdad. La reparación de los daños hechos al matrimonio es embrollada en extremo y no siempre sigue un camino sencillo. Con todo, que eso no los detenga. Manténganse firmes. Si lo hacen, lograrán atravesar esta terrible tormenta.

En cuanto a los que acaban de descubrir la aventura de su cónyuge, este *no es* el momento para decidirse a lograr una reconciliación en su matrimonio. La ira y el sufrimiento por el que están pasando son muy grandes. Van a terminar atravesando muchas de las cosas que describo aquí, tanto si el matrimonio se mantiene unido, como si no. De modo que comiencen el procesamiento; más tarde podrán decidir si van a permanecer unidos.

Este libro trata muchos temas volátiles. Se refiere a unos componentes frágiles e inestables que existen en la psiquis de ambos y en su relación. Aquí hay una gran cantidad de municiones con la cual pueden herir o ayudar a sanar a su cónyuge (y a ustedes mismos). La decisión sobre la manera de usar esas municiones depende de ustedes.

Para los cónyuges que están «solos»

Si quieres volver a unir tu matrimonio, pero tu cónyuge no quiere, o si tu cónyuge infiel se volvió a casar después que se divorciaron hace años, aquí vas a hallar ayuda y alivio. Hay maneras de animar a un cónyuge o infiel obstinado a ceder, lo cual analizaremos en los capítulos 7 y 10. Para los que ya están divorciados, este libro les ofrecerá una forma de resolver su dolor; una manera de hacer «terapia retroactiva» en su propio corazón.

Tal vez en tu situación el infiel haya regresado al matrimonio y haya dejado de ver a la amante, pero se niega a procesar la aventura. En este caso, es frecuente que el infiel finja que el problema ya está resuelto porque el matrimonio ha permanecido intacto. En cambio, si nada se ha alterado, de seguro que el matrimonio mantendrá los mismos esquemas de conducta que alimentaron la aventura en un principio. Si esa es tu situación, este material te ofrecerá aliento y orientación.

Un par de sugerencias para aquellos de ustedes que están solos.

1. No uses este libro como un arma, ni lo leas solo con la esperanza de lograr que lo lea tu cónyuge. Aplícatelo *tú mismo* a

tu relación. Tu cambio de actitud le será mensaje suficiente para que note que está sucediendo algo significativo. Si tienes la oportunidad de hablar de los cambios que estás haciendo, hazlo; pero habla solo sobre ti mismo: lo que estás haciendo, lo que has aprendido, cómo te estás sintiendo en cuanto a lo que está pasando en tu interior y en el matrimonio. Deja fuera del asunto a tu cónyuge. Tal vez no esté listo aún. Sería adecuado que dijeras algo como lo siguiente: «Estoy leyendo un libro estupendo acerca de la recuperación de una aventura que está cambiando por completo mi manera de percibir lo sucedido en nuestra relación. Sabía que yo mismo era parte de la causa, pero nunca había entendido por completo de qué manera contribuí a lo que sucedió». Si se interesa en el tema, te lo indicará, en especial después de haber visto cambios reales en tu vida.

2. Si tu cónyuge ha dejado de forma permanente el matrimonio (por ejemplo, están divorciados y tu pareja se volvió a casar), pero tú piensas que nunca ha habido un cierre en cuanto a la aventura y los daños que causó, te animaría a leer este material y buscar una conversación en una reunión personal con tu ex, en presencia de una tercera persona adecuada.

Para los que les ofrecen su apoyo a los amigos

Si eres un profesional con licencia, un pastor o solo un amigo que trata de ayudar a una pareja que se esfuerza en su reconciliación, te ofrezco las siguientes sugerencias:

1. *Ten cuidado de lo tuyo.* Casi todos tenemos creencias, sentimientos y experiencias que crean prejuicios en nosotros cuando entramos en el terreno de las relaciones con otras personas; eso es lo que quiero decir al aconsejarte que tengas cuidado de lo tuyo. Tu propio matrimonio nunca será más vulnerable que cuando estés tratando de ayudar a una pareja en su recuperación de una infidelidad. Vas a descubrir que trabajarás en esas mismas cuestiones con tu propio cónyuge. Mientras preparaba este libro, me sentí afectado de esa manera, y lo consideré

algo saludable. A todos nos conviene tener un matrimonio más fuerte que antes.

2. *La supervivencia de la relación matrimonial de tu amigo no depende de ti.* En la mayoría de los casos, la pareja con la que estás trabajando decidió casarse antes que tú estuvieras en la escena. Tú no fuiste el que los unió, ni eres el que los puede mantener unidos. Le debes dar libertad a la pareja para que siga su propio camino. A veces, vas a querer tomar el control de su proceso de recuperación, pero te debes contener, por su bien.

3. *Nunca debes darles la posibilidad de que te arrastren a su relación* (un proceso que técnicamente recibe el nombre de triangulación). Si eso sucede, cada uno por separado tratará de ponerte de su parte. Recuerda que la infidelidad fue una triangulación inadecuada, y también lo es todo intento por involucrarte tú mismo por completo en la situación creada.

4. *Haz que los dos hablen entre sí.* No guardes secretos que uno de los dos te cuente con la esperanza de ponerte de su parte. Recuerda que la infidelidad fue el peor secreto que pudo afectar a su matrimonio, y el que haya más secretos aun no ayuda en nada. En algunas ocasiones, tu neutralidad podrá parecer algo brutal, en especial si es posible que tengas una amistad más estrecha con uno que con el otro (por ejemplo, si se trata de tu amigo del instituto que se casó). Vas a sentir el deseo de intervenir para proporcionarle protección, pero es necesario resistir.

5. *Si en medio de la lucha te sientes más agotado de lo que están ellos, es que te has involucrado de una manera inadecuada.* Esto no quiere decir que algunas veces los momentos que pases a su lado no sean agotadores, pero necesitas medir a menudo tu grado de participación. Tú no debes trabajar en el problema con mayor ahínco que ellos.

6. *Ten presente que el material en este libro representa la «forma práctica» de ayudar en el perdón, la reconciliación y la restauración del matrimonio.* Nunca se deberá considerar como un sustituto de lo que puede hacer Dios. Mientras tratas de apoyar

a tus amigos o aconsejados, mantente en oración y cerca de la Palabra de Dios. El perdón y la reconciliación siempre son milagros. ¡Solo Dios puede sanar!

Para hijos adultos de padres con romances ilícitos

Algunos de los que lean estos materiales estarán buscando pistas sobre lo que sucedió en el matrimonio de sus propios padres, el cual se dividió o estremeció por una infidelidad. Es raro que los hijos se ocupen de las aventuras de sus padres en el matrimonio antes de estar casados ellos mismos. Puesto que de seguro quieres que tu relación en tu matrimonio sea distinta a la experiencia de tus padres, sigue leyendo. Sin duda, este es el momento adecuado para que te identifiques con este material.

Tal vez descubras que tus maneras de ver las cosas son muy diferentes a las de tus padres. Te recomiendo que hables con ellos después que leas este libro (e incluso mientras lo estás leyendo). Es probable que estén más dispuestos a hablar sobre su experiencia en este momento de su vida, que cuando tú eras más joven.

Mantente dispuesto a escuchar ambas partes de la historia. Si la aventura tuvo por consecuencia el final del matrimonio de tus padres, quizá esta sea la primera oportunidad de llevar a su conclusión unas heridas producidas hace ya mucho tiempo. Siéntate con ellos por separado y escúchalos. Hazles preguntas con el propósito de revelar sus sentimientos al respecto y aprender las lecciones que aprendieron ellos. No dejes que el «secreto» se entierre vivo, solo para que vuelva a surgir más tarde. Al explorarlo, haces lo que es debido. Las aventuras aparecen en los árboles genealógicos, y tienden a continuar a menos que se interrumpa el ciclo.

Los hijos adultos de padres con romances ilícitos tienen un riesgo particular de repetir el patrón. El motivador más importante de toda aventura es el profundo deseo de que le atiendan y amen de manera incondicional. Eso incluye muchos componentes, como el toque físico, la actitud, la alegría, el romance, las relaciones sexuales y el reconocimiento. Hay hijos adultos de padres que tuvieron aventuras que tienen ellos mismos unas agendas, o necesidades, tan inmensas que ningún cónyuge podría satisfacer jamás, y las llevan consigo, como bagaje, a su matrimonio. Si esa descripción se ajusta a tu persona y estás casado, no aplaces más ocuparte de este problema.

Para los que piensan tener una aventura
Es posible que este subtítulo sorprenda a muchos cristianos. Hasta el hecho de reconocer que alguien pueda pensar de manera consciente en la posibilidad de tener una aventura, da la impresión de que le da validez de alguna forma a la aparición de una de estas aventuras. No es así. En nuestra cultura, casi todo el mundo tiene pensamientos relacionados con alguna aventura amorosa. Si alguien no piensa descarriarse, quizá tema que lo haga su cónyuge. Es hora de dejar de negar que estas aventuras tengan predominio en la comunidad cristiana. Necesitamos salir del armario y enfrentar este problema a la luz del día.

Si estás

- pensando en tener una aventura con alguien que conoces de tu trabajo, de tu círculo social o de tu iglesia
- teniendo la esperanza de que tu cónyuge sufra un accidente de automóvil, un cáncer u otro cambio de su suerte en la vida para que puedas tener una aventura «legítima»
- teniendo la esperanza de que tu cónyuge se enrede en una aventura para poder estar libre tú y tener también la tuya propia
- deseando que tus hijos crezcan y se marchen del hogar para que puedas tú abandonar tu matrimonio sin herirlos
- teniendo otros pensamientos «previos a la infidelidad»

... necesitas con urgencia el material que contiene este libro. Al alimentar estos pensamientos, solo alimentas la esperanza de que tu cónyuge reciba de manera mágica «el mensaje» de tu insatisfacción con la relación existente entre ustedes dos. Al sentir que no le puedes hacer llegar el mensaje a tu cónyuge de ninguna otra forma, estás pensando en tener una aventura para quedar libre del matrimonio. Esta manera de pensar es una bomba de tiempo para tu vida, y necesitas desactivarla de inmediato o sufrir sus consecuencias.

¿Te sientes avergonzado, abrumado, como que nunca te oyen ni te dan importancia alguna? Es posible que te sientas atrapado, exhausto, indiferente y desesperado ante la realidad de que estás envejeciendo, por ejemplo. Tal vez te sientas desilusionado y airado porque tu cónyuge no ha sabido satisfacer tus necesidades. Te sientes aislado; te da la impresión de que no te es posible darle a entender nada a tu cónyuge. En general, te sientes «muerto» y te preguntas si quedará en ti algo de pasión. Todo es un deber, un arrastre, y hay muy pocas «luces brillantes» en tu vida. Aunque los demás se sorprenderían, y hasta se quedarían estupefactos ante la evaluación que haces de tu matrimonio, das por sentado las suyas también.

Mi sugerencia es que te mantengas en contacto con tus emociones. Las aventuras nunca resuelven los problemas que los causan. No pueden; por su naturaleza misma, son mundos artificiales rodeados por la realidad. En tu mente sabes eso, pero encuentras mucha satisfacción emocional en crearte fantasías sobre una relación perfecta fuera de los lazos del matrimonio.

¿Te puedo sugerir una mejor manera de encontrar satisfacción? Lee este material. Deja que te penetre hasta el alma, las emociones y el corazón. Se ha puesto a prueba en la vida real, y representa la experiencia de muchísimas personas.

Mientras lees, habla acerca de este material con alguien cercano a ti: tu cónyuge o tu mejor amigo. Es de esperar que provoque una interacción entre tú y tu cónyuge que los lleve a unos cambios significativos y a destacar sus beneficios emocionales para ambos.

LO QUE TENEMOS POR DELANTE

En los dos capítulos siguientes comenzaremos a tratar de ponerle orden al caos que rodea a todo matrimonio donde se ha deslizado la infidelidad. No todas las aventuras son iguales, y el primer paso importante hacia la recuperación está en hallar cuál de los cuatro tipos de aventuras es el que ha golpeado tu relación.

Notas

1. David Kramer, «The Kennedy Complex: Why They Womanize», *McCall's*, agosto de 1991, p. 44.
2. «Woman Says She Was JFK's Mob Liaison», *Chicago Tribune*, 7 de octubre de 1991, primera sección.
3. Kramer, «The Kennedy Complex», p. 45.
4. «How to Cheat on Your Wife—And Not Get Caught!», *Radio-TV Interview Report*, 15 de septiembre de 1991, p. 34.
5. Grant L. Martin, «Relationship, Romance, and Sexual Addiction in Extramarital Affairs», *Journal of Psychology and Christianity* 8, n.º 4, invierno de 1989, p. 5.
6. Paul R. Peluso, editor, *Infidelity: A Practitioner's Guide to Working with Couples in Crisis*, Routledge, Nueva York, 2007, p. 2.
7. *Ibíd.*, p. 101.
8. *Ibíd.*, p. 2.
9. *Ibíd.*, p. 3.
10. Raymond T. Brock y Horace C. Lukens Jr., «Affair Prevention in the Ministry», *Journal of Psychology and Christianity* 8, n.º 4, invierno de 1989, p. 44.
11. D.J.P. Huson, «Predictors of Infidelity among Pastors», tesis de maestría, Universidad de Biola, 1998.
12. Dave Carder y D.J.P. Huson, «Emerging Trends in Pastoral Infidelity», ensayo presentado en la Conferencia Anual de Pastores del Instituto Bíblico Moody, Chicago, Illinois, mayo de 1999.
13. Jennifer P. Schneider, *Back from Betrayal: Surviving His Affairs*, Harper & Row, San Francisco, 1988. Peter Rutter, *Sex in the Forbidden Zone: When Men in Power—Therapists, Doctors, Clergy, Teachers, and Others—Betray Women's Trust*, J.P. Tarcher, Los Ángeles, 1989. Para otras fuentes de información útiles, lee el apéndice D.

2

Pon orden en el caos:

La aventura de una noche y la adicción sexual

Exhausto, Bill decidió regresar a su hotel para una breve siesta antes de comer algo para comenzar el seminario de la noche. Al llegar a su habitación, notó que parpadeaba la luz roja de los mensajes: su esposa había tratado de comunicarse con él durante toda la tarde.

Cuando llamó, descubrió que Gwen batallaba otra vez con sus dos hijos adolescentes. *Eso no es nada raro*, pensó. *Los chicos no son malos, pero a ella siempre le cuesta mucho trabajo controlarlos cuando estoy fuera.* Por el tono de voz de Gwen, se dio cuenta de que estaba enojada y herida porque él se había tenido que ausentar de nuevo.

Mientras colgaba desanimado el teléfono, Bill reflexionó en lo emocionantes que fueron las cosas cuando aceptó este nuevo trabajo varios años antes. El aumento de sueldo fue inmenso, la reubicación a unas oficinas nuevas le parecía atractiva, pero los efectos secundarios, sobre todo los problemas de familia, habían sido muy negativos.

Trató de conciliar el sueño, pero ahora su mente era un frenesí y no podía hacerlo. Al final, frustrado, saltó de la cama y decidió ir a comer un poco temprano. Tal vez eso lo haría sentir mejor. La reunión de la noche iba a ser muy importante, así que fue un poco más cuidadoso en cuanto a vestirse como es debido.

Mientras se dirigía al ascensor, pensó que ni siquiera la ropa nueva que llevaba puesta esa tarde le levantaba mucho el ánimo. Es más, se sintió un poco sorprendido al notar que no estaba ansioso por escuchar la conferencia del Dr. Lowrey, una autoridad que solía escuchar con gran interés y agrado. Sin embargo, esa tarde, sobre todo después de la llamada telefónica, no se sentía a la altura de las circunstancias. Tal vez lo ayudara una cena tranquila.

Como aún era temprano, el restaurante estaba casi vacío. Quizá allí, en ese lugar tan pacífico, encontrara algún descanso de todo el torbellino que sentía por dentro.

De todas formas, ¿por qué Gwen tuvo que llamarme y echarme todas esas cosas encima? Se sentía mal porque ella tuviera que estar sola en la casa, pero también se sentía enojado debido a que los dos tomaron la decisión de que aceptara ese nuevo puesto en su carrera, y ambos sabían que significaría una gran cantidad de viajes. *¿Por qué no puede estar a la altura de la parte que le corresponde en nuestra decisión?*

Se sentía destrozado por dentro. Y mientras más pensaba en todo eso, más agitado se sentía por dentro. Tampoco le ayudó ponerse a leer el menú. Lo que casi siempre habría sido una parte agradable de su día, disfrutar de una buena comida, había perdido de repente todo su encanto. Leyó dos veces toda la sección de platos principales antes de tomar una decisión. Incluso, mientras se la comunicaba a la camarera, se sentía ambivalente en cuanto a lo escogido. Por un momento, sintió el deseo de cambiar de idea, pero se resignó ante la realidad de que esa tarde nada le iba a saber bien de verdad.

Solo después que la camarera se alejó de su mesa, Bill notó a la atractiva mujer que estaba sentada al otro lado del pasillo y un puesto más allá. Estaba ocupada haciendo anotaciones en unos informes. Sin darse cuenta de su mirada, siguió absorta en su trabajo.

Vaya, parece que tiene muy buen control de lo que está haciendo y que es muy profesional; además, tengo que admitirlo, ¡es bastante atractiva! No pudo menos que notar que no tenía puesto un anillo de casada. Era bastante más joven que él. *Algún día, alguien va a tener la suerte de casarse con ella.*

Su mente volvió a Gwen y a lo eficiente y atractiva que parecía ser cuando se conocieron. Sin embargo, el agotamiento con la familia se había cobrado un precio. Por otra parte, se dijo, él tampoco era todo lo que solía ser. *El tiempo pasa, supongo.*

Le lanzó otra mirada a la mujer y, como si se tratara de una especie de inspiración mágica, ella levantó la vista al mismo tiempo. Él se asustó cuando sus ojos se encontraron, y cambió de inmediato la dirección de su mirada.

En los momentos que siguieron a ese encuentro, Bill no podía creer la forma tan repentina en que se desataron sus emociones. ¿Qué podría significar ese confuso montón de sentimientos? No se había sentido tan ansioso desde que estaba en el instituto. Ni siquiera conocía a la mujer, solo la vio cinco minutos antes. De modo irracional, se sentía seguro de que ella podía notar la rapidez con que le latía el corazón en el pecho. *Cálmate, Bill. Deja de actuar de una manera tan tonta y juvenil.*

Trató de enfocar sus pensamientos en alguna otra cosa. Aun así, no tuvo suerte... Por encima de su taza de café, descubrió que la miraba de nuevo. A partir de ese momento, solo fue cuestión de tiempo antes de que se conectaran sus miradas.

Ella le sonrió, y él le respondió. Ella comenzó una inocente charla sin importancia a través del pasillo vacío; ambos estaban en un viaje de negocios, y ambos trabajaban en ventas.

Con inocencia, ella le preguntó si le agradaría sentarse a su mesa. *¿Por qué no? Es agradable conocer a otro viajante comercial en un restaurante casi vacío. La carretera nos pone triste, así que un poco de conversación me ayudaría. Tal vez me dé ánimos para el seminario de esta noche.* Decidió no ser descortés y aceptar la invitación, así que se pasó a la mesa que estaba al otro lado del pasillo.

Para su sorpresa, Bill descubrió lo mucho que disfrutaba de la compañía de la desconocida. Hacía viajes de negocios con frecuencia y también era casada. Tomaron un poco de vino y rieron unas cuantas veces mientras cenaban. Como si fuera agua fresca en tierra reseca, Bill absorbió su compañía y se sentía en perfectas condiciones cuando llegó la cuenta.

Sabía que ya era casi la hora de marcharse para asistir al seminario, pero ella lo invitó a su habitación para beber algo después de la cena. Él sabía que no debía hacerlo; que en realidad era probable que ya hubiera ido demasiado lejos. Por un breve instante, titubeó en el fino borde de la indecisión. Entonces, en su confusa mente, dejó de preocuparle demasiado guardar las reglas. *No me he sentido tan vivo y lleno de energía en años. Voy a aceptar su ofrecimiento, solo por esta vez. Me voy a perder el seminario, pero siempre puedo encargar la grabación. Esto no se me va a ir de las manos.*

En cambio, sí se les fue de las manos. Unas horas más tarde, desaparecieron todos esos sentimientos de vitalidad y de energía. Perdió todo el control en medio de la embriaguez del momento.

Más tarde, mientras se apresuraba a vestirse para marcharse, ella se sintió ofendida porque él se iba muy rápido en lugar de pasar allí la noche; estaba enojado consigo mismo y furioso con ella. Se sentía tan perturbado que pensaba que iba a estallar. Se detestaba por lo que había hecho.

De vuelta en su habitación, Bill trató de dormir, pero no pudo. Trataba de apartarla de su mente, pero sin éxito. Estaba asqueado de sí mismo; había echado a perder por completo aquel viaje de negocios en más de un sentido. Decidió que se iría de vuelta a su casa antes de tiempo, aunque la conferencia no terminaría hasta el viernes.

No obstante, incluso después que hizo los cambios necesarios en el billete de avión, habría preferido no haberlos hecho. No se sentía preparado aún para enfrentarse a Gwen. *Tal vez no le tenga que decir nada. Al fin y al cabo, lo que no sepa no la va a herir. No, eso no va a resultar... nunca nos hemos guardado secretos.* Así le siguió dando vueltas al asunto en la mente, incapaz de decidir en un sentido ni en otro.

Durante todo el vuelo de vuelta a casa, se sentía angustiado. Trató en vano de trabajar en algunos papeles en el avión para apartar la mente del dilema.

Cuando levantó la mesita que tenía delante en preparación para el aterrizaje, Bill decidió que tendría que resolver solo esa agonía. No le podía echar encima la carga a Gwen y esperar que se llevara la culpa de él. Se limitaría a guardar el secreto y fingir que aquello nunca había sucedido. *El tiempo sana todas las heridas, ¿no es cierto?*

A Gwen le encantó ver que él regresaba antes de lo esperado, y su reacción lo tranquilizó, haciéndole pensar que había tomado la decisión adecuada.

Sin embargo, los meses siguientes no fueron fáciles. Mientras más trataba de apartar de su mente la atractiva desconocida, más tendencia tenía a que regresara. Muchas veces descubrió que esperaba contra toda esperanza volverla a encontrar en otros viajes de negocios a la misma ciudad. Se sentía culpable, incluso por desear que sucediera eso, pero no parecía haber manera de desprenderse de aquel deseo.

En algunas ocasiones un tanto locas, hasta descubrió que estaba sintiendo la esperanza de que tal vez le sucediera algún trágico accidente a su familia, y ese accidente lo dejara en libertad para salir a buscarla. Sabía que aquello era imposible y siempre se sentía terriblemente mal por alimentar pensamientos así.

Bill se había arrepentido ante Dios en una silenciosa oración innumerables veces, pero a pesar de todo no podía encontrar alivio. El recuerdo de la aventura de una sola noche producía una especie de remordimiento lleno de pesadumbre en el fondo de su mente, y ese remordimiento siempre estaba acechando fuera del alcance de su vida consciente. Sabía que no debía temer que le descubrieran: unos desconocidos que se reúnen y se tratan por su nombre de pila en una ciudad lejana a su casa en un momento de soledad... eso sucedía a menudo.

No obstante, ¿por qué le hacía sentirse tan mal? ¿Por qué no podía olvidarlo, si tuvo tan poca importancia?

A medida que pasaba el tiempo, parecía que hasta Dios mismo tenía la intención de recordarle su falta. Varios de sus colegas en el trabajo se le habían acercado, por ser el cristiano del grupo, a fin de pedirle ayuda con la culpa que sentían por alguna aventura similar. Un hombre de la iglesia quería volver con su esposa y le pidió consejo a Bill sobre cómo hacerlo.

Así fue que Bill terminó dándoles a sus amigos unos consejos que no había seguido él mismo. Una de las lecciones que estudiaron en su grupo de compañerismo entre adultos en la iglesia se centraba, entre todas las cosas, en la manera de hacer que su matrimonio estuviera a prueba de aventuras. Otra se centraba en una sinceridad total dentro del matrimonio cristiano. Hasta el pastor predicó sobre la infidelidad por cuatro semanas seguidas. A Bill le parecía que el mundo entero conocía ya su secreto. Su agonía privada parecía extenderse por todo el horizonte.

Así y todo, Bill decidió aguantarse un poco más y ver si no desaparecía con el paso del tiempo. Hasta decidió dedicarse a jugar tenis. Aquel ejercicio le fue útil para aliviar sus tensiones internas durante un tiempo. Sin embargo, al final, Bill supo que no les podía seguir huyendo a su culpa, su vergüenza y los reproches que se hacía a sí mismo. Decidió descubrirle su vergüenza a Gwen.

Entonces, ¿cómo hacerlo? *Esto podía ser delicado de verdad... tengo que hacer bien las cosas o mi matrimonio podría estallar.* Su agitación emocional no lo ayudaba mientras trataba de planear la revelación de su vergüenza; sus poderes de concentración flaqueaban en muchos puntos. Su rendimiento en el trabajo había descendido, su supervisor se comenzaba a preguntar qué lo estaba molestando, y él sabía que se empezaba a deprimir de nuevo.

Por fin, una noche Gwen se le acercó sexualmente, y se apartó de ella. Ni él mismo lo comprendía, pero la idea de tener relaciones sexuales con ella se había vuelto casi repulsiva. La expresión dolida de Gwen le hizo entender que había reaccionado de manera excesiva sin darse cuenta. Quería acercársele, tomarla en sus brazos y relatarle entre sollozos toda su historia, pero no encontraba fuerza suficiente para hacerlo. Esa noche fue muy triste para ambos.

El tiempo pasaba, mientras los meses se convertían en años. Bill no intentó de nuevo hablar del asunto; solo trataba de sepultar por completo su secreto. Sus hijos adolescentes crecieron y terminaron dejando el nido. Las cosas comenzaron por fin a estabilizarse de verdad en el hogar de Bill y Gwen. Establecieron entre ellos una forma de relación que, aunque no fuera exactamente cercana e íntima, al menos resultaba.

Bill y Gwen se habían convertido en personas muy ocupadas. Siempre tenían un montón de proyectos que llevar a cabo juntos, y muchos de sus amigos pensaban en realidad que su relación era muy estrecha. En sus conversaciones, hablaban de sus proyectos y actividades, pero nunca hablaban de ellos mismos. Estaban ocupados, activos, siempre haciendo algo, pero raras veces su conversación era íntima, como tampoco lo era el lecho matrimonial.

Hoy en día siguen unidos en su matrimonio, pero es mediocre en el mejor de los casos. Ninguno de los dos aprueba el divorcio, así que todo lo que hacen es seguir en su confusión, mientras su secreto inconfesado sigue acechando en el fondo de todo. Bill nunca se ha vuelto a «deslizar», pero se siente, en esencia, infeliz por cargar su vergonzoso secreto a cualquier parte que va. Algunas veces se vuelve terriblemente pesado, pero o bien es incapaz de desprenderse de él o no está dispuesto a hacerlo.

Lo trágico es que Bill y Gwen nunca volverán a tener intimidad, a menos que se enfrenten a su pasado secreto. Nunca conocerán cada uno los sufrimientos, los temores, ni los pensamientos de ansiedad por los que pasa el otro. Nunca sabrán lo que es consolarse entre sí. Solo sabrán de eficiencia, rendimiento y mucha actividad; mucho correr, correr y seguir corriendo.

¿Te identificas con algo dentro de la historia de Bill y Gwen? ¿Estás ocupado a diario en perseguirte la cola sin dejar nunca de correr lo suficiente como para relacionarte de manera más estrecha con tu cónyuge? O, si eres un infiel que no le ha revelado su oscuro secreto, ¿te estás sintiendo cansado de llevar siempre esa carga? Si es así, encontrarás ayuda en estas páginas.

CUATRO TIPOS DE AVENTURAS

Si una pareja quiere comenzar de nuevo y reparar los daños hechos a su matrimonio, ambos deben comprender con exactitud cuál es el problema que les ocupa. No todas las aventuras son iguales y, como consecuencia, cada clase diferente de aventura exige una manera distinta de tratarla.

Yo divido las aventuras en cuatro clases:

Primera clase de aventuras: La aventura de una sola noche
Segunda clase de aventuras: La aventura con participación
Tercera clase de aventuras: La adicción sexual
Cuarta clase de aventuras: La aventura añadida

En la historia de Bill y Gwen vimos una primera clase de aventuras. Conocidas por lo común como «aventuras de una sola noche», estas suceden con una regularidad demasiado frecuente, en especial dentro de nuestra sociedad saturada de sexo. Decidí ilustrarla con un viaje de negocios porque esta fuerza laboral tiene más hombres y mujeres viajando, a menudo solos. Al parecer, las oportunidades para tener una conducta inmoral han aumentado de manera exponencial en los años más recientes.

Este capítulo realiza un breve examen de las aventuras de las clases primera y tercera; después, en los dos capítulos siguientes, veremos en detalles las aventuras de las clases segunda y cuarta. En todo el libro, me centraré casi exclusivamente en las clases segunda y cuarta, que implican siempre quedar atrapado en lo emocional y lo sexual. En estos tipos de aventuras, el hombre y la mujer mantienen una relación que a menudo se parece a la relación matrimonial. La similitud con los lazos matrimoniales es parte de la razón por la que son tan peligrosas: el infiel ve satisfechas unas necesidades que ha procurado suplir en su propio matrimonio durante años, muchas veces sin éxito.

La aventura en la que se involucran las personas no es cuestión de una sola noche (primera clase), ni de un esquema extenso de conducta adictiva (tercera clase), los cuales suelen mostrar solo un desarrollo mínimo de las relaciones. Dicho de otra manera, esta aventura con participación no es una «suspensión temporal de las reglas», como la aventura de una sola noche, ni una obsesión con raíces profundas, como la adicción al sexo. Más tarde entraremos a explicar las diferencias entre los distintos tipos de aventuras; por ahora, baste decir que en este libro examinaremos sobre todo las aventuras de las clases segunda y cuarta.

¿Por qué nos enfocamos de manera un tanto exclusiva en las aventuras de las clases segunda y cuarta? Solo porque estas aventuras son las formas más problemáticas y corrientes de infidelidad, y suelen ser las más obstinadas a la hora de una rehabilitación debido a que los participantes han tenido una participación emocional extensa. En contraste con las aventuras de las clases segunda y cuarta, la aventura de la primera clase se remedia con bastante facilidad (aunque no sea un problema insignificante), y la aventura de la tercera clase, la adicción al sexo, bastaría para llenar todo un libro.

El siguiente cuadro se refiere a las cuatro clases de aventuras. En cada situación concreta se puede producir algo de superposición entre las cuatro clases, pero en general, se necesita clasificar la aventura de manera que se pueda comenzar el tratamiento adecuado.

CUATRO TIPOS DE RELACIONES EXTRAMATRIMONIALES

	PRIMERA CLASE Aventura de una sola noche	SEGUNDA CLASE Aventura con participación	TERCERA CLASE Adicción sexual	CUARTA CLASE Aventura añadida
ILUSTRACIÓN BÍBLICA	Betsabé (2 Samuel 11—12)	Sansón y Dalila (Jueces 16)	Los hijos de Elí (1 Samuel 2:22)	Abraham y Agar (Génesis 16)
DESCRIPCIÓN	Aventura de una noche	Relación adictiva	Numerosas parejas	Satisface un vacío específico
DESARROLLO	Inmediato	Gradual	Impulsivo	Gradual, enfocado en un vacío conyugal
PARTICIPACIÓN EMOCIONAL	Ninguna	Intensa	Ninguna	Intensa, con unos límites estrechos
PERJUICIO/DÉFICIT	Ninguno	Vacío emocional	Vacío en la familia de origen	Vacío en la actividad conyugal
ACTIVIDAD SEXUAL	Una sola experiencia; intensa, lujuriosa, apasionada	Solo mucho más tarde en la relación; después de establecida la amistad	Inmediata con diversas parejas y con una actividad sexual cada vez más distorsionada	Irregular, a menudo sin disfrute mutuo
DÉFICIT DE LA FAMILIA DE ORIGEN	Ninguno	Los déficits emocionales crean vulnerabilidad	A veces, cierta influencia	Los déficits emocionales crean vulnerabilidad
REMORDIMIENTO / ARREPENTIMIENTO	Casi siempre inmediato e intenso	Al principio, ninguno; el sufrimiento inicial es por la pérdida de la relación; luego, es posible el sufrimiento	Solo después de actuar; la tensión interna crea otro episodio	Normales, pero el vacío conyugal «lleva» a la reconexión
RECUPERACIÓN	Puede ser inmediata con perdón	Proceso a largo plazo con terapia matrimonial	Primero sobriedad; después terapia individual; más tarde, ayuda conyugal	Proceso a largo plazo con terapia matrimonial
DURACIÓN	Una noche	De año y medio a dos años	Años, con períodos de excesos en la conducta	A largo plazo con contactos esporádicos

Analiza con detenimiento el cuadro anterior, a fin de tener una idea de las diferencias que existen entre las cuatro clases. Este cuadro sirve como punto de referencia para gran parte de lo que hablaremos en todo el libro, así que estúdialo con cuidado. Te ayudará a poner un poco de orden en el caos y enfocarte en la clase de aventura que ha afectado tu matrimonio, o al matrimonio de un amigo o de un ser amado tuyo.

Primera clase de aventuras

La historia del deseo del rey David por Betsabé, una hermosa mujer que vio mientras se bañaba, es la clásica aventura de una noche. David deseó con intensidad a Betsabé, pero después solo fue una de sus muchas esposas. No tuvo una relación emocional a largo plazo con ella, así que en ese aspecto no se trató de una aventura de segunda clase. En la primera clase de aventuras, los infieles solo «usan» a sus compañeros de aventura a corto plazo, y es frecuente que los abandonen poco después sin lamentarse en absoluto.

El arrepentimiento de David también cae dentro de la primera clase de aventuras. Cuando Natán el profeta de Dios enfrentó al rey con su pecado, David se rindió de inmediato (2 Samuel 12), esquema que casi siempre vemos en la primera clase de infidelidades. El enfrentamiento valiente, pero sencillo basta muchas veces para hacer que el infiel cambie y, con una breve terapia, esa caída de una sola noche se puede convertir en la única de toda su vida.

Sin embargo, esto no quiere decir que este tipo de aventura no cause daño alguno. Una aventura de la primera clase que no se resuelva como es debido puede preparar el escenario para una actuación sexual inadecuada a largo plazo en el futuro.

La peor manera de lidiar con este tipo de aventuras no es guardando en secreto lo sucedido, como hizo Bill con Gwen. Todos los muros de secreto que levanta una persona dejan fuera a otras, como le sucedió a su esposa. Eso nunca es saludable, y la falta de intimidad resultante favorece la necesidad de involucrarse de forma emocional con alguna otra persona, con lo cual se estaría preparando para una aventura más. Pocos de nosotros somos lo bastante buenos para fingir siempre; casi todos sentimos que algo está perturbando a nuestro cónyuge.

El matrimonio se basa en la sinceridad, y el cónyuge que se ha descarriado (aunque solo fuera «una vez»), tiene necesidad absoluta de revelar su caída y procesarla de la forma más adecuada. De lo contrario, ese secreto se convierte en una bomba de tiempo activada. O bien estallará de manera drástica un día, o irá haciendo daño poco a poco, como en el caso de Bill y Gwen, que terminaron teniendo en sus manos un caso de intimidad estrangulada. Su relación fue muriendo con lentitud, a diferencia de un estallido de fuegos artificiales en el Día de la Independencia, aunque en ningún sentido fuera menos dolorosa esa muerte.

El proceso de recuperación para las aventuras de una sola noche es muy similar al que se usa con las aventuras con participación, y cuando se les aplica todo este proceso, es frecuente que el resultado final sea positivo. Aun así, es frecuente que el infiel le reste importancia a este «pequeño desliz de una sola vez» y, por tanto, no se lo diga a su cónyuge. Si ese es tu caso, necesitas leer el capítulo 12, que habla de las aventuras secretas. ¡Aquí hay involucradas otras cosas más que un simple desliz!

Segunda clase de aventuras
En el próximo capítulo analizaremos de una manera muy completa el patrón de la infidelidad de segunda clase, así que no voy a dar demasiados detalles aquí. En pocas palabras, lo que sucede es que la aventura con participación se desarrolla de manera lenta y gradual. Por lo general, se conocen entre sí bastante bien; a menudo trabajan juntos, o tienen otra forma de visitarse con regularidad o tienen una relación desde hace mucho tiempo.

Por lo general, el infiel se siente enamorado del amante. Hay una gran agitación emocional en este tipo de aventura: tanto el infiel como su amante están destrozados, puesto que sus sentimientos rivalizan muchas veces con los que sintieron en un inicio por sus cónyuges. Por eso es tan difícil darle la vuelta a su situación.

Su relación ilegítima satisface una necesidad crucial de relación que tienen ambos; a esto le llamo «el mensaje de la aventura» (examinaremos esto en detalle en el capítulo 8). La identificación de esa necesidad (o necesidades) es un paso de suma importancia en el camino hacia una recuperación total y permanente.

Tercera clase de aventuras

La tercera clase de aventuras equivale a la adicción sexual. Tal como se bosquejó en el cuadro anterior, este tipo de infidelidad tiene una dinámica y unas características distintas por completo a las que poseen las demás clases de aventuras[1]. Se necesitan recursos diferentes y se han escrito varios que son excelentes, de manera que solo haremos una breve comparación de este tipo con los otros tres. De esa forma, puedes identificar si tu aventura es de la tercera clase o de uno de los otros tres tipos.

Una definición útil de adicción es: «una relación patológica por cualquier experiencia que altere el estado de ánimo con consecuencias perjudiciales para la vida»[2]. En el caso del adicto al sexo, la indiscreción sexual altera, sin duda alguna, su estado de ánimo; necesita las relaciones ilícitas igual que un alcohólico necesita las bebidas alcohólicas.

Como punto de comparación, este efecto de alteración del estado de ánimo es cierto en menor grado en las aventuras de las clases segunda y cuarta, pero no dejes que esto te engañe; las características de los otros tipos no coinciden con el patrón de la tercera clase. Recuerda, es posible que algunas de las características se superpongan entre los distintos tipos, pero tomados en su totalidad, los síntomas señalarán hacia un patrón por encima del otro.

Tanto la novedad como la disponibilidad de la pornografía en Internet han cambiado la forma de percibir la adicción sexual. Antes, los individuos involucrados en esta clase de infidelidad se veían como que les causaron daños en su niñez mediante el abuso sexual, el abandono, la exposición a la pornografía, etc. Por lo tanto, la adicción se percibía como un apego a largo plazo y un trastorno del desarrollo en el que se lesionó de gravedad el desarrollo psicosexual del individuo. No obstante, en la actualidad, debido a la Internet, son más los adictos sexuales que desarrollan su forma de conducta compulsiva en la adultez sin daños identificables en la niñez. Esta clase de adicción es la que surge de la definición antes mencionada; se trata de la caza de una «experiencia que altere el estado de ánimo».

El infiel de la tercera clase de aventuras practicará varias de las siguientes conductas:

Por lo general, el infiel tiene una serie de relaciones con muchas parejas a través del tiempo. En algunos patrones, puede que tenga, como dice el viejo refrán marinero, «una mujer en cada puerto». (El viaje de negocio es el equivalente moderno). Otros solo encuentran la solución en su casa, en la Internet. Incluso otros, corren con toda insolencia de pareja en pareja.

La actividad sexual se vuelve cada vez más compulsiva, con un mayor riesgo para el infiel. Esto podría significar que deja de trabajar por las tardes para hallar satisfacción en su conducta sexual o en formas pervertidas de expresión sexual, como la pornografía, la prostitución (tanto masculina como femenina), las tiendas del sexo, los bares de bailarinas desnudas, los masajes sexuales, etc. Hasta es posible que signifique ponerse a ver pornografía en su computadora del trabajo, corriendo el riesgo de que lo despidan. Hay muchas posibilidades de que la policía atrape al infiel, entre en contacto con personas con enfermedades de transmisión sexual (ETS) o incluso se vea amenazado por la violencia a manos de otros que participan también en este mundo tenebroso.

El apego emocional, aunque al principio esté presente de una manera superficial, disminuye con el paso del tiempo. La pareja se va convirtiendo cada vez más en un simple «objeto sexual» y va dejando de ser persona ante los ojos del infiel. Lo que al principio podría parecer una segunda clase de aventura, podría pasar a ser una de tercera clase cuando el sexo sigue siendo el enfoque central de la relación.

La pareja es muchas veces de un menor estatus socioeconómico al del infiel. La expresión común es «citarse con gente inferior» o «meterse en los barrios bajos». Si la pareja pertenece a una «clase inferior» a la del infiel, a este le es más fácil relegarla a una situación inferior a la humana, reforzar su posición de poder y perpetuar su adicción.

Debido a que el comportamiento es adictivo, a menudo requiere que el infiel mienta, engañe y robe para conseguir el alivio que tanto ansía. De aquí que a un adicto al sexo nunca se le pueda tratar de una manera convencional antes que «salga de la droga» o quede sobrio. Mientras tanto, va a dedicarse de una forma extrema a complacerse a sí mismo y será capaz de decir cuanto tenga que decir para conseguir el alivio que necesita. En la vida del adicto no hay normas morales coherentes, diga lo que diga. Los cónyuges y los terapeutas que se enfrentan a este patrón necesitan saber que están tratando con un farsante; de lo contrario, el desesperado adicto al sexo los puede guiar en innumerables misiones imposibles. Es capaz de ser todo lo que piensa que tú quieres que sea, siempre que pueda seguir manteniendo su adicción. *El comportamiento del infiel se convierte en un ciclo que se perpetúa a sí mismo.* El resultado claro del comportamiento es la aceleración, porque cada «dosis de sexo», al mismo tiempo que satisface de manera temporal la necesidad por la que siente apetito, agota sus energías. Por lo tanto, el ciclo de euforia y depresión se va acelerando, hasta que su vida se sale literalmente fuera de control. De ahí que, por ejemplo, algunos de los televangelistas tristemente célebres en el ámbito nacional quedaran al descubierto debido a que era casi imposible detener sus actividades sexuales; estaban encerrados (y algunos lo están aún mientras escribo estas líneas) en un violento tiovivo que terminó destruyéndolos.

En la página siguiente ilustramos el aspecto de perpetuarse a sí misma que, por naturaleza, tiene la tercera clase de aventura.

Ninguna sanidad significativa puede lograrse (ni siquiera iniciarse) antes que el infiel no

- esté «sobrio» de su comportamiento por varios meses;
- renuncie a sustituir la adicción «perdida» con una nueva (por ejemplo, sustituir las obsesiones sexuales con la drogadicción);
- haga unos esfuerzos conscientes por reconocer y cambiar su sistema de creencias; y
- sea capaz de someterse a una estructura y a una rendición de cuentas en su agenda diaria.

Cuando el infiel de la tercera clase entra en una agenda de rendición de cuentas ante otra persona en terapia y sobriedad, al principio se siente aburrido en gran medida. La vida antes de esta sobriedad era mucho más emocionante. Aunque reconozca de manera intelectual que el patrón anterior era autodestructivo, a sus sentimientos les va a llevar un tiempo ponerse a la par de su pensamiento. A ese aburrimiento le seguirá la depresión, la introspección y, por último, un regreso a las idas y venidas normales de los sentimientos necesarias para restablecer la intimidad emocional con su cónyuge.

A diferencia de las otras aventuras, este tipo exige de manera absoluta la ayuda de un terapeuta profesional que tenga experiencia en este aspecto concreto. En muchos sentidos, es diferente a los otros tres tipos de aventuras, y exige un enfoque distinto por completo.

Tomado de *Out of the Shadows* © por el Dr. Patrick J. Carnes. Publicado por CompCare Publishers, Minneapolis, MN. Usado con permiso.

Cuarta clase de aventuras

Hablaremos más en el próximo capítulo, pero esta relación suele surgir de intereses, actividades o pasiones comunes que no tienen entre sí los cónyuges en el matrimonio. Con frecuencia, uno de los cónyuges anima al otro a dedicarse a una actividad de la cual no disfruta ni quiere participar. Por ejemplo, a uno de los cónyuges le gusta caminar por los bosques, mientras que el otro no tiene interés ninguno por las maravillas del aire libre; a uno le gusta bailar, mientras que el otro no tiene sentido ninguno del ritmo; a uno siempre le ha gustado cantar, mientras que el otro no acierta una sola nota.

Esto no significa que tú y tu cónyuge lo deban hacer todo juntos y que nunca hagan nada con ninguna otra persona. Lo que sí resalta esta clase de infidelidad es que cuando dos personas tienen una atracción sincera hacia una actividad determinada que no se comparte con el cónyuge, existe un fundamento para entablar una amistad mucho más intensa. De eso se trata esta infidelidad: de una fuerte amistad que se puede convertir en inadecuada. Aunque esta amistad quizá sea muy intensa, tiene unos límites muy estrechos y no incluye salir juntos en una cita, comer en restaurantes, llamarse por teléfono u otras actividades que estén fuera del interés en común, aunque algunas veces el resultado sea una actividad sexual espontánea. En nuestra cultura, esta es la aventura que se encuentra más a menudo en los buenos matrimonios.

LO QUE TENEMOS POR DELANTE

Cuando pienses en los cuatro tipos de aventuras que definimos, comparamos y contrastamos en este capítulo, trata de clasificar tu propia situación. Al principio, tal vez te sea difícil ir poniendo en orden todas las emociones tan complicadas y todos los giros de la trama que trae consigo tu situación en particular, pero si perseveras en este esfuerzo, terminará surgiendo un tema general y tenderás a identificarte con una de estas cuatro clases. Recuerda que no hay dos situaciones que sean exactamente iguales, pero si buscas los factores y las características que son preponderantes, a la larga podrás colocar tu situación en el lugar apropiado. De esa manera, lograrás manejar mejor la manera más indicada para procesar tu aventura.

Una vez definidas las diversas clases de infidelidades, analicemos ahora en profundidad la aventura con participación.

Notas
1. Mark Laaser, *Cómo sanar las heridas de la adicción sexual*, Editorial Vida, Miami, FL, 2005.
2. John Bradshaw, *Healing the Shame that Binds You*, Health Communications, Deerfield Beach, FL, 1988, p. 15.

3

Pon orden en el caos:
La aventura con participación y la aventura añadida

B ob estaba en la escuela de posgrado por la noche y trabajaba a tiempo completo; a Becky le iba bastante bien en su carrera. Tenía suficientes opciones que le permitían ocultar su desilusión ante la dedicación excesiva de Bob a su trabajo y a sus estudios. Con antelación, conversaron acerca de esta etapa de sus vidas, y ambos sabían que iba a ser dura.

Sin embargo, Becky no podía impedir el sentirse carente por completo de importancia para su cónyuge... al margen de la vida diaria de Bob. Se decía: *Cuando se acaben sus estudios, las cosas van a mejorar. Es preferible que deje las cosas como están y no cree problemas. Bob ya tiene suficientes cosas de qué preocuparse como para añadirle una esposa quejicosa.* Así que trataba de resistir y esperar que mejorara la situación.

En lugar de mejorar, empeoró. Cuando terminó el postgrado, Bob comenzó a estudiar de manera intensiva para la certificación requerida por el estado para ejercer su profesión. La licencia tomaría dos años más de prácticas. Cuando Becky empezó a darse cuenta de esto, comenzó a sentirse como si estuviera al límite de sus fuerzas. *¿Otros dos años? No sé si voy a poder aguantar tanto. Me estoy muriendo en vida.*

Trató de hablar con Bob sobre la desesperación, el aislamiento y la fatiga emocional que sentía, pero había muy poco tiempo disponible. Así que les comentó su frustración y su desánimo a sus amigas del trabajo. Si Bob no la quería escuchar, al menos lo harían ellas. Al parecer, una de ellas se lo mencionó a Tom, su jefe.

Tom llamó a Becky a su oficina una tarde, y le preguntó con mucha delicadeza cómo les iba a ella y a Bob. Le dijo con toda amabilidad que había notado cuánto había decaído su producción. Becky no tenía intención de llorar, pero ahí mismo se quebrantó y se echó a llorar. Tom pareció tan bondadoso y comprensivo que hasta se ofreció a llevarla a cenar esa noche mientras Bob estaba en sus clases. Ella aceptó entre lágrimas.

Becky y su supervisor ya habían establecido una relación amistosa en su interacción de la oficina. Al principio, la justificó pensando que no había sentimientos románticos entre ellos; que todo seguía siendo solo profesional. Esto la fue llevando a través de varias de sus experiencias en las cenas después del trabajo.

Pronto, cenar juntos se convirtió en un rasgo regular dentro de la necesitada vida de Becky. Los momentos que pasaban juntos hacían más agradable su trabajo, y le daban algo bueno que esperar, en lugar de las noches solitarias a las que estaba acostumbrada. Bob nunca llegaba a la casa antes de las diez y, por lo general, estaba tan agotado que en realidad no parecía estar interesado en escucharla hablar de lo que pasó en su vida ese día.

Cuando Becky y su jefe se conocieron mejor, comenzaron a llevarse bien en verdad. Tom tenía otras facetas de su personalidad que no había notado antes que comenzaran ese nuevo aspecto de su relación. Al poco tiempo, comenzaron a intercambiar pequeños abrazos al separarse después de la cena. Aunque se sentía culpable por esto, Becky descubrió que cada vez pensaba más en Tom. Valoraba muchísimo su nueva relación más íntima... tal vez demasiado. Sin embargo, se trataba de apartar de su mente las preocupaciones.

Al parecer, Tom se sentía igual que Becky. Una noche, durante la cena, le reveló lo que sentía por ella, y ella le tuvo que admitir que sentía lo mismo por él. Esa noche, cuando salieron del restaurante, decidieron ir al apartamento de él, y allí perdieron el control. Becky se apresuró a volver a su casa esa noche bastante tarde, pero tuvo la suerte de poder llegar antes que Bob.

Cuando Becky y su jefe fueron al apartamento de él por segunda vez, supo que tenía que dejar de seguir viéndolo fuera de la oficina. *Podemos limitarnos a volver a nuestra relación profesional*, pensaba. *Al fin y al cabo, eso es lo que tuvimos durante dos años antes que perdiéramos el control.* Así que decidieron no continuar. Ambos se sentían lo bastante culpables como para ponerse de acuerdo de inmediato en semejante plan.

A pesar de todo, eso no duró mucho tiempo. Dos días más tarde, Tom la llamó a su oficina para decirle que no podía acabar aquello con tanta rapidez. A través de esas excelentes conversaciones durante las cenas, su amistad se había vuelto muy importante para él. «¿No podríamos ser al menos amigos?», le sugirió. «Podemos conversar durante la cena y, después, solo darnos las buenas noches y despedirnos».

Becky tenía tantos deseos de mantener su relación como él. Así que, haciendo uso de toda su fuerza de voluntad, aceptó intentarlo.

Entonces, esa noche, terminaron una vez más en el apartamento de él. De nuevo, ella logró llegar a su casa antes que Bob; ya para entonces tenía todos los tiempos bien calculados. A la mañana siguiente, en la oficina, Tom la llamó para disculparse por no haber cumplido con la parte del trato que le correspondía, y le sugirió que tal vez necesitaran dejar de salir juntos durante una o dos semanas.

En esos momentos, Becky se sentía confundida por completo. Sus sentimientos por Tom se iban haciendo más fuertes cada día. Lo admiraba por ser tan considerado como para pedirle disculpas y sugerirle que se separaran. Estuvo de acuerdo en la «separación a prueba», aunque la noche anterior, mientras estaba con él, las cosas fueron tan perfectas que consideró la idea de que Tom era «el hombre» para ella.

Pasó una semana, y Becky estaba desesperada solo por hablar con Tom. *Esto es casi como pasar por la recuperación después de la drogadicción*, pensaba con algo de preocupación. Al final, ya no lo pudo seguir soportando. Lo llamó por el intercomunicador y le preguntó si lo podía ver en la oficina de él. Es cierto que tenía una razón: un informe especial que le llegó a su escritorio y que necesitaba ponerse al día con unas cifras a las que solo Tom tenía acceso. Cuando le respondió, no podía darle crédito a la avalancha de sentimientos que experimentó por solo por escuchar su voz.

Durante su conversación en su oficina, ella apenas se pudo controlar; todo lo que pudo hacer fue conseguir las estadísticas que necesitaba, sin pedirle que salieran a cenar. Reflexionando después de trabajar en ese contrato, se estremeció ante su falta de control y se pasó toda la noche agitada por el asunto, perdiendo una cantidad muy valiosa de su sueño. *¿Por qué estoy tan obsesionada con nuestra relación?*

A la mañana siguiente, arrastrándose hasta el trabajo después de una noche de insomnio, sabía que tenía que terminar con aquello.

Después del trabajo del día, llamó a Tom y le dijo adiós. Él alegó que también estaban involucrados sus sentimientos y que no era justo que todo terminara tan rápido. ¿Por qué no se limitaban a seguir el plan de estar dos semanas sin verse y después volvían a evaluar la situación?

Sin embargo, Becky colgó el teléfono. Sabía que eso no daría resultados; habían tratado de dominarse a sí mismos y nunca lo habían logrado. Tom trató de llamarla de nuevo en varias ocasiones, pero ella fue fuerte, aferrándose a duras penas a su decisión.

Entonces, de manera más bien repentina, a Tom lo promovieron a una nueva división y lo transfirieron a una nueva oficina al otro extremo del país.

Becky estaba devastada, aun cuando fue la que insistió en ponerle fin a la relación. Estuvo a punto de llamar a Tom antes que se marchara para felicitarlo, pero se convenció de no hacerlo, aunque lo logró con gran dificultad. Se sentía infeliz cada vez que pensaba en él, lo cual parecía suceder durante la mayor parte del tiempo que estaba despierta por el día.

Una mañana, mientras Becky batallaba consigo misma, Tom la llamó por el intercomunicador y le pidió que salieran para tener una cena final. Ella no se pudo resistir y se escuchó aceptando con la condición de que no la invitara después a su apartamento. Él estuvo de acuerdo.

La última noche que pasaron juntos estuvo llena de sentimientos mutuos muy profundos, expresados en la mesa. Con valentía, Becky trató de sepultar sus sentimientos de pérdida y desilusión, y al final de la noche, lo vio salir de aquel restaurante, y de su vida, por última vez.

La pérdida de Tom, aunque sabía que su relación era indebida, dejó un vacío inmenso en la vida de Becky. Pasaron meses antes de que superara la insensibilidad y la desorientación, tanto en el trabajo como en su hogar. No obstante, Bob, su esposo, nunca se dio cuenta. Solo bastaba con esa realidad como testimonio mudo de la falta de comunicación que había en su matrimonio.

Bob recibió su licencia, como esperaba todo el mundo. Sin embargo, ahora era su nueva carrera la que lo consumía. Su práctica prosperaba, de modo que empezaron a planear el inicio de su familia.

La concepción era difícil, así que se les hicieron algunas pruebas de fertilidad. Después de varios meses de pruebas, sin tener aún resultados, hicieron planes para adoptar. Como sucede con frecuencia, adoptaron y poco tiempo después ella salió embarazada.

Tener un bebé en brazos y otro en camino era algo que consumía las energías de Becky. Ahora necesitaba más que nunca estar cerca de Bob. A pesar de eso, no sabían de qué manera conectarse, puesto que llevaban tanto tiempo corriendo por pistas diferentes.

Ella no pudo ser sincera en cuanto a sus necesidades, y él dio por sentado que todo iba bien. Bob sabía que su matrimonio no era tan divertido como solía ser, pero ahora, al fin y al cabo, había dos pequeños en la familia y eso bastaba en su mente para explicarlo. Tanto él como Becky siempre estaban cansados, ¿pero qué podía esperar si hacía tan poco tiempo que eran padres?

Ahora Becky sentía temor de su propia vulnerabilidad. Estaba cansada de la distancia existente en su matrimonio, pero no se podía divorciar de Bob en esos momentos. Necesitaba el matrimonio, no se las podía arreglar con dos niños pequeños como madre soltera, pero no le podía explicar a él las luchas por las que estaba pasando. Decidió buscar consejería.

Le tomó largo tiempo aclarar cuáles eran sus necesidades, y si estaba dispuesta a presentárselas sin rodeos a su esposo. La agonía de su aventura a escondidas la estaba destrozando con su sentido de culpa.

Al final, Becky decidió contarle a Bob su aventura con el jefe. Estaba terriblemente asustada por lo que pudiera pasar después, pero sabía que era lo que tenía que hacer. Mientras existiera ese secreto en medio de ellos, nunca podrían acercarse el uno al otro. De forma milagrosa, Bob trató con amor a su esposa en un momento maravilloso de perdón y reconciliación.

Después le siguió un período de insensibilidad, seguido por una sensación de alivio. Hoy en día todavía están trabajando en su matrimonio, que aún no es perfecto. Sin embargo, por vez primera, ambos afirman haber encontrado una nueva apertura y un nuevo acercamiento mutuo que a ninguno de los dos les había parecido posible antes. Sienten una nueva seguridad en cuanto a que su matrimonio se va a salvar.

La clave para su recuperación fue que ambos reconocieron su parte de responsabilidad por la aparición de la aventura. Becky reconoció su extravío, pero Bob admitió que él mismo se había distanciado de ella. Solo entonces pudieron hacer progresos hacia la reconstrucción de la confianza mutua y la intimidad que son tan críticas para el éxito en el matrimonio.

La historia de Bob y Becky es típica de la aventura con participación (la de tercera clase), esa en la que ambos participantes se enamoran el uno del otro. Es muy probable que si has estado involucrado en una aventura, veas en su historia numerosos paralelos con respecto a tu experiencia. Este tipo de aventura surge con frecuencia de uno de los siguientes estilos de matrimonio[1]:

1. El que evita la intimidad
2. El que evita los conflictos
3. El del nido vacío
4. El que es puertas afuera

Si reconoces tu infidelidad como de la segunda clase de aventura, lee las siguientes descripciones para ver si puedes identificar mejor los factores que contribuyeron a la misma. Si lo logras, esto sería útil para tu recuperación como pareja. Mientras más concreta sea la forma en que la clasifiques, más concentrados pueden ser tus esfuerzos por lograr la recuperación.

LOS CUATRO ESTILOS DE LA SEGUNDA CLASE DE AVENTURAS

Es importante que la pareja esté de acuerdo en la clase y el tipo de aventura. Si la pareja no está de acuerdo, es necesario hacer una determinación decisiva a la luz de la forma en que la percibe el infiel. Al fin y al cabo, es la persona que inició la relación ilícita. Muchas veces las maneras de percibir las cosas por parte del cónyuge se desvían un tanto debido a la disfunción de las relaciones, de modo que debe dárseles la prioridad a las percepciones del infiel cuando no haya un acuerdo total en cuanto a su clasificación.

La excepción se produce cuando al cónyuge le parece que debe tratarse de un caso de adicción al sexo (tercera clase de aventura), con perversiones sexuales múltiples o repetidas. ¡Uno nunca ha visto un caso típico de negación mientras no se haya tenido que enfrentar con un adicto al sexo! Tal como indicamos en el capítulo anterior, la conducta irracional y la mentira son comunes en toda clase de adicción.

Veamos ahora el primer estilo de aventura con participación.

El matrimonio que evita la intimidad (Síndrome de limpiaparabrisas)

Es típico que este primer tipo de aventura se produzca en un matrimonio que evite a toda costa la intimidad debido a peleas constantes, críticas y hasta conflictos abiertos. ¿Conoces alguna pareja que sea así? Nunca estarían dispuestos a separarse (su lema es «Recuerda tus votos matrimoniales»), pero mantienen entre sí una distancia en la que ambos están de acuerdo. Son como un par de limpiaparabrisas: siempre se hallan a la misma distancia el uno del otro.

Nunca hablan con sinceridad acerca de esa distancia, pero ambos la comprenden a la perfección. Lo que tal vez les parecería un matrimonio terrible para muchas personas de fuera, en realidad para ambos cónyuges es muy tranquilizador. Se sienten seguros porque su relación es muy previsible.

Hasta ponen a prueba de vez en cuando el sistema, sin otra razón más que saber si sigue funcionando todavía de la misma forma que la última vez. Se produce un intercambio de palabras hirientes, y las reacciones verifican que todos los sistemas están funcionando como es debido. Aunque esto es muy doloroso para ambos, sigue siendo un medio de sentirse unidos e importantes el uno para el otro.

El conflicto no solo mantiene a los cónyuges a la distancia apropiada, sino que también contribuye a darles una sensación de poder. Negocian con «donde las dan las toman», mientras se tiran la pelota el uno al otro. Este equilibrio de poder es tan crítico que si uno de los cónyuges tiene una aventura, muy pronto el otro va a tener otra aventura también (para ayudar al otro a «ver lo que me hizo a mí; ahora estamos parejos»). Repito, donde las dan las toman.

Además de mantener la distancia y el equilibrio de poder, la relación de los limpiaparabrisas permite que ambos cónyuges cumplan con eficiencia sus deberes en la familia, y sin que ninguno de los dos interfiera en lo que hace el otro. Observa que cuando los limpiaparabrisas de tu auto van moviéndose para quitar la lluvia, no chocan entre sí (y si chocan, es que están rotos, y tú corriges de inmediato ese contacto demasiado cercano). Este tipo de relaciones matrimoniales está formado por dos personas que actúan con eficiencia y de una manera previsible, se mantienen siempre a la misma distancia, y hasta se «cubren» el uno al otro, a la vez que parecen sostenidos por una misma barra invisible (pero separados).

Un joven que conocí sufría en la niñez cuando oía discutir a sus padres. Cuando llegó a la adolescencia, algunas veces intervenía, tratando de proteger a su madre de algo que pensaba que eran los atropellos de su padre. En cambio, para su asombro, su madre se volvía en su contra y le decía que no se metiera en lo que no le importaba y que no necesitaba ninguna ayuda. Ahora, al recordarlo, se da cuenta de que en realidad le estaba diciendo: «Déjanos en paz, que este baile es nuestro. Somos como dos limpiaparabrisas, golpeando con fuerza de un lado a otro del parabrisas, pero siempre a la misma distancia. En realidad, la situación no es tan mala».

El proceso de recuperación para este tipo de matrimonio va a ser difícil debido a la necesidad de igualación que existe entre ambos. Si uno de los cónyuges tiene una aventura, se desequilibra tan en serio el sistema que ambos en la pareja se quedan desestabilizados y llenos de temores. Echarse las culpas y mantener una hostilidad mutua son hábitos de mucho tiempo en estos matrimonios, así que es difícil lograr que ambos cónyuges acepten su parte de responsabilidad. La recuperación va a exigir nuevos hábitos ajenos a la pareja (como el de compartir la culpa), pero se puede lograr si están dispuestos a intentar algo nuevo.

Si haces siempre lo que siempre has hecho, siempre lograrás lo que siempre has logrado. Dale vueltas a este pensamiento en tu mente; parece una especie de trabalenguas, pero les dice mucho a los que se encuentran encerrados en su relación dentro de un patrón semejante al de los limpiaparabrisas. Lo que necesitan es tratar de hacer las cosas de una manera distinta.

El matrimonio que evita los conflictos (Síndrome del tono de discar)

Mientras que el estilo anterior de matrimonio se parece a los limpiaparabrisas de tu automóvil, la mejor manera de describir este tipo de relación sería representarla por el tono de discar de tu teléfono. Como en el tono de discar, no hay variación de ningún tipo; siempre es previsible. Eso al principio es tranquilizador, pero puede volverse enloquecedor cuando uno lo escucha durante un largo período. Si no, trata de mantener el teléfono pegado al oído durante un buen rato y verás de lo que te estoy hablando.

Las personas que se hallan en esta relación o bien tienen papeles, estilos de vida e intereses separados, o uno de los cónyuges se encarga de todo mientras el otro se convierte en un niño obediente. En el primer caso, los dos cónyuges desempeñan unos papeles muy rígidos que no se combinan muy bien. Ambos saben con exactitud lo que tienen que hacer y no sirve de nada discutir en busca de una manera distinta de proceder. Todo es previsible: enloquecedoramente previsible. No tienen necesidad de discutir; «hazlo y ya está», como diría un anuncio. Las consecuencias de esto son el fastidio y la falta de vida.

En el segundo caso (uno de los cónyuges es la figura paterna y el otro la figura infantil), el cónyuge poderoso hace con frecuencia que la familia presente un buen aspecto, pero es una «paz a toda costa» y, por tanto, enfermiza de todo punto. Es una falsa paz, y la falta de malos momentos trae consigo una falta de buenos momentos.

Es asombroso notar que este sistema de evitar conflictos es común entre los cristianos. El énfasis que se pone en muchos círculos evangélicos en «verse bien» anima a las parejas a creer en una falsa serenidad; interpretan de manera errónea el tono de discar, pensando que significa que todo marcha muy bien. Es más, hay mucha gente que usa este tipo de matrimonio como «un ejemplo cristiano» que otros deben imitar, pero que le falta un importante ingrediente de la vida: la capacidad de ser humano y sincero consigo mismo, con los demás y con Dios.

Ambos cónyuges suelen dar la impresión de estar satisfechos con su arreglo al estilo del tono de discar, hasta que uno de los dos comienza a sentir atracción hacia otra persona. De repente, al que se está enamorando se le presenta una nueva gama de emociones. Brota a la superficie una nueva comprensión de que está vivo; la liberación del tono de discar le causa regocijo; la transformación interior que se produce es increíblemente maravillosa. Esta clase de aventura (y la aventura del nido vacío que le sigue) genera las mayores diferencias en la manera de comportarse del infiel.

El mensaje de la aventura en un matrimonio, o lo que el infiel quiere que su cónyuge sepa de sí mismo (lee el capítulo 8), es a menudo lo que al cónyuge le resulta muy difícil de escuchar. Muchas veces el mensaje indica un déficit matrimonial que el cónyuge descarriado está tratando de llenar, y admitir un déficit suele ser un anatema para el cónyuge del tono de discar. Por lo general, comenzamos por el hecho de que cree que ha estado haciendo todas las cosas a la perfección. En ese caso, ¿cómo le es posible mejorar? Aun así, no te olvides que hasta la perfección sin variación suele ser muy aburrida.

Además, el cónyuge suele pensar que cambiar significaría admitir algo: «He estado cometiendo un error», y reconocer algo así destruiría la reputación que ha trabajado tan fuerte para crear. Es frecuente que este cónyuge tenga mucho apoyo por parte de la familia de la iglesia y le sea fácil mantener su reputación, a la vez que pone en el infiel toda la responsabilidad de la situación y se niega a aceptar ningún tipo de responsabilidad. Es una trágica actitud que veo con excesiva frecuencia y hace casi imposible la recuperación.

La aventura del nido vacío (Crisis de la mediana edad)
¿Cuántas veces has oído hablar de una pareja que se separa en un momento muy cercano a sus bodas de platino o de plata? Entre dieciocho

y veinticinco años de matrimonio, no solo es un tiempo común de adaptación para todos los matrimonios, sino también un momento común de crisis para el adulto que se ha pasado la mayor parte de su vida adulta, si no toda, trabajando para mantener a sus hijos. Ya para entonces, los hijos son adolescentes, se van a vivir a la universidad o hacen otras cosas también autónomas. Estos desarrollos pueden estremecer de verdad a un matrimonio que gira en torno a los hijos.

Lo típico es que la persona que se enreda en este tipo de aventura sea el hombre de familia consciente o la madre perfecta. Ha dedicado veinte años a relacionarse con su cónyuge, no como compañero en el matrimonio, sino como padre o madre. Entonces, cuando se marchan los hijos, no queda tema alguno sobre el cual hablar. Todos los asuntos sin terminar (las cuestiones no resueltas) de su propia familia, todas las cosas que han dejado de hacer en el matrimonio, solo porque siempre había más cosas que hacer que tiempo para hacerlas, entran con gran estrépito en escena. Combina esos factores con las cosas desconocidas que esperan en el futuro, y tendrás una situación en la que ambos cónyuges son vulnerables ante el afecto, la atención y el interés de otra pareja.

La pareja de este infiel casi siempre es más joven que su esposa. Por lo general, el infiel es de la generación anterior a ella, con más poder, prestigio y dinero que su pareja. Es importante que la pareja explore estas distinciones cuando se esfuerzan por aclarar la razón de la aventura. Esas cosas representan necesidades básicas que han quedado en suspenso mientras ambos cónyuges se consumían con la crianza de sus hijos.

Lo más frecuente es que el infiel sea el que termine este tipo de aventura. A la larga, «sienta cabeza» y se da cuenta de que su familia es más importante que su aventura. Su conclusión le llega a la pareja de la aventura de una manera inesperada por completo.

Sin embargo, en lugar de revelarle su aventura a su cónyuge, el infiel vuelve a su patrón establecido de relacionarse alrededor de los hijos y no alrededor de la relación matrimonial. «Mantener la paz» se convierte en lo más importante de todo, así que guarda su secreto. Además, según razona, si lo revelara, su imagen como el hombre (o mujer) de familia ideal estadounidense quedaría hecha añicos. Entonces es cuando do el secreto se convierte en amargura.

La aventura de puertas afuera («Al fin me toca a mí»)

Por lo general, este tipo de aventura se debe a una forma de pensar durante veinte años y basada en algún hecho importante: o bien la salida de los hijos del hogar o el final de una carrera de varios años (por ejemplo, militar, corporativa o servicio en el gobierno). En realidad, la aventura se inicia años antes en la mente del infiel, y si mantiene y tolera la relación matrimonial, es porque dispone de planes para el futuro. Cuando por fin deja al cónyuge para irse con la pareja, es frecuente que el infiel diga: «He estado alimentando la idea por muchos años y, por fin, me decidí hacerlo».

Las personas que nunca se han sentido tentadas a ser infieles tienden a sentirse incrédulas ante esta idea. En cambio, los que sí han pasado por eso, o conocen a otros a quienes les ha sucedido, no demuestran sorpresa alguna. Al recordar la aventura, los que la experimentaron dicen que ya años atrás se habrían debido dar cuenta de lo que iba a suceder. Sin duda, el infiel sí lo veía venir; es más, ¡lo planificó!

El plan para dejar al cónyuge suele llegar como consecuencia de que ese cónyuge se niega a cambiar, adaptarse, comunicarse o satisfacer alguna necesidad clave en sus relaciones matrimoniales. Es posible que el cónyuge que sufre (el futuro infiel) haya tratado en uno u otro grado de hablarle de sus necesidades, pero el otro cónyuge o bien no lo escucha o no lo comprende.

Después de un tiempo de discutir acerca de esa necesidad, el infiel se da por vencido y se resigna a soportar la situación hasta que se pueda escapar de ella, y el cónyuge interpreta por error esa resignación al pensar que el problema está resuelto. El infiel tolera la tensión durante muchos años basado en su decisión de marcharse en el futuro, y el cónyuge interpreta la ausencia de conflictos como señal de que las cosas marchan bien. Una vez más está funcionando el espejismo de que «todo marcha como es debido».

Muchos infieles tratan de hacer que el abandono de su cónyuge sea lo más agradable posible. Quizá hasta hagan planes con años de anticipación para mantener al cónyuge cuando llegue por fin el momento de marcharse. A decir verdad, uno de los fenómenos interesantes en esta clase de aventura es el contacto que el infiel hace a menudo con un pastor o un consejero, a fin de conseguir ayuda para el cónyuge durante la transición y la crisis que se producirá después. Su manera de pensar consiste en que una vez que ponga el cuidado del cónyuge en manos de otra persona, estará libre para marcharse. Esto es lo que piensa: *Este trabajo ya se acabó. Gasté veinte años de mi vida en esta relación, hice lo que se suponía que debía hacer, y ahora me marcho de aquí. Voy a hacer lo que he querido hacer en realidad todos estos años ahora que todavía soy lo suficiente joven como para disfrutarlo.*

Después de separarse del cónyuge, raras veces el infiel se casa con su amante. Si lo hace, el matrimonio no suele durar más de dos años[2]. La amante solo sirve como una ayuda para darle fuerza al infiel a fin de que pueda salir del sufrimiento de su matrimonio. Si no se produce un nuevo matrimonio, o si la nueva unión se destruye pronto, a esto le suele seguir un largo período de soltería. Se enfoca en sus caprichos, evita el compromiso con las trampas que le percibe. Ahora es libre y va a seguir siéndolo, si le es posible.

Con todo, el nuevo estilo de vida se convierte en aburrido y vacío con rapidez. Tener auto nuevo y barco nuevo no se puede comparar con tener un alma gemela con quien viajar por la vida. Además, molestias como la pensión alimenticia, la manutención de los hijos y su atención tienden a hacer estallar su burbuja de soltero libre con una vida fácil.

Lo triste es que los matrimonios que sufren las aventuras de puertas afuera pocas veces se reconcilian. Si el cónyuge persigue al infiel y le suplica que regrese, los resultados suelen ser infructuosos. Es más, tal comportamiento muchas veces causarán que el infiel se case con su amante, solo para poner un poco de distancia entre él y su excónyuge. Es una huida que ha estado planificando durante largo tiempo. Si el infiel expresa alguna vez que tiene interés en reconciliarse, solo será después de un mínimo de dos años de separación, cuando comience a estallar la burbuja de su fantasía.

PON ORDEN EN EL CAOS: LA AVENTURA AÑADIDA

Los estudios y las investigaciones sobre la cuarta clase de aventuras son limitados, así que mi análisis de esta clase de aventura será breve. Es probable que la mejor manera de ilustrar la cuarta clase de aventuras sea haciendo un contraste y una comparación con las de segunda clase que acabamos de analizar. Aunque las aventuras de la segunda clase y las de cuarta tengan mucho en común, también hay entre ellas unas diferencias muy claras e importantes. Es crucial que cuando tú y tu cónyuge examinen este tipo de aventura se escuchen y colaboren entre sí cuando decidan cuál es la fuente de esta forma ilícita de conducta. No hay mérito en «tener la razón» ni en hacerle ver al otro que «está equivocado». La forma en que el infiel percibe las cosas será muy importante aquí.

Contrastes

Mientras que la segunda clase de aventuras surge del estilo de matrimonio, la cuarta clase brota de un déficit matrimonial. Las de segunda clase proceden de una interacción *emocional* que no es satisfactoria, mientras que las de cuarta clase proceden de un déficit en la actividad. La segunda clase tiene una amplia gama de actividades entre los cónyuges (salidas, regalos, viajes, cenas, etc.), mientras que los tiempos que pasan juntos los cónyuges de la cuarta clase están restringidos a la única actividad que comparten ambos. Los amantes de la segunda clase hablan con frecuencia de dejar a su cónyuge, de vivir juntos, y sienten que han hallado su alma gemela (a la que casi parecen guardarle una adicción). Los amantes de la cuarta clase nunca hablan de abandonar a su cónyuge ni a su familia, y no ven que vayan a estar juntos en un futuro a largo plazo, pero les parece haber encontrado a una amiga del sexo opuesto que habían perdido hacía mucho tiempo y que no quieren volver a perder. La relación de la segunda clase está llena de apasionadas experiencias sexuales, iniciadas y disfrutadas por ambos amantes, mientras que la cuarta clase habla de una actividad sexual esporádica que casi siempre la inicia el mismo amante y que se proporciona como una obligación para la amistad que pocas veces satisface a ambos. Por lo general, la segunda clase de aventuras hace que el matrimonio le parezca peor al amante, pero aunque parezca extraño, la cuarta clase de aventuras muchas veces hace que el matrimonio se sienta mejor. Los que participan en la segunda clase nunca están satisfechos con los tiempos que pasan juntos; en cambio, es posible que los de la cuarta clase solo se vean dos o tres veces al año. La segunda clase de aventuras suele comenzar en el lugar de trabajo, mientras que muchas veces las de cuarta clase comienzan con una actividad voluntaria (o cualquier actividad cordial donde los participantes se sienten apasionados con esto). La segunda clase termina consumiendo a los amantes, creando agotamiento, depresión y confusión; las de cuarta clase son reconfortantes, estimulantes y «esclarecedoras» para sus participantes. La segunda clase de aventuras duran entre año y medio y dos años, mientras que las de cuarta clase pueden continuar durante años (debido al contacto esporádico y a la restringida gama de actividades).

En ocasiones, una aventura de la cuarta clase puede desarrollarse hasta convertirse en una aventura de la segunda clase, pero es raro que suceda lo opuesto, aunque los participantes quieran pensar que se pueden relacionar entre sí de esa manera en el futuro. Recuerda también que, como la cuarta clase de aventuras refleja un déficit de actividad en el matrimonio, pueden existir por la relación sexual que proporcionan.

Similitudes

Ambas clases de aventuras se alimentan por la admiración y el afecto (dentro de los límites de la cuarta clase), el acomodamiento y la reafirmación. Desarrollan con rapidez un conjunto de ritos entre los amantes; florecen bajo la cubierta de las mentiras y el engaño; animan la fantasía; se apoyan en unas comunicaciones secretas y comienzan a despojar al matrimonio de la alimentación emocional que necesita (porque sienten que la «amiga» los comprende mejor).

Algunos podrían argumentar que esta es solo una amiga, pero «los hechos que se pretenden ocultar o engañar son una buena señal de que ha ocurrido una violación»[3].

LO QUE TENEMOS POR DELANTE

En los dos capítulos anteriores vimos las cuatro clases de aventuras con el propósito de poner un poco de orden en la histeria y el caos que suelen acompañar a la revelación de una infidelidad. Ya en estos momentos es de esperar que te hayas concentrado en las características exactas de tu situación particular.

A continuación veremos la difícil pregunta de «¿Por qué?», la cual termina con afectar las aventuras. Veremos todo el cuadro: los ambientes que nos preparan para que estemos predispuestos a la infidelidad. Examinaremos los mitos culturales, los patrones de creencias espirituales y los estilos de matrimonio que operan juntos para hacer que el engaño sea demasiado fácil. Además de nuestra naturaleza caída, estas influencias controlan de manera poderosa nuestra persona, nuestras actitudes y nuestra conducta cuando se trata de las infidelidades.

Notas

1. Estas cuatro categorías las formuló por primera vez Emily Brown en *Patterns of Infidelity and Their Treatment*, Brunner/Mazel, Nueva York, 1991, pp. 28-48.
2. *Ibíd.*, p. 44.
3. Paul R. Peluso, editor, *Infidelity: A Practitioner's Guide to Working with Couples in Crisis*, Routledge, Nueva York, 2007, p. 77.

4

Las causas:
Los ambientes que permiten el florecimiento de las aventuras

O wen se había considerado afortunado durante mucho tiempo. Sus dos hermanos batallaban aún. Uno de ellos era alcohólico y usaba cocaína de vez en cuando, el otro por fin se había librado del alcohol, pero seguía teniendo numerosas aventuras, con varios matrimonios que testificaban de sus fallidos intentos para controlarse.

«Mi papá era un buen padre», recordaba Owen. «A veces era severo, ¿pero qué podía esperar si era alcohólico, maltrataba a mi mamá y andaba siempre en líos de faldas? En nuestra familia, papá era el encargado de hacer cumplir las reglas, y mamá era la que nos cuidaba y nos mantenía unidos cuando papá se alborotaba. Mamá era la que sanaba nuestras heridas, calmaba nuestros temores y nos consolaba en nuestros accidentes de niños».

En realidad, seguía reflexionando Owen, la mamá de su papá fue la que mantuvo unida a la familia, tal como lo hizo su propia mamá. Así que su padre solo repetía lo que vio en su propia familia mientras crecía.

Aunque Owen nunca escuchó a su padre decirlo, siempre tuvo la sospecha de que pensaba que le consintieron demasiado. Claro, su madre tuvo que protegerlo mucho, pero a él no le parecía que hubiera sido excesivo. La actitud de su padre le parecía injusta, y le dolía pensar en ella.

En la secundaria y en el instituto, Owen se entendía muy bien con las chicas. Era ingenioso, sacaba unas notas decentes y, en realidad, no se sentía cómodo entre los atletas de la escuela, ni los matones del pueblo. Aunque de seguro no era lo que llamaríamos un «fiestero», se involucró físicamente demasiado con un par de chicas en el instituto y en la universidad. Sin embargo, nunca «llegó hasta el final» hasta que conoció a su esposa.

Antes de casarse, se «escaparon» un par de veces en sus viajes de vuelta a casa desde la universidad. Lo justificaban diciendo que estaban tan comprometidos el uno con el otro como el día en que se casaran en la iglesia. Entonces, no eran cristianos, así que todo se lo atribuían a «las locuras de juventud».

Poco después del nacimiento de su primer hijo, Owen y su esposa se interesaron en las cosas espirituales. Ahora que tenían un hijo que criar, comenzaron a buscar una iglesia a la cual asistir, y en medio de este proceso, se encontraron de frente con el evangelio. Ambos depositaron su confianza en Cristo. De la misma manera que hacían todo lo demás en la vida, se incorporaron de lleno en el cristianismo con entusiasmo.

Su clase de adultos de la Escuela Dominical estaba hablando acerca de ayudar a los matrimonios para que no se produjeran aventuras. Owen y su esposa tenían unas cuantas preguntas al respecto, pero les daba demasiada vergüenza hacerlas en público, así que siguieron sin interrumpir, como si lo hubieran entendido todo. Ambos se alegraron cuando terminó aquel curso. El siguiente tema era un estudio bíblico. Eso parecía mucho más seguro.

La esposa de Owen comenzó a dar clases en la Escuela Dominical, y con el transcurso del tiempo, comenzaron a hacer amistad con varias parejas jóvenes más que estaban en su misma etapa de la vida. Su esposa hizo una amistad especial con otra mujer casada que daba clases en el mismo departamento de la Escuela Dominical. Juntas, hicieron planes para salir de fin de semana con sus esposos.

Ese viaje fue tan bueno que pronto les siguieron otros, y las dos parejas se hicieron muy amigas. Los fines de semana siempre eran buenas experiencias, y Al, el otro esposo, se llevaba muy bien con Owen.

Los dos hombres eran muy diferentes. Al era musculoso y más activo que Owen. Mientras que Owen era un tanto pasivo (a esto le llamaba ser colaborador), Al entraba de frente a tomar el control de cualquier situación. Al se había ido abriendo paso con su trabajo hasta la gerencia de un servicio de entrega de paquetes, y su estilo de tomar el control de las situaciones funcionaba bien allí. Siempre parecía ser el que dominaba, tanto en el trabajo, como en sus paseos sociales juntos, pero no era abusivo; también era bondadoso. Sus ideas funcionaban bien, y a Owen le agradaba andar con él porque podía descansar y dejar que fuera el que tomara la iniciativa.

Todo iba bien hasta que, un sábado por la noche, Owen recibió una llamada telefónica de la esposa de Al, la cual le dijo que necesitaba reunirse con él de inmediato. La esposa de Owen no estaba en la casa; le dijo que iba a resolver varias cosas mientras se marchaba unas horas antes. Owen trató de dejar para más tarde la reunión con la esposa de Al, hasta que ella se lo tuvo que decir de golpe: la esposa de Owen se escapó con Al.

Con la cabeza dándole vueltas, Owen casi se desmaya ante aquel impacto.

Ni siquiera había estado pleando con su esposa. Había pensado que su matrimonio iba muy bien. Sin embargo, una vez descubierta la aventura, su esposa lo acusó con ira de no tener en cuenta sus necesidades y de distanciarse de manera emocional.

Se sentía abandonada, según dijo, y había hallado en Al un corazón bien dispuesto. En lugar de enfrentar la probabilidad de toda una vida de infelicidad casada con Owen, decidió tomar la situación en sus propias manos y seguir adelante en su relación con Al. Aun ahora, seguía estando indecisa entre regresar con Owen o casarse con Al, cuyo matrimonio también estaba hecho un desastre.

Varios meses más tarde, Owen seguía luchando con su dolor y su ira, y había momentos en los que se decía que no iba a seguir tratando de lograr una reconciliación en su relación. En esos días, todo lo que quería era aceptar que el divorcio era inevitable y dejar de luchar. Seguía teniendo días en los que habría querido matar a Al, pero también comenzaba a reconocer su parte de culpa en la experiencia.

Mediante la consejería, Owen empezaba a comprender por qué surgió la aventura. Aún no lo veía del todo claro, pero en medio de la neblina comenzaban a aparecer sus contornos. Empezaba a ver lo que llevó consigo a su sistema familiar y cómo el ambiente en su matrimonio fue en realidad el escenario perfecto para que se produjera una aventura. En retrospectiva, reconoció con pesar que debió haberlo visto venir.

PRIMER AMBIENTE: LOS MITOS CULTURALES

Aunque pienso que nuestra cultura está haciendo progresos en cuanto a desechar los dos mitos siguientes, lo hace de una manera dolorosamente lenta. Hay diversos libros excelentes que los sacaron a la luz, pero algunos días pienso que se habla de ellos «muy poco y muy tarde». Estos mitos son poderosos a la hora de darles forma a nuestras actitudes y orientaciones de toda la vida en los sucesos de cada día. Y se cobran un espantoso precio.

Primer mito cultural (para los hombres): «Solo las mujeres pueden/deben dar cuidado y protección»

Muchas veces, este es uno de los primeros mensajes que recibe en la vida un niño varón: que solo las mujeres son las que cuidan y protegen. Cuando necesita comida, la madre se la da; cuando necesita un cambio de pañales, la madre escucha su llanto. Cuando necesita consuelo porque le han herido el sentimiento, allí está su madre presente. Con frecuencia, el padre está ausente, tanto de manera física como emocional. Si está físicamente presente, a menudo se avergonzará de toda expresión emocional, usando frases hechas como «Los varones no lloran», o «Si no dejas de llorar, te voy a dar algo para que llores de verdad».

Ahora bien, no me malentiendas: la clase de cuidados atribuidos aquí a las mujeres es crítica para el desarrollo al principio de la niñez, pero a medida que el varoncito va creciendo, se vuelve imprescindible que el padre participe también en las responsabilidades relacionadas con su cuidado. Les da una nueva perspectiva sobre la vida que su padre los alimente, los consuele y los bañe. Si el padre se halla ausente, o decide mantenerse fuera de esta clase de cuidados, el varoncito comienza a formular unos pensamientos inconscientes según los cuales las mujeres son las que satisfacen todas las necesidades básicas de la vida. Esto da fruto más tarde en la vida, como veremos.

Las maestras en la escuela primaria y la Escuela Dominical les siguen dando el mismo mensaje. Lo lamentable es que muchos jefes de exploradores, líderes de *Indian Guides* y otros líderes varones también refuerzan esta percepción errónea. Los entrenadores gritan, chillan y dicen palabrotas; las mujeres dan aliento, apoyo y reafirmación. No es difícil ver dónde casi todos los hombres adquieren la idea de que su consuelo lo deben buscar en las mujeres.

El mensaje se refuerza en la adolescencia, cuando las hormonas dominan y la actividad sexual se convierte en una gran fuente de apoyo. Seamos sinceros: la relación sexual en sí misma es consoladora y tranquilizadora. Cuando por fin se escoge una consoladora para toda la vida (la esposa), queda preparado el escenario para la mayor de las desilusiones. Todas las mujeres del mundo no podrían satisfacer cada necesidad de apoyo que tiene un hombre. Basta que se lo preguntes al rey Salomón.

Parte de la profunda añoranza que hay en el alma masculina es el deseo de tener una relación adecuada e íntima con otro hombre: una relación de hombre a hombre que sea vulnerable, genuina y leal. Sin embargo, ese tipo de relación es tan poco usual, que se halla prácticamente ausente de nuestra cultura.

Por consiguiente, una decisión obvia para un hombre que se ha creído este mito, sería buscar su consuelo solo en la mujer. Si su esposa no le proporciona este consuelo, y él tiene necesidades que no se satisfacen en unas relaciones adecuadas con personas de su mismo sexo, se halla vulnerable en cuanto a buscar esa satisfacción en otra mujer. Tal vez razone de manera inconsciente que se debe haber casado con la mujer equivocada, puesto que es obvio que no lo puede satisfacer a plenitud. Y, por supuesto, el enamoramiento inicial en una aventura solo sirve para confirmar esta manera de pensar.

Segundo mito cultural (para las mujeres): «Necesito un hombre para ser feliz»

Este es el otro lado de la moneda. Lo vimos ilustrado en la sección inicial de este capítulo. La esposa de Owen, en lugar de enfrentarse a los problemas que había en su matrimonio, prefirió ir a buscar la felicidad en el único lugar que le resultaba lógico (es decir, en un hombre).

Las niñas crecen muchas veces viendo la infelicidad de su propia madre, escuchando sus quejas y viéndola acudir a una forma de consolarse a sí misma (tales como el exceso en la comida o en otras clases de adicciones), pues su esposo no se ha sabido relacionar con ella de la manera adecuada. Por lo tanto, la meta de encontrar el hombre adecuado, que les asegure la felicidad, queda establecida a una edad muy temprana en la vida.

El padre de la niña es una figura crítica dentro de este drama. Sus reacciones a su hija pueden causar que más tarde desconfíe de todos los hombres, aunque esté buscando uno con desesperación. Los déficits en la relación entre padre e hija pueden generar una «lista de necesidades» que a su futuro esposo le va a ser imposible satisfacer; un hoyo sin fondo de necesidades sin satisfacer, creadas por el fracaso de su padre. En cuanto a esto, observa el caso de Allyson.

Todo lo que Allyson había querido en su vida era casarse y tener una familia. Ahora en sus más de treinta años, estaba cada vez más preocupada de que el tiempo se le acabara para encontrar un compañero.

Había estado involucrada en varias relaciones serias, pero siempre parecía tomárselas demasiado a pecho. Nunca comprendió por qué los hombres rompían con ella una y otra vez. Pensaba que necesitaba demostrarles que iba a ser una buena esposa y, en su mente, de seguro que eso significaba que sería una buena compañera en la vida sexual. A pesar de eso, por mucho que tratara de agradarles, tanto en la cama como fuera de ella, no lograba enganchar a ninguno.

Al final, sin embargo, logró triunfar y casarse. Su esposo bebía un poco más de la cuenta algunas veces, pero ella lo podía tolerar. Fue la primera vez que la golpeó en la cara que la dejó pasmada.

Él se deshizo en disculpas, y ella se sintió un poco mejor... tal vez solo fuera una pérdida de control temporal, razonaba. No obstante, su problema con el alcohol fue empeorando, y ya cuando ella estaba embarazada de su primer hijo, él era violento a menudo.

Sin saberlo Allyson, durante el último mes de su embarazo, su esposo comenzó una aventura. Sabía que no parecía muy interesado en ella físicamente, pero lo atribuyó a las complicaciones normales del embarazo. Además, pronto tendría que cuidar del bebé, y los preparativos absorbían la mayor parte de su tiempo y su atención. Ahora no tenía energía suficiente para ocuparse de esa falta de interés.

Su consumo de bebidas se intensificó, y ella pudo sentir la inmensa disputa que vino justo antes del parto. Vino. Y fue violenta. La dejó aterrada, pero gracias a Dios, el bebé que llevaba en su vientre no tuvo daños. Entonces, se preguntaba si no empeorarían las cosas.

Mientras reflexionaba en el hospital, Allyson se prometió dejarlo. Después de uno o dos episodios más de violencia, y en especial uno en el que la amenazó con hacerle daño al bebé, ella se marchó de la casa.

Mientras vivía con sus padres, se encontró pensando en los hombres que asistían a su grupo de «Padres sin parejas» en el centro comunitario, tratando de decidir cuál de ellos sería un buen esposo y padre. Escogió a uno.

Su amistad creció, y al poco tiempo, se fue a vivir con él. Tenía algunos de los mismos hábitos de su primer esposo, pero pensó que podría lograr que las cosas resultaran y, por consiguiente, su sueño se convirtiera en realidad.

No hace falta decir que no fue así. También la comenzó a maltratar.

En la consejería, Allyson comenzó a observar la lista de malas decisiones que había tomado. Todas se remontaban a su padre. Solo cuando empezó a darse cuenta de que no podría recibir de otros hombres lo que no recibió de su padre, fue cuando pudo desechar el mito de que los hombres son el centro de la felicidad en la vida.

A la larga, Allyson aprendió a dejar de necesitar con desesperación que hubiera un hombre en su vida, y se liberó de su destructiva mentalidad de «cualquier hombre sirve». Lo que hizo fue dedicarse a lo que era importante para ella y para su hijo. El lado bueno de la historia es que una vez que dejó de necesitar con tanta urgencia la presencia de un hombre, dejó de espantarlos. Al final, y con su nueva actitud, sí logró conocer a una persona y tomó una buena decisión. Hasta donde sé, siguen casados hasta el día de hoy.

En los matrimonios que han sufrido con una aventura, es crítico durante el proceso de recuperación que ambos cónyuges desarrollen relaciones estrechas con personas de su mismo sexo a fin de complementar la relación existente en el matrimonio. Esas relaciones externas pueden proporcionar una buena parte del apoyo, la empatía, la ayuda mutua y la reafirmación que necesitan ambas personas. Y le da vida física a la verdad necesaria para contradecir esos mitos culturales.

Por esta razón, es muy útil que una pareja tenga otra pareja que la ayude en su recuperación. En un grupo de recuperación después de aventuras, una pareja apadrinadora acompaña, ya sea al cónyuge o al infiel (o idealmente a ambos) mientras va saliendo del problema de la aventura. Si no tienes a tu alcance un grupo de este tipo, puedes aprovechar una relación ya existente para desarrollar esta forma de apoyo.

SEGUNDO AMBIENTE: LOS ESQUEMAS DE CREENCIAS ESPIRITUALES

Las personas que han tenido una aventura y al mismo tiempo sostienen un sistema cristiano de valores parecen proceder de uno de estos dos trasfondos religiosos: o bien una orientación de actuación o una orientación de dependencia. Veamos estos sistemas de pensamiento y la forma en que contribuyen a las aventuras.

Primer mito espiritual: La orientación hacia la actuación

Esta constelación de prácticas espirituales incluye:

1. *Visión del mundo en blanco y negro.* Se trata de una actitud que va más allá de mantener la sana doctrina hasta el punto de ser dogmático y absoluto. Con frecuencia, las cosas aparecen en blanco y negro, con poco espacio para los aspectos grises. Es el tipo de sistemas de creencias que tiene una respuesta para todo.

2. *Prácticas de adoración demasiado rígidas.* Por sí solo, existe con frecuencia un tiempo devocional estructurado en gran medida que nunca varía, es demasiado previsible y poco a poco se convierte en un hábito forzado en lugar de ser una práctica vital con algo de variedad. Si la persona no practica

una piedad personal estructurada, es posible que asista a una iglesia en la que exista una liturgia programada. Ambas cosas son rígidamente previsibles.

3. *Ministerio con un control excesivo.* Se trata de un ministerio con una orientación desproporcionada hacia la actuación; a menudo implica una amplia documentación administrativa. Esto sucede a veces en las iglesias o los ministerios que se dirigen como el personal de ventas secular. No me malinterpretes: no hay nada malo en que se sigan las actividades de una forma moderada o equilibrada, pero cuando esto adquiere una importancia absoluta, y al mismo tiempo la gente comienza a participar lo menos posible, es porque este control se ha vuelto extremo.

Esa estructura desequilibrada es la que permite que una persona mantenga su espiritualidad en medio de una aventura. En una orientación en la que el cumplimiento de las directrices es lo más importante de todo, puede compartimentar la aventura y su espiritualidad, de tal manera que las dos nunca se encuentren. Tenemos un ejemplo en el ministro que ocupa una alta posición y mientras que por la mañana dirige a su personal en un devocional, a la hora del almuerzo se reúne con su amante. Mientras más estructurada sea la religiosidad, más susceptible será la persona a caer en una perversión sexual. Puede practicar ambas cosas al mismo tiempo sin siquiera perder jamás el ritmo.

Segundo mito espiritual: La orientación hacia la dependencia

Mientras que el primer mito espiritual anima la responsabilidad y mide la actuación, el segundo elimina por completo la responsabilidad personal. Aquí la responsabilidad recae en otra persona, como el pastor, o un grupo pequeño de personas, como los diáconos.

Algunas características típicas son:

1. Se permiten pequeñas variaciones en el comportamiento, la apariencia o, incluso, la conversación. Los miembros de las iglesias sometidos a este sistema, tienden a ser clones unos de otros, o del pastor o de la denominación.

2. Exige una sumisión extrema a la autoridad, aun en asuntos de decisión personal.

3. Exalta la posición de los líderes por encima de los laicos más allá de las normas bíblicas.

4. Refuerza la incompetencia del individuo. Nunca se anima a las personas a tomar decisiones por su cuenta.

5. Muchas veces, las personas de esta procedencia recurren a lo que llamo «Dios habla». Esta orientación utiliza unos procedimientos imposibles de medir para la toma de decisiones, sustituyendo una manera sólida de pensar por un «Dios me llevó a hacerlo» o «Dios me habló y me dijo que yo debía...». Raras veces dicen las cosas tal y como son. Todo va adornado de una manera segura y aceptable en lo espiritual. Mientras hablen con corrección, tengan buen aspecto y se comporten como es debido en público, piensan que todo les va bien. Les es fácil relegar su cristianismo a un solo compartimento, mientras llevan un estilo de vida diferente por completo cuando están fuera de la iglesia.

Cuando los líderes de la iglesia local practican esta dicotomía, ¡las consecuencias pueden llegar a hacer que se nos pongan los pelos de punta! El caso que aparece a continuación es demasiado frecuente en los púlpitos de hoy.

Del era un pastor maravilloso: dotado y talentoso en especial. Se sentía bien con todas las edades y tenía un gran don de gentes. Al predicar, su enfoque era novedoso y decía las cosas de tal manera que la gente lo escuchaba con respeto. Desde el púlpito, hablaba con autoridad, y todo lo que decía parecía lógico. Uno salía de cada culto sintiendo que estuvo en la presencia de un maestro excelente.

Con el transcurso del tiempo, Del se fue dando cuenta cada vez más de la habilidad que tenía para influir en la manera de pensar de las personas. Pasó por varias fases en el procesamiento de esta idea. Al principio, era algo estimulante, pero después se volvió un poco aterrador cuando la gente comenzó a esperar cada vez más de él. Seguía «dando lo que le pedían» domingo tras domingo, pero iba aumentando su irritación contra los que no estuvieran de acuerdo con él. Todo lo que hacían era complicarle la vida; ¿por qué no se limitaban a colaborar con el pastor?

Con el paso del tiempo, Del comenzó a premiar a los que le apoyaban y a distanciarse de quienes le cuestionaban. Cada vez más sentía la necesidad de apoyo a medida que crecían las exigencias del ministerio. La lealtad de su personal y de los líderes laicos se convirtió en lo más importante para él. Teniendo un equipo leal tras sus espaldas le ayudaba a realizar su sobrecargada agenda con más rapidez una semana tras otra.

No obstante, llegó un momento cuando el apoyo del personal no bastaba para revitalizarlo. Necesitaba más que eso para que lo levantara en lo emocional.

Durante ese tiempo, Del había aplicado sus talentos cada vez más a cuestiones secundarias del ministerio, sin apenas darse cuenta de lo que hacía. Había desarrollado opiniones acerca de temas de los que sabía muy poco. Comenzó a hacer pronunciamientos sobre temas que se hallaban, a decir verdad, fuera del ámbito de su experiencia.

Lo que es peor, ni siquiera eran simples pronunciamientos; a la gente de su congregación le parecía tener el poder de edictos. En un principio, su amplia aceptación entre los laicos lo sorprendió, pero la justificó pensando que necesitaban un líder fuerte en estos tiempos de confusión y caos. De esa manera, el círculo se reforzaba.

En cambio, ay de los que se le opusieran. Todo el que dudara de sus afirmaciones, se encontraba separado del liderazgo y de cualquier otra posición de influencia. Las personas en la congregación o bien aceptaban su interpretación oficial o se iban apartando de la iglesia. Hasta su salida se cubría con más de «Dios habla», en las que se caracterizaba a los que se marchaban como tibios espirituales, y a los que se quedaban como los consagrados de verdad. Susurraban el lema: «Los comprometidos se quedan; los carnales se desvían».

La creciente sensación de Del, respecto al derecho de que todos los que le rodeaban apoyaran cuanto decía, fue en realidad lo que le preparó para una *serie* de aventuras. No se limitó a tener una. Tuvo aventuras simultáneas con tres mujeres de la congregación, ¡una de las cuales era la esposa de un diácono!

Del siguió predicando con eficiencia por algún tiempo. Cada una de sus parejas ilícitas se sentaba en la iglesia, creyendo que su relación secreta con Del era beneficiosa para él. Todas pensaban que sus favores sexuales lo estaban ayudando a hacer la obra de Dios. Lo racionalizaban pensando que se hallaba bajo tanta presión como pastor principal de una prestigiosa iglesia, que necesitaba un alivio de todo ese estrés.

Incluso cuando se corrió la voz en cuanto a esta forma de conducta dentro del círculo íntimo del personal, lo pasaron todo por alto y no lo tuvieron en cuenta. Al fin y al cabo, los habían condicionado para aceptar que todo lo que les decía era cierto, y que necesitaba su afecto y su apoyo. Él apeló a su lealtad para que nunca le dijeran nada a nadie. Era «nuestro secreto», les aseguraba, y dio resultado durante un tiempo.

La orientación hacia la dependencia fomentada en la iglesia de Del le permitió mantener a distancia la necesidad de rendirle cuentas a nadie. Mientras siguiera haciendo lo que era importante para Dios, según razonaba, tenía derecho a disfrutar de la creación de Dios aunque se tratara de la esposa de otro hombre.

Al final, salieron a la luz las aventuras de Del y su ministerio se desplomó por completo. Sin embargo, su gente se había vuelto tan dependiente de su liderazgo, que no le pudo exigir cuentas hasta que ya era demasiado tarde.

TERCER AMBIENTE: LOS ESTILOS DE MATRIMONIO

En el teatro, el guion escrito hace que el papel de cada uno de los actores esté claro por completo. Aun así, en la vida real son muchos los factores que influyen en lo que consideramos que debe ser nuestro papel en la vida. Lo ideal sería seguir el guion de Dios en nuestro papel de esposo o esposa (Efesios 5). Sin embargo, el mundo y nuestra naturaleza caída algunas veces se unen para romper ese equilibrio entre independencia e interdependencia, introduciendo papeles disfuncionales en la relación.

En esta sección veremos dos aberraciones en cuanto a los papeles, donde los esposos y las esposas se relacionan entre sí de maneras inapropiadas... maneras que pueden predisponer a cualquiera de las partes a una aventura. En primer lugar, examinaremos el caso en el que uno de los cónyuges se establece como el equivalente funcional de padre para su pareja; después veremos el caso donde uno de los padres puede poner a uno de sus hijos en el lugar que le corresponde al cónyuge.

La mezcla de los papeles de cónyuge y padre: El cónyuge como padre

Las personas procedentes de familias disfuncionales con antecedentes de malos tratos, ataduras emocionales (relaciones demasiado estrechas) o patrones de abandono, muchas veces elegirán, a la hora del noviazgo y el matrimonio, a una persona que se convierta tanto en sustituto del padre o la madre que le falta, como su pareja en el matrimonio. Este vínculo doble es un papel que no le es posible desempeñar a nadie.

Los que practican este patrón, pocas veces lo hacen a propósito. Inconscientes de que les quedan asuntos que resolver con sus propios padres, y las necesidades suyas que no se satisficieron en la niñez, deciden entrar al matrimonio con enormes déficits emocionales que ningún cónyuge podría satisfacer jamás. Con frecuencia, esa grande y tenebrosa necesidad es justo lo que atrae al cónyuge en primer lugar, pues siente una necesidad complementaria de cuidar a otra persona. A este último se le llama «cuidador». Cuando el cuidado saludable y normal se lleva a los extremos, deja de ser saludable.

Al principio, el matrimonio parece perfecto. Es como si los cónyuges se hubieran estado buscando el uno al otro durante toda la vida (y en cierto sentido, así es). Sin embargo, con el tiempo, esa necesitad tan intensa y asfixiante se vuelve agotadora. El resentimiento y una intensa ira se vuelven parte de la vida porque ambos están desilusionados debido a que no se satisficieron sus expectativas tan poco realistas. Esa ira corrompe toda la relación. Lo ideal sería que las relaciones adultas implicaran un dar y recibir, pero esta clase de relación se halla torcida por completo.

Además, es una calle en sentido único. El adulto que trata de que en el matrimonio se satisfagan todas las necesidades que han quedado pendientes desde su niñez, no va a poder reciprocar el cuidado de su cónyuge. A menos que resuelva esas cuestiones pendientes, seguirá corriendo el riesgo de involucrarse de manera inadecuada con otra persona, porque busca de manera ciega y desesperada que *alguien* satisfaga sus necesidades de amor y de otras cosas.

El cónyuge cuidador con una necesidad excesiva de cuidar de alguien, se queja a menudo de lo inútil que es su cónyuge. En broma, hasta es posible que cuente a ese cónyuge como si fuera uno más de sus hijos. Conozco a una señora que dice con sarcasmo: «Tengo tres niños que cuidar: Billy y Tommy [sus verdaderos hijos] y Herb [su esposo]».

Esta «broma» se materializa en la vida diaria: el cuidador trata con frecuencia como un niño al cónyuge que se ha echado a cuestas, y soportarlo es una experiencia humillante para una persona adulta. Varios ejemplos de la vida real:

- La esposa que le compra toda la ropa a su esposo o que le escoge lo que debe ponerse cada día. Claro, no me refiero a que sea disfuncional que la esposa le compre calcetines o ropa interior nuevos a su esposo para ahorrar tiempo mientras anda de compras, pero si en esas compras está comprendido todo su ropero, y van acompañadas por comentarios humillantes, no es saludable.

- El cónyuge que le entrega una «mesada» a su cónyuge, no en igualdad de condiciones, sino más bien basado en el principio de «ven y suplícame porque hoy es tu día de pago». Ambos cónyuges deben tener por igual la responsabilidad del manejo de las finanzas, sin fomentar la idea de que «¡Yo soy el que trabajo; ese dinero es mío!».

- El cónyuge que le recuerda sin cesar al otro las mismas cosas que uno le recordaría a un niño: «No te olvides de tu almuerzo», «Hace frío allá afuera», «Que no se te olvide ponerte el abrigo», «Ten cuidado con el escalón», «¿Cuánto costó eso?», «¿Dónde está el vuelto?».

- El cónyuge que siempre le corrige al otro hasta la saciedad su pronunciación, su comportamiento, sus modales, su postura, la preparación de las comidas, sus estilos de conducir.

- El cónyuge que no permite que su cónyuge crezca, al no permitirle que conduzca el auto, o llenándole siempre el plato en las reuniones sociales, o exigiéndole que le informe sobre cada centavo que gaste o cada minuto que emplee.

Aunque quizá parezca absurdo, ese grado de protección se produce en realidad entre adultos. Lo irónico es que muchas veces parece tranquilizador al principio. En el adulto de quien nadie cuidó en la niñez, puede generar unos maravillosos sentimientos de importancia y amor. Lo lamentable es que la tendencia del cuidador es la de seguir actuando así, incrementando el comportamiento en lugar de moderarlo.

A la larga, este comportamiento se vuelve asfixiante para el que es objeto de tantos cuidados. Salen a flote la confusión y la ira reprimida: *¿Por qué me siento tan mal cuando me cuidan tan bien?*, quizá se pregunte. El cónyuge asfixiado se siente limitado, atrapado e incapaz de decir lo que siente en realidad, por temor a herir a su cónyuge, que es tan bueno.

La meta del cuidador (ya sea consciente o inconsciente) suele ser mantener su poder en la relación. Mientras pueda mantener a su cónyuge en la posición de llevarlo cargado como un niño, él podrá ser el «padre a cargo de todo». Por supuesto, estar siempre al mando de las cosas es un trabajo duro, pero para el cuidador esto supera la alternativa, que sería nunca poder prever con exactitud lo que va a suceder y, por tanto, sentirse sin control alguno. Si tú eres el que manda, eres el que decide... mientras te lo permita tu cónyuge, claro. Cuando el cónyuge que llevas a cuestas se rebela ante este extraño sistema al dormir con la mejor amiga de su cónyuge, ya te podrás imaginar cómo van a cambiar las cosas.

Resentimiento

El estilo de relación «cónyuge como padre» produce mucho resentimiento en ambas partes. El cónyuge hijo se siente amargado porque «se tiene que resignar» con lo que el cónyuge cuidador considere que le debe dar. Aunque no le guste, «Quien sabe es papá/mamá».

El cónyuge cuidador también se siente resentido, porque recibe poco apoyo en esa relación de una sola vía. Sin embargo, ay si el cónyuge hijo intenta cambiar el sistema al reciprocarle con algunos cuidados. Es frecuente que el cuidador entre en pánico, sintiéndose incómodo al recibir tanta bondad. Siente que se están socavando sus poderes y su control, así que apaga la «rebelión».

Derechos

En el transcurso del tiempo, el cónyuge hijo se vuelve exigente. Lo que se le daba en un inicio de manera gratuita, ahora se espera como un derecho, y el cónyuge hijo da la impresión de que lo «miman demasiado». Así se establece un tono dominante de derechos. Este cónyuge que el otro lleva a cuestas puede terminar armando berrinches o haciendo pucheros si no consigue con exactitud lo que quiere, al igual que lo haría un niño.

El cónyuge cuidador también desarrolla un sentido de exigencia de sus derechos: «Después de todo lo que hago por ti, me debes _____». Llena el espacio en blanco. La paga puede llegar bajo la forma de actividad sexual, de tolerancia de una conducta adictiva y compulsiva, o de maneras inadecuadas de comprar, comer, murmurar, etc.

«Me debes» y «Te debo». Esto puede seguir para siempre, a menos que algo lo interrumpa. Algo como la infidelidad.

Ira

La ira de esta combinación de cónyuge y padre acecha con frecuencia bajo la superficie en el que va a cometer la infidelidad, hasta que se le presenta otra persona que «comprende» su sensación de que lo están asfixiando, que está exhausto o que se están aprovechando de él. En el capítulo 9 analizaremos a fondo la ira que es un resultado natural de esta aberración.

Agotamiento y depresión

Ninguno de los cónyuges se siente feliz de verdad en este arreglo del cónyuge/padre, pero muchas veces ambos temen cambiarlo. Seguir cubriendo la infelicidad con el fingimiento es una labor agotadora. El agotamiento resultante causa depresión, lo que puede conducir a una mayor sensación de impotencia para el cambio.

Por otra parte, esta depresión resultante también puede animar a la pareja a introducir en su matrimonio algunas ideas nuevas en la forma de un consejero o un pastor. Puesto que es difícil ajustarse a los consejos que da el consejero, es posible que se limiten a intelectualizarlos o a desecharlos, impidiendo que la consejería afecte a su desequilibrada relación. Eso les permite seguir manteniendo el mismo patrón.

Las parejas que se hallan en esta modalidad van de un terapeuta a otro «en busca de ayuda», solo para seguir adelante si el terapeuta intenta cambiar la manera en que los cónyuges se relacionan entre sí. En otras palabras, lo que en realidad le dicen al consejero es: «Por favor, ayúdenos, pero si nos perturba con demasiada violencia, lo vamos a dejar para salir a buscar alguien que no altere nuestro patrón». Esta negación puede producir una relación ilícita. O quizá lleve a uno de los dos a relaciones inadecuadas con uno de sus hijos.

Confusión entre los papeles de hijo y cónyuge: El hijo como cónyuge

La confusión de papeles en el matrimonio no se limita al escenario del cónyuge como padre. A veces, uno de los padres se acerca demasiado a uno de sus hijos en un intento por satisfacer unas necesidades emocionales insatisfechas. El apego puede ir desde una protección excesiva con participación en la vida del hijo, hasta una dependencia real del hijo para la felicidad del adulto.

En el último caso, el padre no tiene más felicidad que la que el hijo se las arregla para producir mediante sus logros, su comportamiento, su vida amorosa, sus experiencias en la escuela, etc. Si no se detiene, esta intrusión en la vida del hijo solo se puede intensificar con el paso del tiempo. Y se ha demostrado que este patrón es con frecuencia el preludio de una conducta sexual incestuosa.

El padre puede favorecer el desequilibrio al hablarle sobre una proporción inadecuada de la relación matrimonial con su hijo, como lo son sus aspectos sexuales, con la idea errónea de que está «mejorando la comunicación en la familia». Algunos padres llegan incluso a seguir a sus hijos adolescentes del mismo sexo que ellos hasta el cuarto de baño, de nuevo, con la desviada intención de lograr una «cercanía». Otros quizá duerman en la misma cama con sus hijos más allá de la edad en que esto es adecuado. A través de estas acciones inadecuadas, el padre fuerza al hijo a asumir el papel de cónyuge sustituto.

El padre o la madre que está cerca de su hijo de manera inapropiada, pocas veces llega a involucrarse en una aventura. ¿Para qué arriesgarse a hacer algo así? Ahora son sus propios hijos los que satisfacen las necesidades emocionales que llevó consigo al matrimonio.

Más bien el cónyuge dejado fuera es el que corre el riesgo de tener una aventura, puesto que se va a sentir distanciado del otro cónyuge que se halla cercano en extremo a los hijos. En un inicio, es posible que intente una serie de comportamientos compulsivos, como el exceso de trabajo, comida, alcohol o pornografía, a fin de llenar el vacío dejado por el cónyuge ahora tan distante. Sin embargo, a la larga, el vacío emocional creado por la conducta del cónyuge tan apegado a los hijos desarrolla con rapidez una vulnerabilidad psicológica de la que se aprovecha de inmediato «la otra mujer».

En estos casos, es posible que la gente se pregunte: ¿Cuál fue primero, la gallina o el huevo? Es decir, ¿fue el cónyuge apegado en exceso a sus hijos el que causó que el cónyuge abandonado fuera en busca de afecto, o fue el cónyuge distante el que causó que el otro fuera a buscar afecto en los hijos? Es difícil responder eso, y en todo caso la respuesta carece de importancia. Lo importante es el patrón: uno de los cónyuges se retiró, y el otro se apegó demasiado. El resultado a menudo es la infidelidad.

LO QUE TENEMOS POR DELANTE

En el próximo capítulo veremos factores causativos adicionales que conducen al adulterio. Examinaremos los patrones en la familia de origen (los patrones en la familia donde te criaste), aprendidas desde temprano en nuestra vida. Observaremos cómo las respuestas de un estilo de vida aprendido, como la poca capacidad para controlar la ira, la tendencia a arriesgarse demasiado o el control excesivo en las relaciones, nos pueden predisponer a la infidelidad.

5

Otros factores que contribuyen a la infidelidad

D ave y Lynn llevaban apenas tres años de casados, y ya estaban pasando por discusiones violentas que incluían el tirarse objetos el uno al otro. Incluso, Lynn llegaba a golpear a Dave, y temía que le comenzara a devolver los golpes. Su hijo de año y medio presenció su última pelea, y ambos se sentían muy mal con respecto a lo sucedido.

Las cosas habían llegado a tal punto que Dave estaba amenazando con marcharse, y Lynn estaba a punto de pedirle que lo hiciera. Sin embargo, por fortuna, en lugar de hacer algo así vinieron en busca de consejería.

Ambos estaban perplejos ante su forma tan extrema de conducta, puesto que eran cristianos y crecieron en hogares cristianos. Cuando exploramos su situación, les sugerí que hicieran un poco de investigación y averiguaran si sus padres atravesaron discordias parecidas. Como dice el viejo refrán: «De tal palo tal astilla», y aunque ambos tenían una imagen ideal de sus familias de origen, sospechaba que si excavaban un poco, era muy posible que encontraran pistas que explicaran su comportamiento.

Dave regresó emocionado y deprimido a la vez. Estaba emocionado porque estaba descubriendo algunos secretos de familia y porque sabía que estaba sobre la pista a fin de encontrar sanidad para su matrimonio. Aun así, estaba deprimido porque descubrió que su padre abandonó a su madre durante un período de seis meses cuando Dave tenía año y medio de edad y su madre estaba embarazada de su segundo hijo.

Aunque en esos momentos su padre no tuvo ninguna aventura con otra mujer, Dave se horrorizó que abandonara a su madre en un momento tan importante. ¡Qué terror debe haber sentido ella al ver que su hombre se marchaba de su vida, sin saber si regresaría alguna vez! Dave acabó de captar en toda su intensidad el verdadero impacto causado por las acciones de su padre unas semanas más tarde, cuando Lynn descubrió que estaba embarazada de su segundo hijo.

Entonces, ¡el padre de Dave le reveló un dato más temible aun cuando admitió que su propio padre, el abuelo de Dave, le hizo lo mismo a su esposa, la abuela de Dave! Con seriedad, Dave se dio cuenta de que si no cambiaba su relación con Lynn, se encontraba en grave peligro de repetir el ciclo por tercera generación sucesiva.

Dave le preguntó a su padre por qué nunca había sabido nada de este patrón de su familia. Su padre le explicó que pensaba que la mejor forma de protegerlo de pensar siquiera en comportarse así era mantenerlo en secreto; le había hecho jurar a su esposa que también guardaría el secreto, por el bien de Dave. Sin embargo, el hecho de mantenerlo todo en secreto no rompió el ciclo; Dave comenzaba a comportarse de nuevo según ese mismo patrón.

Cuando exploré para averiguar más detalles acerca de la relación entre los padres de Dave, comenzaron a surgir otras pistas. El abandono tuvo un efecto permanente en la madre de Dave porque nunca más volvió a confiar por completo en su esposo. El resultado fue que se distanció en forma emocional de él.

Después del abandono, la madre de Dave se juró a sí misma que criaría a Dave para que nunca le fuera a hacer eso a su esposa. Lo criaría para que fuera un hombre sensible. Así que se involucró en exceso con él, vertiendo en Dave todas sus energías, y descuidó su relación matrimonial (un ejemplo del patrón de apego excesivo que examinamos en el capítulo anterior).

Las repercusiones de esta participación excesiva de la madre en el matrimonio de Dave y Lynn fue que la suegra se entremetía muy a menudo. ¡No iba a permitir que algo tan pequeño como el matrimonio de su hijo se le interpusiera en el camino! Continuó su proyecto de toda la vida para desarrollar a su pequeño Dave. Ahora que Dave era adulto, su mamá no lo quería soltar aún, ni quería que Lynn obstruyera tampoco su acceso a él. Como consecuencia, a Lynn le estaba costando trabajo sentirse apegada a su esposo, lo cual es un elemento crítico por completo en todo matrimonio saludable.

Como es natural, las acciones de la suegra causaron resentimiento en Lynn y explicaron en gran parte su conducta violenta con Dave. Además, Lynn se estaba sintiendo cada vez más dependiente de su hijo en cuanto a su felicidad emocional (en lugar de estar estrechamente unida a su esposo y hallar en esa unión su contentamiento), ¡lo cual era con exactitud lo mismo que la madre de Dave hizo con él! El patrón, debido a que comenzó a repetirse, era aterrador.

Las peleas que tenían Dave y Lynn eran una forma en la que ambos podían demostrar que aún se querían (uno solo pelea por lo que le resulta importante). Entonces, como resultado de sus conflictos, los sentimientos de Dave hacia Lynn se iban enfriando con rapidez, estaba pensando en irse y se sentía preocupado.

Si su situación no hubiera cambiado, es fácil ver cómo cualquiera de los dos habría podido estar vulnerable ante la posibilidad de otra pareja que le hubiera comprendido y dado afecto.

LOS PATRONES EN LA FAMILIA DE ORIGEN

Las relaciones extramatrimoniales parecen repetirse en las familias. Sin embargo, eso no significa que estés de todo punto predestinado a engañar tu cónyuge; puedes romper ese ciclo. La historia familiar solo sirve para presentar el escenario, predisponiéndote a la infidelidad, a menos que se introduzcan nuevos patrones de pensamiento. Aunque las acciones de nuestros padres (y abuelos) influyan en nosotros, necesitamos aceptar la plena responsabilidad por nuestras acciones. Necesitamos romper el ciclo.

Con frecuencia, como en el caso de la familia de Dave, la infidelidad misma cambia la forma en que se relacionan entre sí los familiares; comienzan a guardarse secretos unos a otros, o desarrollan unas relaciones desequilibradas, como cuando su madre se distanció de su esposo para apegarse tanto a Dave.

En general, con las aventuras, nadie en la familia queda intacto.

Una herencia torcida: Historia de aventuras en la familia extendida

Las aventuras, y hasta las «casi aventuras» (cuando la atracción no resulta en una aventura completa), raras veces se producen por primera vez en la presente generación, sino que tienen una historia detrás.

Una parte de tu recuperación exige que te remontes al sistema de tu familia en el pasado, comenzando con tus propios padres. Ahora que has sufrido la infidelidad, y que el futuro de tu matrimonio se encuentra en peligro, no hay secretos que valga la pena seguir protegiendo. Habla con toda claridad, y si encuentras que tus parientes se resisten a revelar información, anímalos a que sean sinceros también. Los secretos se infectan y causan problemas, así que lo mejor es hablar al respecto en lugar de cubrirlos.

Todos necesitamos saber cómo funciona nuestra propia familia (la familia inmediata, la familia de origen y la familia extendida). Los hombres poseen pasiones y debilidades similares, ya sean hijos, padres o hermanos. Lo mismo es cierto en cuanto a las hijas, las madres y las hermanas. Si se han producido infidelidades en la historia de tu familia, debes saberlo. El viejo refrán acerca de la historia del mundo también es cierto con respecto a la historia de las familias: «Los que olvidan su historia están condenados a repetirla». Es demasiado lo que está en juego para permitir que suceda esto.

Los más allegados: Factores en la familia de origen

Dentro de cada historia familiar individual, hay ciertos comportamientos que parecen aflorar en individuos que pasan por aventuras. Algunas de estas prácticas, junto con la reacción resultante de los hijos afectados, son:

Los padres que practican:	Causan que los hijos digan:
• El abuso de alcohol y drogas	• «No me dejes, que estoy solo».
• La disciplina demasiado rígida	• «Ámame, no me hagas daño».
• El abuso sexual	• «No me uses y me hagas pagar».
• El contacto con la pornografía antes de la pubertad	• «No me confundas ni me hagas dudar de mí mismo».
• Una historia de aventuras	• «No me abandones; me voy a portar mejor».

Cabe señalar que los «mensajes» en la columna de la derecha tienden a perdurar desde la niñez hasta la adultez. Literalmente, tales influencias pueden causar toda clase de estragos en el desarrollo de los hijos durante décadas[1].

Los tres hilos que sujetan las prácticas antes mencionadas son las siguientes:

1. La falta de cuidado y protección que se le transmite al hijo.
2. El mensaje subyacente que el padre o la madre le envía al hijo: «Si existe alguna felicidad a nuestra disposición en la vida, la tienes que encontrar por tu cuenta. Aquí no está». El hijo crece y aplica ese pensamiento a toda su vida.
3. La resolución del hijo de que «Cuando sea grande, nunca voy a hacer eso / permitir que suceda».

Esos mensajes se convierten en cintas ocultas que la mente del hijo adulto puede escuchar una y otra vez. Como resultado, estos hijos adultos comienzan una búsqueda de la persona (o pareja de aventura) adecuada que les dura toda la vida, a fin de llenar el vacío que llevan dentro. Por supuesto, se trata de una fantasía sin esperanza.

Y esa distorsión en la psiquis del hijo lo predispone más tarde a una aventura. Hay varios factores que afectan de manera profunda al hijo: el marco de tiempo (la duración que ha tenido este ambiente), la cronicidad (la cantidad de encuentros con comportamientos como el abuso sexual), la intensidad (lo lleno de miedo o sufrimiento que estaba el ambiente) y la edad del hijo en el momento de esas experiencias.

Aunque todas estas experiencias son muy dolorosas y destructivas para el desarrollo del hijo, algunos factores atenuantes podrían disminuir el impacto: un padre o una madre amorosos que compense los déficits paternales o maternales del otro cónyuge, una familia sustituta (vecinos o parientes) con la que el hijo pase mucho tiempo, la constitución de la personalidad del hijo (de cualquier modo, todos los niños por su naturaleza misma son impresionables y, por tanto, vulnerables), y el comienzo temprano del tratamiento.

Algunas cuestiones recurrentes en la historia individual de los que pasan por aventuras son los sentimientos de abandono y la falta de afecto. Muchas veces, a estos adultos los dejaron solos en su niñez. Tuvieron demasiado tiempo sin supervisión en sus manos. No había nadie disponible o nadie parecía interesarse realmente en ellos.

Junto con los sentimientos de abandono y soledad hubo una falta de afecto físico y emocional. Si los padres estaban presentes de manera física, muchas veces no estaban disponibles en lo emocional. El contacto físico adecuado y los apoyos normales durante la niñez (los abrazos afectuosos, o incluso algo tan común y corriente como que la madre los meza en sus brazos), no se les solían ofrecer al niño pequeño que creció más tarde y tuvo una aventura. Reír con los padres, hablar con ellos en unos tranquilos momentos de intimidad, dar juntos pacíficas caminatas, tener momentos de diversión al nivel del niño... todas estas cosas estaban ausentes en cierta medida.

Una parte del proceso de recuperación para todas las parejas que se reconcilian consiste en determinar qué necesidades insatisfechas de la niñez del infiel se satisfacían en la relación ilícita. Cuando trabajo con las parejas, me sorprende la infantilidad total que manifiestan estas infidelidades. Esto no lo digo con un sentido peyorativo, sino con un sentido literal: uno llega a sentir que esas necesidades insatisfechas en la niñez se arrastran de tal manera que se hallan presentes por completo en las experiencias de la adultez. El mundo privado de la aventura que crean para ellos mismos el infiel y su amante es un mundo muy parecido al del infante narcisista, combinado con la atracción sexual del adolescente. El bebé con necesidades creció y ha puesto en funcionamiento las habilidades sexuales aprendidas en su adolescencia.

Vistos desde este ángulo, las aventuras son en su centro mismo unas experiencias «mágicas» o de ensueño del adulto. *La aventura es un mundo artificial tejido por el infiel y su amante en un intento por resolver los déficits emocionales que los carcomen.*

LAS RESPUESTAS APRENDIDAS EN EL ESTILO DE VIDA

Tanto si se aprenden en la familia de origen, como si se aprenden en los años posteriores de la vida adulta, las siete características siguientes tienden a ser típicas de los que se hallan en un alto riesgo de tener aventuras. Mientras las lees, piensa en cuáles son ciertas, ya sea en ti o en tu cónyuge. Hasta cierto punto, todos nos podemos identificar con ellas, pero mientras más fuertemente te caractericen, mayor será el riesgo que tienes de caer en la infidelidad.

Represión de las emociones: El adormecimiento y el lado oculto

Tanto el infiel como su cónyuge describen la sensación de adormecimiento emocional antes de la aventura. El infiel dice con frecuencia que se sintió sorprendido de verdad cuando se encontró involucrado en una aventura con otra persona. Los términos *repentino, inesperado* y *abrumado* son comunes en el vocabulario del infiel cuando habla acerca de una aventura. Por lo general, informa que «no tenía intención alguna de hacer esto». No ha sido consciente siquiera de lo que sucedía en su interior hasta que fue demasiado tarde. El infiel se dice: *Enfócate fuera de ti mismo, ciérrate emocionalmente, mantenlo en tu mente y no dejes que te toque el corazón.*

La represión de las emociones explica en gran parte el elemento sorpresa. El resultado de las emociones reprimidas es la agitación que aflora con sorprendente regularidad y en los momentos menos adecuados. Cuando uno se niega a reconocer su ira, esa ira no se destruye ni elimina, sino que se obliga a descender a las profundidades emocionales y, por usar una palabra moderna, se «recicla» cuando vuelve a surgir. Por ejemplo, cuando uno de los cónyuges trata de convencerse de que no tiene necesidad alguna de amor, eso no cambia la realidad de que sí lo necesita. Entonces, cuando surge de repente esa necesidad, se vuelve vulnerable a la infidelidad. A menudo el resultado es un ataque motivado por el lado oculto y dirigido contra la relación matrimonial. En realidad, la «sorpresa» no es tan sorprendente cuando se mira de esa forma.

Las personas con este patrón usan varios lemas para mantener sus emociones por debajo de la superficie.

- Enfócate fuera de ti mismo. Nunca mires dentro de ti; la introspección es peligrosa. Solo observa otras pantallas: la computadora, la televisión o la pantalla del cine, pero no la tuya.
- Ciérrate en lo emocional. Si no lo sientes, no te hará daño. Adormécete; de ese modo estarás a salvo del dolor.
- Guárdalo todo en tu mente; no permitas que te toque el corazón. Intelectualiza, filosofa y piensa con claridad.

A través de estos u otros mecanismos de defensa, el infiel se logra desentender de sus sentimientos. Esto es especialmente cierto en los cristianos que tienen aventuras: su disonancia cognitiva (una expresión elegante para referirse en este caso a una conciencia culpable) exige mucho control, ya que saben en su fuero interno que tal comportamiento es contrario a la ley de Dios. A menudo, explican que justo antes de involucrarse con la pareja, no sentían nada en lo absoluto. Los infieles están muchas veces exhaustos, y solo se sienten muertos en lo emocional.

La identificación del patrón de represión es importante para la pareja que se trata de reconciliar. Si la persona que practica la represión no comienza a cambiarlo, la recuperación a largo plazo será esquiva. Estar en contacto con nuestros verdaderos sentimientos y ser capaz de comunicárselos a nuestro cónyuge son dos cosas que constituyen una clave para la recuperación y la restauración total de la relación.

Manejo de la ira: Descarga contra resolución

Una de las grandes sorpresas para muchos que han tenido aventuras es su falta de unas habilidades adecuadas para manejar su ira. Su lema parece ser: «La ira es mala; líbrate de ella lo más pronto posible y, hagas lo que hagas, no trates de encontrar la raíz que la causa». Es el juego de la papa caliente emocional.

En la superficie, suelen ser los «Míster Tranquilo» que siempre parecen tener dominio propio (excepto con su familia o algunos buenos amigos). Raras veces tienen la capacidad de comunicación necesaria para resolver su ira como es debido. En lugar de hacerlo, la esquivan con el humor, la subestiman («No tenía tanta importancia»), la niegan («¿Quién, yo? ¿Enojado? ¡Nunca!»), o le dan rienda suelta (ten cuidado con esto). Cuando está enojada, esta clase de persona o bien huirá, se enfurecerá o hará pucheros; se sentirá deprimida o estallará; será obstinada o actuará mal. La tendencia suele ser culpar o desplazar la ira a otra persona o experiencia, en lugar de enfrentarse con su verdadero origen.

Esa incapacidad para resolver la ira y los conflictos suele ser una de las cuñas iniciales en la relación matrimonial. No empuja de plano a uno de los cónyuges a tener una aventura, pero sí sirve para bloquear la intimidad que ambos anhelan y, más en concreto, genera unas necesidades que no se satisfacen y que predisponen a uno de los cónyuges a hallar su satisfacción en otra persona.

Construcción de límites: Control contra consejo

Dentro del hijo. Las personas que han tenido aventuras suelen informar sobre la existencia de un patrón de malas decisiones durante su adolescencia, a las que se les resta importancia como un «tiempo loco en la vida». Aunque es probable que alguna forma de rebelión moderada sea necesaria, y hasta saludable, en los adolescentes, de seguro que las malas decisiones sexuales no lo son. Es más, parecen predisponer al adolescente a tomar unas decisiones inadecuadas durante la adultez.

Una serie de malas decisiones significa que los límites que casi siempre se establecen mediante el lento proceso de tomar una buena decisión tras otra, nunca se han forjado. Pienso que eso es lo que la Biblia quiere decir cuando habla de «los que son maduros, los que a fuerza de práctica están capacitados para distinguir entre lo bueno y lo malo» (Hebreos 5:14, NTV). De adultos, quizá deseen escoger lo bueno en lugar de lo malo, pero el patrón que facilita las buenas decisiones no se estableció en el período temprano de construcción de la identidad durante la adolescencia. Por esta razón, se hallan muy mal equipados para controlar sus impulsos y tomar decisiones prudentes cuando llegan a adultos.

Entre padres e hijos. Al parecer, existen prácticas de crianza similares en el historial de los que más tarde se involucran en aventuras. En la niñez, se les controlaba muy poco o en exceso y, por lo tanto, crecieron con problemas de control hacia su cónyuge que los pueden llevar a la infidelidad. Por ejemplo, un infiel cuyo cónyuge lo controla en exceso se podría rebelar y salir a la caza de una pareja que sea más razonable.

Las prácticas de crianza comunes que muestran problemas de control son:

- *Los padres que controlan a sus hijos con demasiada rigidez y por mucho tiempo.* El patrón de control ideal es uno donde el control directo va disminuyendo a medida que crecen los hijos, en especial cuando pasan a mediados y fines de su adolescencia. Cuando los padres nunca abandonan su influencia, se convierten en suegros entremetidos para los hijos adultos casados.
- *Los padres que renuncian de repente al control.* Observa cómo antes bosquejé un abandono gradual del control. El proceso de ir eliminando los controles es tan importante como el grado de control que se ejerza.
- *Los padres que incrementan de repente su control.* Algunas veces, los padres temen que se les esté acabando el tiempo, que han sido demasiado condescendientes durante mucho tiempo y de repente imponen unas normas de conducta casi dictatoriales. Eso suele suceder cuando los hijos entran en el instituto. Tal cambio puede provocar sobresaltos y dañar a los hijos.
- *Los padres que crían a sus hijos según sus propios fracasos en la adolescencia.*
- *Los padres que se sienten heridos en extremo cuando los hijos al final de su adolescencia se niegan a seguir todos sus consejos.* No es razonable que el adulto incipiente acepte con agrado el más mínimo consejo que se le dé. En realidad, parte de su papel en

esta etapa de su vida consiste en tomar sus propias decisiones, y eso significa que en ocasiones no van a seguir todos los consejos que les den sus padres.

- *Los padres que toleran poco los errores de los adolescentes y reaccionan de muy mala forma ante ellos.* Parte del proceso normal de crecimiento de los hijos consiste en cometer errores y aprender de ellos en un ambiente donde no los van a ridiculizar.

Estilo de la relación: Abuso de poder contra respeto mutuo

Las personas involucradas en aventuras (aquí me refiero casi siempre al infiel) tienen con frecuencia el sentido deformado del poder en las relaciones. Muchas veces han sufrido un abuso de poder en años anteriores, así que se dan media vuelta y usan el poder que tienen ahora para manipular a su cónyuge, a su amante o a ambas. Se imaginan que si tienen poder (y todos lo tenemos en uno u otro grado), lo deben usar para mayor ventaja suya, con frecuencia a expensas de los demás. Prácticamente no tienen concepto de lo que es compartir el poder en el matrimonio, ni del poder usado para beneficiar a otra persona. Compartir el poder es ponerse a sí mismo en riesgo; abusar de él es mantener el control.

Es frecuente que los participantes en una aventura sientan una gran necesidad de recuperar un sentido de control sobre su vida personal. El adulterio parece proporcionarlo, al menos de manera temporal; los participantes ven satisfechas unas necesidades que antes parecían evadirlos. Terminó su caótica búsqueda de amor... al menos por ahora.

Estas personas informan con frecuencia que se sentían impotentes en su niñez y mientras crecían en el seno de una familia en la que, por ejemplo, «a los niños se les ve, pero no se les oye». No los valoraban como seres humanos plenos. Estaban «siempre en el medio» de los adultos y, como resultado, muchas veces luchan con el sentimiento de que carecen de importancia. Cuando una persona por fin halla a alguien, la pareja ilícita, que la respeta en plan de igualdad y la valora por completo como persona, tiene casi como una abrumadora sensación de salud y plenitud. No les importa que la relación que acaban de hallar sea un encaprichamiento y una inmoralidad. Ese sentimiento es tan abrumador y lo ha estado buscando durante tanto tiempo que los asuntos morales palidecen en comparación.

Orientación a las tareas: Compulsión contra equilibrio

Las personas que terminan siendo infieles muchas veces son intensas, de reacciones rápidas e impulsivas. Tienden a sobresalir en el mundo; con frecuencia son empresarios, ejecutivos y hasta pastores exitosos. Su lema es: «No hay tiempo como el presente: esto lo voy a hacer ahora mismo». Hasta cuando juegan, lo hacen con una intensidad muy grande y a veces excesiva. Sus tiempos de descanso son escasos y poco frecuentes. Les gusta tener una gran cantidad de cosas que hacer, y les encanta poder ir tachando cosas de su lista.

En lo emocional, su lema es: «Si pudiera correr aunque fuera un poco más rápido, no sentiría el dolor. Si me pudiera mantener lo bastante ocupado, podría salir adelante». Los podríamos llamar «adictos a la actividad».

Además de ser impulsivos, tienden también a ser compulsivos; es decir, nos dicen que no son capaces de dejar de hacer algunas cosas. Con regularidad, hacen demasiado de una cosa y solo se alarman cuando esa manera de conducirse se vuelve casi incontrolable. Luchan con diferentes adicciones en diferentes momentos de la vida. Sin embargo, en otros momentos y en otros lugares pueden manifestar una gran fuerza de voluntad, y parecen capaces de dejar atrás ciertos hábitos, como el de fumar, que a otras personas les costaría más trabajo controlar.

Por fuera, quizá parezcan triunfadores, pero por dentro los sigue carcomiendo esa sensación de que están desequilibrados. Una vez más, la culpa se convierte en el mecanismo de defensa dominante. Racionalizan que se sentirían mejor «si estuvieran involucrados con la persona adecuada». La relación ilícita encaja a la perfección dentro de esta manera de pensar.

Evaluación de los riesgos: Pasión contra precaución

Como es evidente, los que se involucran en aventuras han tirado la precaución por la ventana. Como describimos en la sección anterior, tienden a ser intensos e impulsivos. Son consumados en el arte de correr riesgos. Dicen: «Siempre es más fácil pedir perdón, que pedir permiso».

Detestan la rutina, y si los atrapa una situación aburrida o tediosa (por ejemplo, su matrimonio), esto solo sirve para hacerlos más vulnerables ante una aventura. Tienen una fuerte necesidad de sentirse vivos; necesitan sentir que la adrenalina les corre por el cuerpo; muchas veces buscan los desafíos extremos.

En las cuestiones de romances, alimentan las fantasías, identificando los desafíos que traen consigo las relaciones de la misma manera. Encuentran estimulantes sus nuevos intereses amorosos. Disfrutan cuando divisan nuevos «blancos» y se lanzan a atraparlos.

Su lema de toda la vida es el famoso lema de una marca de cerveza: «Solo se pasa una vez por la vida... así que hazlo con gusto». La búsqueda de emociones se convierte en su meta tácita de la vida. Es cosa corriente que les pongan multas por conducir a exceso de velocidad; recargan en exceso sus tarjetas de crédito, comprando «juguetes» y tomándose vacaciones que no se pueden permitir, etc. No obstante, mantener en secreto una amante a escondidas puede resultarles emocionante, pero caminar por el filo de una navaja puede traer desastrosas consecuencias cuando uno se cae.

Derechos: «Hoy me merezco un descanso»

Hablando de tonadas publicitarias, hay un lema más famoso aun que ilustra esta manera de pensar característica de los que caen en la infidelidad: «Hoy te mereces un descanso». La costumbre de pensar en función de ciertos derechos que se dan por sentados es epidémica hoy en la población en general, y suele encontrar su expresión en cosas como comer en exceso, comprar en exceso, etc.

Aplicada a la infidelidad, encuentra su lugar en el pensamiento del infiel que se siente estresado en su situación dentro del matrimonio o de la vida. Los diversos estresantes se comienzan a acumular en su mente, y muy pronto tiene una lista más larga que su brazo para justificar la razón por la que se merece un interés amoroso adicional en la vida. Justifica de inmediato sus acciones y reduce al mínimo con la misma rapidez lo indebidas que son.

Y esto también se puede aplicar al punto de vista del patrón de la amante. Tal vez razone que, como el infiel se encuentra tan estresado, está bien que se divierta así. Esto se parece a la historia del pastor que examinamos en el capítulo anterior, que tenía simultáneamente numerosas amantes en la congregación, y se compadecían del pobre pastor principal que estaba tan recargado de responsabilidades. Hoy se merecía un descanso, y ellas estaban muy contentas de ayudar a proporcionárselo.

EL ENFRENTAMIENTO A LA TRANSICIÓN EN EL CICLO DE LA VIDA

Hoy en día hay cambios en cada esquina. Como consecuencia, la confusión y la agitación son casi normales. La gente es tan móvil y el ritmo de vida tan frenético que la inestabilidad se ha vuelto casi un estilo de vida. Sin embargo, la desestabilización se cobra su precio.

Sucesos como un cambio de trabajo, una disminución en los ingresos, una mudada al otro extremo del país, un embarazo, una crisis de salud o un fallecimiento, dejan a la persona vulnerable ante la infidelidad, en especial si la reclamación de derechos para sí misma forma parte de su estilo para enfrentarse a las situaciones. Durante los períodos de desestabilización y de transición es cuando una relación con otra pareja parece más atractiva.

Cuando las circunstancias de la vida descontrolan o desestabilizan la vida de una persona, a menudo la aventura significa un intento de reestructurar y estabilizar su vida, en especial desde un punto de vista emocional o de apoyo. No obstante, el precio de esa «estabilización» es elevado; demasiado elevado. Y es muy raro que llegue a proporcionar una estabilidad permanente; es una solución falsa a unos problemas reales.

¿ESTÁS EN RIESGO DE TENER UNA AVENTURA?

En un principio, confeccioné una evaluación como la que aparece a continuación para identificar, antes que se produjera el adulterio, a las personas que estaban en el ministerio y corrían el riesgo de caer en una infidelidad. Sin embargo, es aplicable a todos; no solo a los pastores, aunque los que tienen un trasfondo cristiano son los que se identificarán de manera más estrecha con la misma.

No obstante, primero quiero advertir algo: Esta evaluación no es un instrumento científico, y no se debe usar como tal. No tiene un poder de predicción absoluto. Más bien su propósito es usarlo como medio para identificar los aspectos del crecimiento personal que tu cónyuge y tú necesitan analizar y desarrollar. Se pensó para ayudarte a evaluar tu historia personal y tu estilo de vida en busca de paralelos con los que se han involucrado en un adulterio.

PATRONES PERSONALES QUE PREDICEN LA INFIDELIDAD
Historia personal y familiar

1. ¿Creciste en una familia que usaba cantidades sustanciales de alcohol?

❏ Sí   ❏ No

2. ¿Eran tus padres muy estrictos en la disciplina, quizá hasta abusadores en ocasiones?

❏ Sí   ❏ No

3. ¿Fuiste víctima de abuso sexual en la niñez?

❏ Sí   ❏ No

4. ¿Tuviste experiencias de actividades heterosexuales al principio de tu adolescencia con alguna persona mayor que tú (niñera, amiga de tu hermana mayor)?

❏ Sí   ❏ No

5. ¿Participaste en la pornografía antes de llegar a la pubertad (revistas, vídeos)?

❏ Sí   ❏ No

6. Mientras vivías en tu hogar, ¿uno de tus padres se vio envuelto en una relación extramatrimonial?

❏ Sí   ❏ No

7. ¿Fuiste sexualmente activo con diversas personas durante tu adolescencia?

❏ Sí   ❏ No

Patrones en tu estilo de vida

Usa el siguiente criterio para responder las preguntas de la 8 a la 25. Mientras mayor sea tu puntuación, más cierta será la afirmación en tu caso.

8. Siendo adolescente, no me llevaba bien con las figuras de autoridad, y sigo teniendo conflictos con las leyes o con mi supervisor.

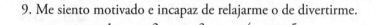

   1   2   3   4   5

9. Me siento motivado e incapaz de relajarme o de divertirme.

   1   2   3   4   5

10. Mi dominio propio y mis habilidades para manejar mi ira son puntos fuertes en mi vida.

   1   2   3   4   5

11. Me agrada poner a prueba los límites que me rodean, como el de velocidad cuando conduzco, las leyes sobre impuestos y banca, las normas de la iglesia, etc.

   1   2   3   4   5

12. Disfruto cuando termino un proyecto para poder comenzar el siguiente. Para mí es importante tener unos cuantos proyectos esperando mi atención.

   1   2   3   4   5

13. Me siento solo, incluso en mi matrimonio, y soy incapaz de expresarle a mi cónyuge mis temores, mis sentimientos más profundos y los anhelos de mi corazón.

   1   2   3   4   5

14. Reconozco en mí una tendencia hacia el comportamiento compulsivo en cosas como la comida, los ejercicios, el trabajo, el empleo o el ahorro del dinero, la velocidad al conducir, etc.

   1   2   3   4   5

15. Tengo muchos conocidos y doy la impresión de mantenerme muy cercano a mis familiares, pero no tengo un solo amigo íntimo.

1   2   3   4   5

16. Me gusta ganar y soy un competidor feroz en todo lo que hago.

1   2   3   4   5

17. Mi vida durante mis noviazgos estuvo marcada por una serie de relaciones rotas que fui yo el que las terminó.

1   2   3   4   5

18. Me siento estresado, casi indiferente, debido a todas las exigencias de mis responsabilidades en la vida.

1   2   3   4   5

19. Me gusta andar cerca de las personas importantes y busco la forma de captar su atención.

1   2   3   4   5

20. En mi historia financiera hay un montón de cheques sin fondo, una proporción muy elevada entre las deudas y los ingresos, un crédito pobre, el uso continuo de las tarjetas de crédito para apoyar mi estilo de vida, o es posible que hasta la bancarrota.

1   2   3   4   5

21. Me cuesta trabajo expresar mi ira de maneras que me den alivio sin herir las emociones de otras personas.

1   2   3   4   5

22. No me importa meterme en un conflicto para descubrir que en realidad me ayuda a sentirme mejor y tener más control de las cosas.

1   2   3   4   5

23. Me gusta ver hasta dónde puedo llegar al vivir «hasta el borde mismo de mis límites».

      1   2   3   4   5

24. Un aspecto en el que necesito que el Señor me ayude es en la tendencia a guardar rencores y desear vengarme.

      1   2   3   4   5

25. La mayoría de las personas que conozco diría que soy intenso, fácil de irritar y que tengo unas normas de excelencia elevadas.

      1   2   3   4   5

Factores circunstanciales

Anótate cinco puntos por cada una de estas cosas si las experimentaste el año pasado.

26. Perdí un ser amado cercano (hijo, padre o madre, cónyuge). _____

27. Sufrí un gran estrés (pérdida del trabajo o ascenso en él, divorcio, diagnóstico médico u hospitalización, mudada a otro extremo del país). _____

28. Abordé una gran transición en la vida (embarazo, mediana edad, jubilación). _____

Puntuación de la prueba

Preguntas 1-7

Cada respuesta de «Sí» te cuenta 10 puntos. Si respondiste que sí a las siete preguntas, anótate 40 puntos adicionales.

Puntuación total de las preguntas 1-7: _____

Preguntas 8-25

Total de los números que circulaste.

Puntuación total de las preguntas 8-25: _____

Preguntas 26-28

Cinco puntos por cada categoría experimentada.

Puntuación total de las preguntas 26-28: _____

PUNTUACIÓN TOTAL: _____

Evaluación de la puntuación

Preguntas 1-7. Una puntuación superior a 50 en esta sección te coloca en el grupo de alto riesgo.

Preguntas 8-25. Una puntuación superior a 70 en esta sección te coloca en el grupo de alto riesgo.

Preguntas 26-28. Estos son los mecanismos detonantes que con frecuencia hacen que la persona en riesgo se involucre en una aventura.

Puntuación total. Una puntuación superior a 100 te coloca en el grupo de alto riesgo.

Unas palabras de advertencia: las personas que están en el grupo de alto riesgo son más vulnerables de lo que se dan cuenta. Hagas lo que hagas, no deseches tu puntuación inicial; habla al respecto con tu cónyuge y comienza a esforzarte por mejorar en algunas de las cuestiones que tratamos en este libro.

LO QUE TENEMOS POR DELANTE

Con esto concluye la sección en la que se examina con exactitud lo que son las aventuras y por qué se producen. A partir del próximo capítulo, comenzamos a explorar el proceso de sanidad que debe producirse después de una infidelidad.

Al observar algunas de las causas de las aventuras, nos queda claro que las estructuras externas no protegen a la persona de la tentación de cometer adulterio. La protección real procede de su interior.

En la próxima sección analizaremos esa «protección real». La recuperación que permanece se edifica sobre la conciencia de uno mismo: saber quién eres y de dónde vienes. Se edifica en el conocimiento de que necesitas esforzarte por superar tu situación, y en tu forma de actuar dentro de tus relaciones con las personas significativas que hay en tu vida y, por último, en tus propias creencias espirituales.

Nota

1. Lee Dave Carder, Earl Henslin, John Townsend, Henry Cloud y Alice Brawand, *Secrets of Your Family Tree: Healing for Adult Children of Dysfunctional Families* (Moody, Chicago, 1991), donde hallarás un estudio completo de los problemas que tienen los hijos adultos.

SEGUNDA SECCIÓN:

Sanidad de las aventuras

6

Comprensión de la recuperación:
El proceso del infiel

Solía hacer un poco de canotaje de aguas bravas. De algún modo, es un deporte peligroso, pero si uno hace bien las cosas, el peligro se reduce al mínimo, mientras que el disfrute es máximo. El proceso es lo importante para mantenerse seguro, y nosotros seguíamos con gran cuidado nuestra lista de cosas necesarias cuando nos acercábamos al agua.

En primer lugar, conseguíamos un mapa. No queríamos sorpresas.

Después, estudiábamos los obstáculos. Cada vez que nos aproximábamos a un conjunto de rápidos, llevábamos la canoa hasta la playa y estudiábamos la manera en que se movía el agua por encima de los remolinos y las caídas en picado. Entonces, trazábamos nuestro recorrido, regresábamos a la canoa y remábamos con ímpetu para tomar velocidad. Las canoas se pueden volver difíciles de controlar, a menos que vayan más rápido que la corriente.

Una vez en los rápidos, es casi imposible escoger un recorrido distinto. De manera que se hacía lo que se pensó, sabiendo que era probable que todo saliera bien al final, si se seguían los procedimientos apropiados y se rechazaba el pánico. En muchos sentidos, recorrer en canoa los ríos con rápidos es algo similar a tratar de volver a arreglar los destrozos causados en un matrimonio destruido. Si haces bien las cosas, puedes salir con éxito de esos rugientes rápidos. De lo contrario, hay una serie de rocas afiladas y veloces remolinos que te están esperando para acabar de hundirte.

Mantén el rumbo en los tiempos turbulentos, y lo lograrás. Este material se ha puesto a prueba y refinado durante muchos años de trabajo con parejas que han logrado salir adelante, y también te dará resultados a ti si te mantienes firme y trabajas duro.

Regresa a este capítulo y revísalo cuando pienses que te estás alejando de tu rumbo. Con la ayuda de Dios, y con el compromiso mutuo de ambos cónyuges, es posible sobrevivir a las peligrosas caídas en picado del agua que ruge delante de ustedes.

REPRESENTACIÓN DE LAS AVENTURAS Y SU RECUPERACIÓN

El diagrama que aparece en la página opuesta muestra el proceso de recuperación de una forma gráfica. Estúdialo con detenimiento. Después de todo el trabajo duro, es permisible que en el proceso de recuperación se tome un descanso para respirar (detenerse en un lugar junto al camino para descansar, si así lo prefieres). Dejen a un lado el proceso por un período que acuerden los dos, y permítanse disfrutar de ese tiempo de respiro. Haremos un breve análisis de cada segmento y después en este capítulo veremos la curva del infiel en detalle y en el próximo capítulo la curva del cónyuge. Mientras mejor capten estas dos curvas con los ojos de la mente, mejor comprenderán ese turbulento proceso.

En este punto, lo adecuado es hacer algunas observaciones generales acerca de ambas curvas. La curva del infiel aparece primero y se divide en cuatro fases:

Primera fase: Crecimiento de la atracción mutua
Segunda fase: Implicación emocional y sexual
Tercera fase: Desestabilización de la aventura
Cuarta fase: Revelación y solución

La curva del cónyuge también se divide en cuatro fases:

Fase A: Conocimiento
Fase B: Ira

Fase C: Angustia

Fase D: Reconexión y recuperación

Observa que ambas curvas ocupan casi la misma cantidad de tiempo, en un sentido relativo. Aunque la curva del infiel comienza antes, las dos curvas son más o menos comparables en un sentido cronológico. Esto indica una importante regla práctica en cuanto a la recuperación después de las aventuras: *En la mayoría de los casos, al cónyuge le llevará tanto tiempo recuperarse como le tomó al infiel entrar y salir de la aventura.* Por ejemplo, si es una aventura de año y medio, el cónyuge necesitará todo un año y medio para recuperarse. En las aventuras esporádicas que duran más tiempo, el cónyuge va a necesitar unos dos años para recuperarse. La regla de los dos años es un marco de tiempo común usado en los Talleres de Recuperación y Angustia por los Divorcios para la persona que necesita reconstruir su identidad.

REPRESENTACIÓN DE LAS AVENTURAS Y SU RECUPERACIÓN

El proceso del infiel

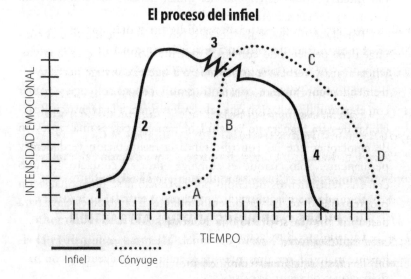

Esa declaración quizá sea sorprendente para algunos (parece un margen de tiempo demasiado largo), pero te animo a que sigas leyendo.

Casi todas las parejas que revisaron el borrador original de este libro, personas que han pasado por la agonía de este proceso de recuperación, están muy de acuerdo en que esa regla práctica es precisa en la mayoría de los casos.

Así que date el tiempo suficiente (o dáselo a tu cónyuge) para procesar el destrozo producido por la rotura de tu relación matrimonial. Tal vez te parezca que ya a estas horas lo habrías debido superar, pero sé un poco tolerante. Roma no se edificó en un día, y la aventura (y lo que es más importante, los problemas del matrimonio que contribuyeron a la misma) tampoco se desarrolló de la noche a la mañana. El proceso de recuperación exigirá tiempo.

En segundo lugar, al revisar el gráfico, notarás que la intensidad emocional (mostrada por la altura de ambas curvas) es la misma para el cónyuge que para el infiel. Por tanto, la segunda regla práctica es esta: *El cónyuge necesita tener reacciones emocionales que sean tan intensas como las del infiel.* Es decir, el cónyuge necesita sentir una ira que sea tan intensa como el enamoramiento del infiel, una angustia tan intensa como el gozo del infiel, tomar unas represalias tan intensas como el engaño del infiel, hacer unos anuncios tan intensos como el secreto del infiel, etc.

Por favor, no me malentiendas. No estoy diciendo que el cónyuge deba perder todo control y destruir al infiel mediante la violencia física y verbal. Solo me refiero a que el cónyuge necesita ser tremendamente sincero consigo mismo y con su cónyuge y acabar con el patrón de negación que tal vez condujera a la aventura. Reaccionar de otra manera no es saludable; en esencia, es una represión de emociones que no contribuirán a la recuperación verdadera y permanente. Solo cuando el cónyuge entra en contacto genuino con sus sentimientos de enojo por la traición, se puede hacer un progreso que dure. La verdad emocional total también es clave para descubrir por qué se produjo la aventura.

Veamos ahora la curva del infiel. Mientras examinamos el siguiente material, ten presente que se trata de una aventura con participación o de segunda clase.

PRIMERA FASE: CRECIMIENTO DE LA ATRACCIÓN MUTUA

En secreto y sin darse cuenta

Es frecuente que la aventura comience de una manera más bien inocente entre las dos personas: una sonrisa sin insinuación sexual alguna, un pensamiento pasajero, un aprecio sincero por el otro, una reunión ocasional en una recepción de negocios, incluso el contacto diario normal en el trabajo, nada de esto es sexual. Por lo general, un aprecio creciente por las habilidades, la capacidad y los logros del otro es lo que puede llevar de manera gradual a sentimientos de atracción romántica o sexual. Ese es el principio del secreto.

Los cristianos en especial detestan reconocer esta atracción. No obstante, todos somos criaturas sexuadas creadas por Dios con esa dimensión en nuestra personalidad. Es normal tener algunos sentimientos sexuales hacia otras personas (incluso con las que no estamos casados). Aun así, son muchos los creyentes que no pueden creer que esos sentimientos sean adecuados y niegan que los experimentan. Lo que sigue es la culpa y la vergüenza. La negación es el mecanismo de defensa que más les gusta.

Sin embargo, la negación no resuelve nada. Es más, suele exacerbar el problema porque en las etapas de negación el deseo de estar cerca de la otra persona queda «bajo tierra» y el futuro infiel inicia en realidad el contacto con la futura pareja de una manera inconsciente. Si se da el conjunto debido de circunstancias y hormonas, la aventura se convierte literalmente en un accidente en espera de producirse, puesto que la persona no es consciente de esa creciente atracción.

Una fantasía consciente

El creciente aprecio y la atracción permiten que se desarrolle todo un mundo nuevo de fantasía en el interior del futuro infiel. No obstante, hacer las cosas «con seguridad» (es decir, fantaseando respecto a esa persona en lugar de hacer contacto con ella), lo que hace en realidad es alimentar la atracción. El infiel mantiene la atracción como lo más importante y comienza a disfrutar los sentimientos que produce la fantasía. Así empieza a inventar experiencias imaginarias con esa persona (muchas veces sin contenido sexual, para mantener la «seguridad»). Y se pregunta: *¿Qué sucedería si...?*

En realidad, la persona que se halla en ese grado de implicación emocional, todavía tiene una buena posibilidad de no llegar a la aventura si puede hablar con alguna otra persona respecto a sus sentimientos y percepciones. Es normal que se produzca una atracción entre hombres y mujeres que se hallan en una asociación mutua constante. También es natural que seamos capaces de apreciar la belleza de otro miembro del sexo opuesto, aunque estemos felizmente casados, y desarrollar una admiración por esa persona. La seguridad está en poder hablar sobre la situación con un buen amigo cristiano al que le podamos después rendir cuentas y que recorra en oración toda esta atracción contigo para impedir que tropieces.

La alimentación de la amistad

Durante la fase inicial de atracción, la mayoría de los involucrados en la creación de aventuras de las clases segunda y cuarta comienzan el proceso de «dejar con hambre el matrimonio y alimentar la amistad». Los involucrados empezaron a guardarse asuntos para hablarlos entre ellos, en lugar de hacerlo con sus cónyuges. En parte, lo que los lleva a esta práctica es el pensamiento de que esa persona les comprende o entiende ese tema mejor que su cónyuge. Además, parte de esta atracción inicial se forja en torno a los asuntos en los que el cónyuge no se siente interesado o en verdad no sabe nada de los mismos. Este lazo común es el que los anima a los dos a pasar después a otros temas de conversación, con lo que alimentan la relación al mismo tiempo que hacen pasar hambre al matrimonio.

Los sentimientos mutuos

El punto inicial de la aventura se presenta cuando las personas involucradas expresan lo que sienten la una por la otra. La verbalización real de lo que antes consistía en pensamientos y fantasías nunca expresados, libera todos esos sentimientos reprimidos. En ese punto es cuando la aventura adquiere vida propia. Ya no va a desaparecer por sí misma. Las personas afirman que este reconocimiento mutuo «toca» algo muy dentro de su alma que ya no pueden olvidar. Pocas parejas se pueden abstener de las expresiones de afecto una vez que este se reconoce. Este es el punto de la transgresión dentro del matrimonio, y es la fecha inicial usada con el propósito de lograr una recuperación.

SEGUNDA FASE: IMPLICACIÓN EMOCIONAL Y SEXUAL

La relación desarrolla una nueva intensidad cuando las dos personas involucradas reconocen entre sí lo que sienten. Una vez que sucede esto, es muy difícil que la relación vuelva a ser alguna vez lo que fue en un inicio. Ahora, el ciclo comienza a perpetuarse solo, puesto que hablar sobre sus sentimientos con la otra persona es justo lo que no se debe hacer (es decir, es lo que inflama las pasiones que la persona trata de controlar). Una vez más, hablar de esos sentimientos con una tercera persona de confianza a la que le rindamos cuentas es con mucho el mejor rumbo a tomar.

Un grito de auxilio

Muchas veces, una de las partes intenta hablar con otras personas respecto a sus luchas, pero el estilo del lenguaje que utiliza, el contenido de la conversación y la forma en que describe su involucración emocional son tan superficiales que la persona que escucha no se percata por completo de lo cercana que está la relación de convertirse en una aventura abierta. En otras palabras, la persona que batalla no se expresa con una franqueza total a la hora de hablar de su nivel de atracción. Esto es cierto sobre todo en el caso de los cristianos, quienes tienden a presentar una falsa imagen según la cual todo se halla bajo control.

Por ejemplo, una dama que conozco trabajaba como voluntaria en un ministerio de su iglesia de una manera muy cercana con uno de los pastores. Ella se comenzó a sentir muy atraída hacia él, y él hacia ella. En medio de su preocupación, le contó a su esposo una versión limitada de sus luchas, pero no se lo dijo todo. El esposo pidió una cita con el pastor para llevarlo a almorzar. ¿Le presentó al ministro las cosas tal como eran? ¿Se mantuvo al tanto de la situación preguntándole después a su esposa cómo iban las cosas? ¡No! Solo tuvo un agradable almuerzo con el pastor y mencionó de manera informal que tenía la esperanza de que manejara de manera cuidadosa la amistad que tenía con su esposa. Las rugientes llamas de su apasionada aventura comenzaron poco después.

Sus dos familias estuvieron a punto de dividirse, y la iglesia sufrió serios daños. Cuando tu cónyuge te envíe un S.O.S., tómatelo en serio. Tal vez no te lo diga con palabras, pero asegúrate de sintonizarte. Hace falta mucha valentía para hablar de este tema con el cónyuge de uno; pero no lo eches a un lado. Si te está hablando acerca de él, es porque necesita más apoyo.

Tal minimización del comportamiento es contraproducente, por no decir otra cosa peor; podría ampliar mi analogía sobre el canotaje para describir una canoa que se acerca a una cascada, pero una de las personas no quiere alarmar a la otra. Aunque sabe que está cerca la cascada, en lugar de decir: «¡Oye, tenemos que llegar a la orilla cuanto antes o todo habrá acabado!», lo que dice es: «¿Oyes ese bello sonido a la distancia? Me pregunto qué será». Referirse con vaguedad a un peligro inminente es algo poco inteligente y peligroso. Eso se ajusta tanto a los asuntos de atracción romántica y sexual, como a la navegación por un río.

Cuando llega el grito de auxilio, suele ser justo antes de ceder ante la otra persona, como en el caso de la dama y el ministro del que hablamos. Es más, el oyente falla al escuchar cuán intensas y profundas son las luchas que literalmente provoca la aparición de la aventura. Muchas veces, la persona escogida para oír hablar de esas luchas no sabe qué hacer. Es posible que ella misma haya luchado a menudo con atracciones similares y las haya logrado superar, así que da por sentado que su amigo o cónyuge lo va a lograr también. O bien, si el futuro infiel le informa cuál es el nivel real de sus sentimientos por la otra mujer, con frecuencia el temor que causa una revelación así provoca tal negación en la esposa, que es incapaz de reconocer la intensidad de los sentimientos de él.

Cuando no hay respuesta al grito de auxilio, el que lo hizo se dice: *¿Ves? Ella no me comprende. Me voy a pasar tiempo con alguien que sí me comprende.* Por eso, es crítico que haya una transparencia total para que el matrimonio se mantenga saludable.

Esa es la última barrera que alguien atraviesa antes del inicio de la aventura. No es el momento de preguntarle si quiere ayuda; por lo general, siente tanta confusión que no sabe si la quiere o no. De modo que no quiere abandonar el sueño que está surgiendo. Le agrada la vitalidad que produce el hecho de vivir en el mismo límite. Sin embargo, aún tiene suficiente respeto por sí mismo para pensar que se las puede arreglar solo.

Tampoco es el momento para que el cónyuge acuse de sus numerosos pecados y fallos al que está pensando en cometer adulterio. Es más bien un momento para actuar. Ahora el cónyuge debe iniciar una clase distinta de relación con él. Es hora de escuchar y de comunicar aceptación; de crear una intimidad que va a ser la principal protección contra la posibilidad de enredarse en una aventura con otra persona.

Los compañeros de clase y las reuniones

En una nota relacionada, debemos decir que una de las amenazas más recientes y graves para los matrimonios es la posibilidad de hallar la «vieja llama», el «primer amor» de la adolescencia. Esta relación estaba repleta de enamoramiento y pasión desde el principio, e incluso si la ruptura de hace tiempo fue difícil, toda esa olla de emociones sigue ardiendo a fuego lento dentro de la persona. En realidad, solo hacen falta unos pocos minutos en Internet, y hasta unos segundos en una reunión, para reavivar las llamas llenas de pasión de la adolescencia. Cuando la vida adulta parece difícil, a todos nos gusta regresar a la fantasía de lo bueno que fue el pasado. Así que mantente alejado de esta clase de experiencias, puesto que tienden a generar los mismos sentimientos que se presentan en esta segunda etapa de una aventura de las clases segunda o cuarta.

¿Hubo relaciones sexuales?

Una vez que el infiel y su pareja se revelan su atracción mutua, he descubierto que el desarrollo del aspecto sexual de la relación solo es cuestión de tiempo. Por lo general, la participación sexual sigue a continuación de una conversación de este tipo y es muy intensa. Por eso, después de una conversación en la que el futuro infiel esté pidiendo auxilio, como la que presentamos antes, es necesario que tomes acción con rapidez antes que broten las llamas.

Sin embargo, a veces el proceso de participación sexual se vuelve más prolongado. Es posible que todo lo que se permita la pareja del enredo sean gestos sencillos y otras expresiones de afecto casi siempre inofensivas. No obstante, esos gestos van sobrecargados de emoción, mucho más allá de su expresión normal y usual. Provocan una identificación emocional que es intensa en extremo y crea fuertes lazos entre ambas personas.

Aunque no se produzcan las relaciones sexuales en la aventura, cada contacto y cada mirada pueden estar muy cargados de emoción. Se pueden intercambiar sentimientos muy eróticos en el simple contacto visual y en el contacto no sexual; hasta al estrecharse la mano. Precisamente son esos sentimientos los que hacen que esas aventuras sean tan especiales.

La mayoría de los cónyuges, al descubrirse la aventura, se sienten desesperados por saber una cosa: «¿Tuvieron relaciones sexuales?». Sin embargo, la cuestión de las relaciones sexuales es casi irrelevante cuando se trata de medir el nivel de participación emocional. De esa participación emocional es de la que el infiel se debe recuperar en una aventura de primera clase. Las relaciones sexuales sí se convierten en parte de esta participación emocional solo porque a estas parejas se les hace demasiado difícil no consumar sus intensos sentimientos de identificación mutua. Es más, cuando la relación ilícita alcanza el nivel de experimentar relaciones sexuales, se liberan esas intensas emociones a través del acto mismo. Y, aunque en un sentido estricto, nunca exista ningún «lado positivo» en la participación en unas relaciones sexuales fuera de los lazos matrimoniales dados por Dios, así es que se prepara el escenario para que esta pareja sienta remordimiento y culpabilidad.

Un engaño generalizado

A lo largo de esa fase tan intensa de la relación, el mantenimiento de la aventura exige un engaño generalizado. Ambas partes comienzan a mentirles a sus respectivas familias, amigos y compañeros de trabajo.

Esto se convierte en «su pequeño secreto». No lo hablan con ninguna otra persona. De esta manera entran a un mundo artificial cuya existencia solo conocen ellos. Esto suele significar la planificación de escapadas de fin de semana, el gasto de un dinero que les pertenece a sus respectivos cónyuges y familias, la compra de regalos especiales por parte de ambos y, por lo general, tratar de mantener ciegos a todos sus conocidos en cuanto a lo que está sucediendo.

Sin embargo, esto no dura mucho. Por lo general, dura un poco de tiempo porque los gastos extraordinarios los descubren, se pierden muchas citas de negocios y reuniones de familia, su concentración en el trabajo y en casa comienza a sufrir, y cometen deslices en sus planes secretos.

Esas grietas en sus planes, y el temor a que los descubran y revelen lo que está sucediendo, suelen provocar que uno de los dos, o tal vez ambos, tomen la iniciativa de separarse, al menos por un tiempo. Su pequeño secreto se convierte en la pequeña rueda de molino que llevan colgada al cuello. Entonces, a menos que por lo menos uno de los dos busque ayuda externa, fuera de su engaño a dúo, están condenados a volverse a reunir.

TERCERA FASE: DESESTABILIZACIÓN DE LA AVENTURA

Durante la etapa de desestabilización, el temor a que los descubran, a perder el empleo, a pasar por un divorcio o a sufrir vergüenza alimenta la urgencia por abandonar la relación. Sin embargo, el aspecto externo puede engañar. Aunque por fuera se dé la impresión de que la aventura se está destruyendo, en realidad se está estabilizando.

Te lo explicaré: Para soportar esta etapa se necesita un acuerdo tácito de mantenimiento mutuo. Con frecuencia, uno de los participantes lo rompe, y al cabo de un tiempo, llama con el pretexto de ver qué tal le va al otro. Por un sentido de responsabilidad o de afecto, el otro le responde, y de inmediato la aventura comienza de nuevo. Es como un fuego forestal que nunca se apaga: solo disminuye, para volver a comenzar más tarde cuando se den las condiciones adecuadas.

En realidad, esta aparente desestabilización de la aventura es la manera más poderosa de mantenerla. En la terminología de la modificación de la conducta, a esta forma de comportamiento se le llama «refuerzo intermitente». Es el patrón formador de conducta más poderoso que se conoce, y su forma de funcionar encendiendo y apagando una y otra vez hace que sea casi imposible que la aventura se acabe por sí sola. El ciclo de separación y cercanía lo que hace en realidad es intensificar los sentimientos y garantizar que la aventura no vaya a terminar. Mientras más dure este proceso, más poderosos se volverán el apego y la atracción mutuos.

En algunas aventuras, esta fase puede durar literalmente años, con unas separaciones de muchos meses entre los períodos de cercanía. Los momentos que pasan juntos son tan buenos, pero tan distanciados, que en realidad la relación nunca se ve amenazada. Es el viejo esquema del borracho que piensa que nunca se convertirá en alcohólico porque solo bebe en exceso dos o tres veces al año.

Esta danza, este patrón de mantenimiento mutuo, va eliminando el deseo de romper con la relación. Con frecuencia, solo después de uno de estos encuentros se puede lograr una intervención para comenzar el proceso real de separación y comenzar la vuelta a la normalidad.

Durante esta etapa, el cónyuge comienza a sospechar la posibilidad de que su cónyuge tenga una aventura con la otra persona. Entre los síntomas se encuentran las facturas sin explicación, los tiempos poco usuales o inexplicables de ausencia, las llamadas fuera de lo común al teléfono celular, los cambios repentinos en la agenda, el desprendimiento emocional del infiel, los cambios de humor y de manera de vestir, y una pérdida poco común del interés sexual. Hasta es posible que el cónyuge lo enfrente con algunas de estas acusaciones, y la negación y las justificaciones que son necesarias para proteger la aventura comienzan a arruinar la conciencia del infiel.

Además, durante este período, en la vida de ambos cónyuges se comienzan a infiltrar un agotamiento y una depresión crecientes. Parte del proceso de desestabilización consiste en que comienzan a necesitarse el uno al otro para «medicar» los temores, el vacío y la nueva «realidad» irracional en la que ambos viven ahora. Cuando están juntos, todo parece estar bien, pero todo se está viniendo abajo en realidad. Muchas veces, durante este tiempo es cuando uno de los cónyuges, o ambos, buscan medicamentos. No es raro descubrir que el infiel en especial esté usando medicamentos contra la depresión o contra la ansiedad en su intento por resistir la presión.

Al negar la situación y cubrirla, el infiel solo empeora las cosas. Mientras más tiempo se mantenga en secreto la aventura, y más negaciones y engaños se produzcan, más larga será la recuperación cuando haya terminado. Y mientras más tiempo pase sin que se descubra la aventura, más destrucción causará en la conciencia de las personas involucradas en la misma: el cónyuge, el infiel y la amante, que con frecuencia también tiene su cónyuge, de manera que también tiene culpa.

El proceso de recuperación debe comenzar con un rompimiento claro de las relaciones con la pareja ilícita. Es necesario que se eliminen de la vida del infiel todos los objetos que compartan: fotografías, recuerdos y otras representaciones físicas de su historia común.

Esto significa que los dos participantes en la aventura se separan de manera física: se mudan a lugares distintos, cambian de trabajo, etc. Sin duda, exige que asistan a distintas iglesias, o al menos asistan a distintos cultos. Si no se rompe de esta manera decidida, el infiel en recuperación va a luchar con el hecho de saber dónde se encuentra su pareja ilícita y se sentirá tentado a renovar el contacto durante los momentos de duda y rechazo por parte de su cónyuge que se presentan en las fases posteriores de la recuperación. El «encuentro» continuo con la amante daña la confianza y alimenta el enojo del cónyuge que está tratando de perdonar y reconstruir.

CUARTA FASE: REVELACIÓN Y SOLUCIÓN

Muchas veces, después de una de esas experiencias embriagadoras en la fase de «recomenzar» es cuando el infiel decide revelarle la aventura a su cónyuge. Esta revelación es al mismo tiempo el reconocimiento de que necesita ayuda para salir de esa esclavitud y también un síntoma de su agotamiento emocional y su depresión.

La revelación también puede ser una expresión de la ambivalencia que siente el infiel en cuanto a abandonar la aventura: dice que quiere dejarla, pero no lo desea en realidad, de manera que deja todo un rastro de pistas que permitan descubrirlo sin tener que asumir la responsabilidad de haber traicionado a su pareja ilícita que le creó un mundo tan maravilloso.

A decir verdad, el infiel se halla bajo una atadura doble (o triple). Está tratando de complacer a demasiados amos (su pareja de la aventura, su conciencia culpable, su cónyuge), y es una agonía sentirse atrapado en medio de todo esto. Por eso Jesús insistía tanto en que es imposible servir a dos amos: no se puede hacer esto y mantener la salud mental al mismo tiempo (Mateo 6).

El intento por complacer a todos estos interesados (incluso a Dios, si al infiel le queda aunque sea un poco de religiosidad, y es frecuente que vuelva a surgir en este momento) causa la formación de una doble personalidad en el infiel que llega acompañada de una gran angustia. Se siente destrozado porque es cierto que está destrozado. ¡Las diversas partes de su psiquis les pertenecen a personas distintas! En cualquier día determinado, las diferentes partes van a tener grados variables de influencia sobre su comportamiento y sus palabras. De aquí que el infiel vacile con frecuencia entre la pareja ilícita y el cónyuge. Es la clase de hombre del que habla la Biblia al decir: «El hombre de doble ánimo es inconstante en todos sus caminos» (Santiago 1:8, RV-60). Es «como las olas del mar, que el viento agita y lleva de un lado a otro» (v. 6). Los que han pasado por esto entienden bien esta descripción. Es la ciudad de las montañas rusas.

Esta conducta vuelve locos a todos los involucrados. Los papeles cambian a cada momento, causando mayor confusión aun. En algunos casos, puede llegar realmente al punto en el que la amante se convierte en la esposa, y la esposa asuma el papel de amante.

El período inicial de revelación puede ser traumático y tranquilizante a la vez para el infiel. Es traumático porque al fin se tiene que enfrentar a la verdad de que ha violado la promesa más valiosa que ha hecho en toda su vida. Sin embargo, también puede tener su lado consolador. Después de contar el siniestro secreto que ha ido cargando durante meses (o años), no es extraño ver que el infiel duerma por la noche mejor de lo que ha dormido en largo tiempo, mientras que el cónyuge se mantiene insomne a causa de la angustia y la furia. Es posible que el cónyuge entre en estado de *shock* y pierda peso, vuelva a fumar o regrese a otros malos hábitos, o sufra otras enfermedades físicas como consecuencia de la explosiva revelación. De repente, los papeles se han cambiado en este matrimonio: ahora el infiel es el fuerte, el que se mantiene racional «por el bien de la familia», mientras que el cónyuge está deshecho.

Se produjo el paso clave, la revelación, y ahora son muchos los resultados que entran en acción. No importa si el infiel reveló de forma voluntaria la aventura o si la descubrieron. Como dice la expresión: «La suerte está echada», y los actores del drama saltan a la acción.

No hace falta decir que es mucho más fácil destruir el matrimonio y que ambos cónyuges huyan de la dificultad que significa reconstruir su relación. Sin embargo, divorciarse ahora solo significa que cada uno se lleva consigo todo este asunto sin resolver. La recuperación te exigirá que trabajes en ella por tu cuenta. Si te niegas y tratas de sepultar la situación, va a contaminar todas las relaciones que puedas desarrollar en el futuro. Una vez sepultada, es frecuente que se infiltre en la actitud de tus hijos hacia sus futuros compromisos matrimoniales, y esto se manifiesta primero en que vacilan en casarse y después en las dudas que sienten sobre si su matrimonio va a durar. Aun así, los que se mantienen firmes y realizan este difícil trabajo, verán que vale la pena. Además del beneficio personal que significa restaurar la relación, Dios nos ordena que consideremos al matrimonio en un nivel máximo de santidad: «Todos ustedes deben honrar su matrimonio, y ser fieles a sus cónyuges; pero a los libertinos y a los adúlteros los juzgará Dios» (Hebreos 13:4). Él los ayudará a los dos mientras tratan de restaurar su relación.

LO QUE TENEMOS POR DELANTE

En el próximo capítulo veremos la reacción del cónyuge ante la revelación. Es una encrucijada crítica en el matrimonio. Las chispas van a volar y las lágrimas a correr; para la pareja, es en verdad el momento de «arreglar o acabar de destrozar». La reacción de la pareja ante el hecho que ahora ya es público de que existe una infidelidad es el factor crítico que determina cuál camino tomará el matrimonio: reunido de nuevo mediante un proceso adecuado, o en el cubo de la basura.

7

Comprensión de la recuperación:
El proceso del cónyuge

uando el cónyuge descubre la infidelidad de su pareja, está en formación un momento dramático en la historia de su matrimonio. La forma en que se descubra es irrelevante, ya sea mediante la confesión del infiel, las sospechas de ella y el enfrentamiento, o los proverbiales «comentarios».

La manera de reaccionar va a determinar muchas cosas, ya sea echándolo de la casa, pasando por alto la traición o alguna reacción intermedia. Ayudará a determinar si el infiel va a seguir con su pareja ilícita, si el cónyuge mismo va a prolongar su propia agonía o enfrentarse a la misma, y si van a seguir casados. En pocas palabras, es el momento de la verdad. Aunque lo intente, en realidad no hay manera de quedarse en la cerca a partir de ese momento. O bien se trata de hacer progresos al trabajar en la recuperación o de prolongar el ciclo de disfunción.

Sé que parece imposible. Los que trabajan en este campo describen las experiencias emocionales del cónyuge como similares a quienes pasan por un trastorno de estrés postraumático. ¡Esto significa la presencia de síntomas como la vigilancia excesiva, las obsesiones mentales continuas, los recuerdos que se presentan de manera repentina, la dificultad para concentrarse, la ira, la irritabilidad, la depresión, la ansiedad, las perturbaciones a la hora de dormir y las perturbaciones en cuanto al apetito, junto con ideas de suicidio y amenazas de homicidio que van a formar su estilo de vida por un largo tiempo![1]

En este capítulo veremos de nuevo el gráfico sobre la aventura, con ambas curvas, la del infiel y la del cónyuge. Si eres el cónyuge, o un amigo que trata de apoyar a un ser querido que está pasando por la agonía de una aventura, te beneficiarás en gran medida con este estudio.

Y si eres el infiel, este capítulo te ayudará a comprender lo que está pasando tu cónyuge. Aunque tú llevabas el timón a la hora de iniciar la aventura, en esta etapa estás en el asiento del pasajero.

REPRESENTACIÓN DE LAS AVENTURAS Y SU RECUPERACIÓN

El proceso del cónyuge

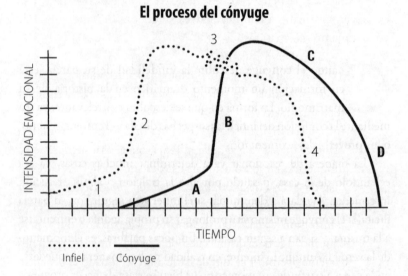

FASE A: CONOCIMIENTO... ¿ES CIERTO O NO?

La retrospectiva es de 20/20, y lo mismo sucede con las aventuras desde el punto de vista del cónyuge. A menudo, justo antes de la revelación real, el cónyuge encuentra cada vez con mayor frecuencia pistas sutiles, o incluso evidentes, fragmentos de información que detallan la «aventura», pero solo cuando vuelve la vista atrás.

Estos fragmentos de información contribuyen a que la esposa se sienta como una tonta después del descubrimiento: «¿Por qué no lo vi venir? ¿Cómo pude ser tan necia?». Así se sigue incriminando sin cesar mientras riñe consigo misma por no haber visto las señales que ahora parecen claras.

Al final, comienza a desconfiar de sí misma, del mismo modo que lo hace el infiel. Si su visión estaba obstruida hasta ese punto, ¿en qué sentidos *puede* confiar? Es obvio que el deseo subconsciente de negar lo que está sucediendo alimenta la falta de reconocimiento, junto con el hecho de que había confiado plenamente en su cónyuge antes de la revelación. Es razonable que no detectara la aventura hasta un cierto momento, pero ahora sus sentimientos son tumultuosos, y a menudo lanza la razón por la ventana.

Hay un creciente sentido de vergüenza por lo que percibe como una incapacidad. Muchas veces, la esposa escoge un curso de acción destinado a contrarrestar su vergüenza durante la fase de conocimiento, tales como:

- Tratar de hacerse más presentable mediante transformaciones externas: cambiar de peinado, comenzar una dieta, comprar ropa nueva, etc.
- Iniciar la actividad sexual, o alguna otra forma de conducta que cree que le va a agradar al infiel, quien casi siempre se ha distanciado en lo emocional. Esto es muy peligroso en estos días de SIDA: *todo contacto sexual sin protección debe cesar hasta que al infiel se le haga la prueba de ETS* (enfermedades de transmisión sexual). Tal vez te parezca demasiado duro, pero en realidad se trata de una cuestión de vida o muerte. Ya no nos podemos permitir el lujo de darle a un ser amado el beneficio de la duda; es demasiado lo que está en juego (es decir, el SIDA es mortal). Para más información sobre este tema, lee *Back from Betrayal*, por la Dra. Jennifer P. Schneider[2].
- Desechar las dudas y las sospechas que pueda tener respecto a las actividades extracurriculares de su cónyuge (si eran antes de la revelación real) y centrar su tiempo y su atención en los hijos, o en otras personas que no le provoquen ansiedades con respecto al infiel. En esencia, lo que motiva esta estrategia es la negación y el temor de que sus sospechas pudieran ser ciertas.

Lo triste es que, aun cuando estos cambios quizá sean en realidad lo que el infiel necesitara de ella en un principio, muchas veces son «muy pequeños y muy tardíos». He descubierto que las cristianas que acuden a recibir consejería durante la fase de sospechas anterior a la revelación real suelen negar que la infidelidad pueda ser un problema en su matrimonio. Todavía creen que, si fuera cierta, sería una mala imagen de su persona.

Sin embargo, cuando por fin se revela la aventura, muchas de esas mismas esposas sabrán quién es la pareja ilícita, cómo se enredó su cónyuge con ella, y otros detalles semejantes... sin que nadie se lo tenga que decir. Ese conocimiento estaba acechando justo debajo de la superficie.

Unas palabras especiales para cónyuges en este punto: esta no es la hora de competir con la aparente enemiga, la compañera de aventura, ni de tratar de ganarse de nuevo al infiel extraviado al ser muy agradable, atractiva, complaciente, colaboradora, etc. Esas estrategias, si tal vez en el pasado habrían podido tener éxito, ahora en estos momentos la van a agotar. Al buscar esta línea de ataque, tendrías que seguir actuando a unos niveles siempre más altos durante el resto de tu vida para asegurarte de que todo va bien en tu matrimonio.

En cambio, la clave de la recuperación es que los dos unan sus fuerzas para analizar la situación que existe en la realidad y trabajar juntos para hacer que su matrimonio sea *diferente*. Este es el momento para irle de frente a la traición. Solo con ir directos al ojo de la tormenta harán progresos constantes y duraderos. Es más, esto es cierto tanto si siguen casados o no.

FASE B: IRA

Me has traicionado

Cuando se descubre la situación, las emociones del cónyuge suelen ser intensas. La ira, el sufrimiento, el desconcierto, el sentirse traicionado y una especie de sacudida paralizadora se vuelven casi insoportables. El cónyuge traicionado va a sentir ira y necesita libertad para descargar su furia. El lenguaje de la furia nunca es agradable; sin embargo, no solo es bueno decir las cosas con intensidad y con fuerza, sino que *es absolutamente necesario para que se pueda producir una recuperación verdadera*. Las personas no mejoran sino hasta después de enojarse.

Si se niega, esa ira «se vuelve subterránea» y carcome el centro mismo del espíritu de esa persona. Es muy importante para el cónyuge cuya vida se ha violado que tenga libertad de expresar la furia que siente (lee el capítulo 9).

Después del primer arrebato de ira viene la necesidad de recibir información. ¿Qué sucedió? ¿Cuándo sucedió? ¿Con cuánta frecuencia? Y así sucesivamente. Este es el momento para que el cónyuge traicionado le haga al ofensor todas esas preguntas de suma importancia. Al parecer, los hombres quisieran saber los detalles de la actividad sexual, mientras que las mujeres suelen informar que quieren saber si su esposo ama a la otra persona. Cualquiera que sea la necesidad, la información es importante y no se debe callar.

En este punto, no hay ninguna buena razón para esconderle la información al cónyuge traicionado. Sus valiosos votos matrimoniales están por el suelo... no queda nada que proteger en el matrimonio. Por lo tanto, el infiel descubierto debe darle a su cónyuge cuanta información quiera saber, sin importar lo mucho que parezca herirla.

Con frecuencia, el infiel piensa que cuando se le hagan las preguntas, solo debe decir lo que le parezca adecuado, así que se guarda detalles, cubriendo ciertos aspectos de la aventura. Nada enojará más al cónyuge herido que le engañen de manera sutil en este punto mediante ambigüedades o medias verdades. De todas formas, al final se sabrá toda la verdad. No seas hipócrita ahora tratando de proteger al cónyuge.

Este es el momento para decirlo todo, o al menos decirlo al nivel en que lo quiera escuchar el cónyuge. Hay una diferencia entre ambas cosas. Muchas de las personas a las que he aconsejado, y que han pasado por el proceso de recuperación de una aventura, dicen que entrar en demasiados detalles puede crear unas imágenes mentales que torturan al cónyuge herido y lo pueden perseguir durante años. Sin embargo, es necesario caminar con todo cuidado por esta fina línea de revelación y sinceridad, y estar seguro de errar por haber dado mucho a conocer y no por haber dado a conocer demasiado poco. Por supuesto, lo ideal sería satisfacer la necesidad de saber que tiene el cónyuge, sin pasar por alto ninguna revelación importante. Lo principal es que aceptes la culpa por lo que hiciste, y admitas humildemente todos los daños que has causado y las transgresiones que has cometido. No trates de alterar sutilmente los hechos para protegerte a ti mismo o a la pareja ilícita que acabas de dejar. De la misma forma que el engaño no es un buen camino para crear una relación, tampoco lo es para volver a construir una que ha quedado rota.

La información que no se da se convierte en un «asunto sin resolver» que tendrán que seguir arrastrando por el resto de su matrimonio. Mientras más tiempo pase sin que se revele ese asunto sin resolver, más difícil va a ser sacarlo a la luz. Si el matrimonio permanece unido, este secreto se convertirá en una carga que tendrá que seguir llevando encima el infiel, el cual va a desear haberlo dicho todo cuando estaban en la etapa de la ira, la cual era el momento más apropiado y útil para hacerlo.

Ahora el cónyuge lleva las riendas

El poder para continuar el matrimonio ha pasado ahora a manos del cónyuge herido. Su reacción, ya sea al procesar la aventura como es debido o al huir de todo ese sufrimiento y buscar un divorcio, dictará en gran medida lo que va a suceder con el matrimonio.

Uno de los grandes temores por parte del cónyuge que acaba de descubrir la aventura es que si expresa tanta furia como la que siente, estará empujando a su cónyuge a refugiarse en los brazos de su pareja ilícita. Esto podría suceder, pero recuerda que ya ha estado en esos brazos. No lo pudiste mantener alejado de ellos antes de tener noticias de su aventura; ahora, el simple hecho de que te enojes no lo va a empujar hacia ella, ¡porque aquí hay envueltas muchas cosas más!

Además, ya en estos momentos no queda nada del matrimonio que proteger para «andar con pies de plomo». Si quieren vivir juntos en armonía en el futuro, necesitan vivir juntos *de una manera diferente*. Es hora de comenzar de nuevo. Ya se violaron los aspectos más sagrados de su matrimonio. Ahora, ambos tienen que comenzar a reconstruir, tanto si deciden seguir casados o no.

FASE C: ANGUSTIA

El duelo por la pérdida

Durante la fase de angustia se puede comenzar algo de la recuperación. Sin embargo, el progreso no va a ser constante; lo más probable es que dé dos pasos al frente y uno hacia detrás. Es un tiempo inestable en lo emocional, pero eso forma parte del proceso normal en el duelo por la pérdida: se ha perdido la confianza, se ha perdido la relación matrimonial que fue pura en el pasado, etc.

Justo cuando el cónyuge traicionado piensa que está superando el dolor, este sale de nuevo a la superficie. Aun así, anímate; poco a poco ese dolor será cada vez menos intenso y frecuente, y los buenos tiempos que transcurran entre los tiempos difíciles se irán prolongando.

El proceso del duelo es similar al que se experimenta por la muerte de un cónyuge. Es más, los cónyuges traicionados informan sobre muchas reacciones que son paralelas a las de los viudos:

- Se sienten abandonados por su cónyuge.
- Se sienten solos en su sufrimiento.
- Se sienten como si habrían podido hacer algo para evitar lo sucedido.
- Se sienten personas marcadas. Ya no caben dentro de los grupos de parejas normales.
- Sienten que tienen muchas cosas inconclusas con su cónyuge que ahora no pueden resolver o que se eclipsaron por lo sucedido.
- Se sienten aterrados ante el futuro.
- Sienten que ya se deberían hallar mejor de lo que están por el tiempo que han pasado en esta situación.
- Hasta fingen a veces que no pasó nada (como la viuda que pone el plato del cónyuge fallecido en la mesa a la hora de la cena).

El duelo es importante, pero incluso es más importante saber por qué estás de duelo. Hay personas a las que les ha sido útil escribir en un papel la lista de lo que han perdido. Te recomiendo que lo pruebes, siendo tan transparente y tan sincero como puedas.

Mientras procesas tu duelo, es perfectamente permisible que llores delante de otras personas. Ese duelo no siempre es previsible, ni siempre es controlable. Sin duda, es bueno llorar delante del infiel. Es más, él necesita ver, y sentir, el daño que provocaron sus acciones. Sé sincero por completo respecto a tu tristeza.

La liberación

Durante la fase de angustia, el cónyuge necesita oír que le liberaron, que no necesita al infiel para sobrevivir. Vivió veinte años o más sin este personaje antes de casarse, y puede aprender a vivir de nuevo sin él. Dicho de otra manera, la supervivencia personal no depende de la conservación del matrimonio. A menudo, su autoestima está tan íntimamente vinculada al hecho de estar casada con su pareja, que esto es un nuevo y aterrador pensamiento para ella

Muchas veces, las necesidades de dependencia del cónyuge son abrumadoras en esta coyuntura; en realidad, no está segura de poder sobrevivir sin el otro. Es una encrucijada crítica, porque el cónyuge necesita ver que, con Dios en su vida y los pies en el suelo de la realidad, puede sobrevivir sin el infiel. Eso significa que tiene opciones, y las opciones fomentan una sensación de poder, algo que a menudo resulta nuevo para el cónyuge.

Una vez que es capaz de ver otras opciones, comienza a pensar con más claridad; se siente menos asfixiada, y sus facultades para la toma de decisiones pueden echar a andar de nuevo.

Sin embargo, no me malentiendas. No estoy animando al cónyuge a «escoger» el divorcio en este punto. Dios aborrece el divorcio (Malaquías 2:16) y quiere que las parejas hagan todo lo posible para reconciliarse. Aun así, eso está más allá del punto donde se halla el cónyuge en este momento. Lo que no necesita oír es que Dios la obliga a reconciliarse con ese personaje repugnante, sinvergüenza y de doble cara. Muchas veces, ¡los sentimientos que tiene en este punto son los que necesita para liberarse de ese deshonesto! Entonces, basándose en lo dispuesto por Dios en cuanto a que se permite el divorcio en los casos de adulterio, el cónyuge puede tener en cuenta la opción de liberarse de su pareja (Mateo 19:9).

Si no acepta esa liberación, ni cree en ella, no expresará plenamente su ira por miedo a perder a esta persona tan importante. Si cree que debe permanecer con el infiel por razones espirituales o económicas, no se recuperará. No podemos ser tremendamente sinceros con alguien a quien necesitamos para sobrevivir.

Lo ideal es que use este poder que acaba de hallar para restaurar la relación y no para acabarla de destrozar y después desecharla como una lata de refresco. El principal beneficio de este poder es que crea una igualdad en la relación entre los cónyuges; ahora pueden tratarse entre sí como iguales (por lo general, a diferencia de lo que sucedía antes de la aventura).

Las garantías
Una de las primeras cosas que quiere un cónyuge airado y en duelo es la garantía de que esto nunca vuelva a pasar. Muchas veces, los cónyuges cristianos piensan que si logran que su pareja infiel pase al altar, confiese su pecado frente a la congregación, lea la Biblia a diario, sienta la convicción del Espíritu Santo o la iglesia lo discipline, todo va a ir bien. Sin embargo, nada podría estar más lejos de la verdad.

Algunas de estas prácticas, o todas, serán adecuadas, pero ninguna va a garantizar lo que el cónyuge herido anda buscando. Lo más cercano a la garantía de que el infiel no se vaya a descarriar de nuevo es que él mismo sienta plenamente el dolor que le ha causado a su cónyuge herido. Quiero subrayar este punto: las promesas de «portarse bien» no duran mucho; tampoco duran los límites artificiales, como el de ir directo a casa todas las tardes después del trabajo. *El único remedio duradero es que el infiel sienta la agonía que le ha causado a su cónyuge.* Si en verdad ama a su pareja (y casi siempre es así en lo más profundo de su ser; por eso se casaron y por eso él regresó), esto lo va a herir tanto que no va a querer herir de nuevo a su ser amado.

Sin embargo, esto de hacer que el infiel experimente el dolor del cónyuge no se va a producir de inmediato; podría llevar meses. Recuerda: la recuperación después de la aventura tarda tanto tiempo como el que tardó el cónyuge infiel en involucrarse en la misma. Así que espera un tiempo para que el infiel sienta la angustia de su cónyuge.

Obligarle a escoger

No estoy a favor de esperar a que una aventura siga su curso normal. No es nada útil prolongar la agonía ni el engaño. Necesitas comenzar la labor de restaurar el matrimonio y muchas veces el enfrentamiento es el primer paso. Hacer esto ayudará al cónyuge a recuperar algo de su propio respeto y superar sus sentimientos de indefensión. Si el cónyuge se entera de la aventura, recomiendo una intervención, que es un enfrentamiento programado para ayudar al infiel a sentir el dolor de su cónyuge y obligarlo a actuar.

El cónyuge, con sus acciones y su comunicación en esta encrucijada, pone fin al statu quo de la aventura desde el punto de vista del infiel. En otras palabras, hasta ahora el infiel ha podido tener la amante y la esposa. Ahora ha llegado el momento de que escoja, o bien dejar a su pareja ilícita y restaurar el matrimonio, o perder por completo su relación matrimonial. A partir de este punto, no puede «quedarse con el pan y con la tarta»: *tiene* que escoger entre el cónyuge y la pareja ilícita.

Traer al infiel a este punto de decisión es algo que se puede hacer de manera oral o escrita, como demostramos aquí. La esencia de lo que el cónyuge le debe comunicar al infiel es que ahora *él* es quien debe dar el siguiente paso. El cónyuge lo libera por completo para que decida (con todas las consecuencias), pero ya se acabó el tiempo de «ver los toros desde la barrera». O bien el infiel decide volver a su cónyuge, abandonando a su pareja ilícita, o se habrá acabado el matrimonio.

Es importante que te prepares de manera adecuada para este proceso con otra persona, de preferencia un consejero capacitado, un pastor o un amigo de confianza que pueda ayudar a guiar la intervención. También te recomiendo de forma encarecida la lectura del libro *El amor debe ser firme*, por James Dobson[3].

Algunos puntos a tener en cuenta mientras consideras esta opción:

1. Solo tendrás una oportunidad de hacer esto. ¿Te parece que es el mejor momento?
2. Esta es la declaración máxima de liberación. ¿Lo dices de verdad, o solo tratas de manipularlo con la culpa y el temor?

3. ¿Estás dispuesto en verdad a ir por la vida sin el infiel si escoge a su otra pareja en lugar de escogerte a ti? La intervención va a «exigir una acción inmediata» y forzar al infiel a escoger. Por supuesto, un curso de acción sería que se fuera con su pareja ilícita, pero eso podría suceder también hasta sin intervención.

Esas preguntas son fuertes, y tu decisión respecto a obligar al infiel a escoger casi siempre tomará forma mientras resuelves tus sentimientos particulares con respecto a la situación. No hay una sola respuesta perfecta que sirva para todas las situaciones. Lee la carta que pongo a continuación como ejemplo, y piensa en cómo la adaptarías a tu situación.

Querido Richard:
Esta carta es la más difícil de las que he escrito jamás. Tú eres el amor de mi vida, y pensaba que yo era el amor de tu vida. Sin embargo, me comienzo a preguntar si no estaría equivocada.

Ahora, con la revelación de tu aventura con Julie, ya no sé lo que es cierto.

¿Acaso los dieciocho años que pasamos juntos solo fueron una mentira?

¿Tengo una pesadilla justo ahora al tratar de creer que has estado con ella de manera furtiva durante casi un año? En mi corazón, todo me parece un mal sueño, pero en mi mente sé que es cierto.

He tenido mis fallos como esposa. Lo sé. Y estoy dispuesta a trabajar en ellos. Aun así, en esta encrucijada, la más difícil de nuestra relación matrimonial, quiero decirte con toda claridad que te libero a fin de que seas tú el que decidas.

Te amo mucho, e hice un compromiso ante Dios prometiéndote que te amaría a ti, y solo a ti, para siempre. No obstante, el verdadero amor lo que hace en realidad es dejar libre a la persona amada.

Tengo la esperanza de que decidas quedarte conmigo como mi esposo, pero no querría que lo hicieras por compasión al pensar en lo mucho que me afectaría tu partida. Si por fin decides irte, sería algo muy difícil para mí, pero soy adulta y sé que Dios me ayudará a recuperarme. Al final, seguiría adelante con mi vida.

Si decides regresar al hogar, quiero que sepas que estoy dispuesta por completo a aceptar mi responsabilidad en cuanto a volver a enderezar nuestro matrimonio de una manera que sea más satisfactoria para ambos. Sé que necesito hacer cambios personales para que cualquier relación futura tenga éxito. También sé que si decides conmigo salvar nuestro matrimonio, es muy probable que la recuperación de los dos sea lenta, difícil y dolorosa.

Con toda seguridad, los dos vamos a sentir el deseo de echarlo todo a rodar en medio del camino, y resolver nuestros problemas nos va a forzar hasta el máximo de nuestra resistencia. A pesar de eso, te ofrezco comprometerme en este proceso, y espero y oro para que te me unas en él.

Sin embargo, tú también eres un adulto y tienes la libertad de marcharte, si eso es lo que deseas en realidad. Solo te pido que, si decides irte, cumplas con tu decisión de una manera adecuada y sin engaños.

Me parece que esta carta expresa con claridad mis verdaderos sentimientos, y te doy las gracias por haberme escuchado. Te pido que escudriñes tu corazón y tomes en un futuro próximo una decisión sobre si quieres restaurar nuestro matrimonio o no.

Richard, cualquiera que sea tu decisión definitiva, te deseo lo mejor.

Con amor,
Ashley

Ten cuidado con tus motivaciones. Debes sentir lo que dices y decir lo que sientes. Por ejemplo, debes estar dispuesta a dejar en libertad a tu cónyuge, si eso es lo que dices en tu carta. *No lo fuerces a escoger con la única motivación de conseguir una reconciliación*. Está bien desear la reconciliación, pero si ese es tu único motivo, lo estarás manipulando. Tiene que haber autenticidad en lo que digas cuando liberes a tu cónyuge para que tome sus propias decisiones.

¿Y si no puede o no quiere tomar una decisión? ¿Qué debes hacer tú, el cónyuge fiel, en esa situación? En realidad, solo tienes dos opciones antes de pedir el divorcio. (1) Puedes decidirte a aceptar a tu cónyuge y dejar que la aventura siga su curso. No serías la primera cristiana cuyo esposo tiene una amante. Es más, en muchas culturas, esto se tolera. No estoy apoyando necesariamente esto como la mejor opción, pero en algunos casos lo es, dadas las circunstancias, como son los niños pequeños, la necesidad económica y otras más. (2) Por otra parte, muchas mujeres nos informan que no pueden aceptar a sabiendas la existencia de una amante. Es demasiado doloroso para su amor propio. A estas mujeres les sugeriría una separación. Esta opción debe exigir una protección económica para el cónyuge. Por lo general, requiere de asistencia legal. Exige que se mantengan numerosos registros (a fin de protegerte en el futuro, si el resultado final es el divorcio).

FASE D: RECONEXIÓN Y RECUPERACIÓN

La fase de reconexión se explica, en esencia, en el resto del libro, así que no voy a entrar en muchos detalles aquí.

Es difícil decir con exactitud cuándo comienzan y terminan la reconexión y la recuperación para el cónyuge. Es evidente que podemos ver el inicio de la reconexión cuando comienza a calmarse la etapa previa (la angustia). Sin embargo, el momento exacto en el que termina varía en gran medida. Por ahora, hay unos pocos puntos que merecen nuestra atención: el marco de tiempo adecuado, la necesidad de alcanzar a otras personas y la reconstrucción de tu intuición.

El margen de tiempo

El sufrimiento siempre necesita tiempo para sanar. La reconexión le toma a la esposa más o menos el mismo tiempo que le tomó en un principio al infiel desconectarse de ella a fin de involucrarse en su aventura. Durante este tiempo, vas a experimentar los síntomas comunes de ataques de llanto, momentos de depresión y estallidos de cólera, pero serán mucho más tolerables que antes.

Serán muchas las largas conversaciones que tendrán hasta las dos de la madrugada. Aún habrá sufrimiento, alejamiento y aislamiento, aunque ustedes dos se vayan acercando poco a poco. Los capítulos 10 y 11 se centrarán en una serie de ejercicios de intimidad y reconstrucción de la confianza que son útiles en este sentido.

La confesión del secreto

Puede ser útil que cerca de las secciones intermedias y finales del proceso de recuperación, siempre que ambos estén preparados, que le confiesen su secreto a otra pareja. No les va a ser fácil, pero es tan terapéutico que lo recomiendo mucho. Se podría hacer en forma de testimonio, o como un aliciente para otra pareja que esté en medio de su propia lucha.

Cualquiera que sea el caso, una vez que confiesan esta gran devastación, habrán pasado por la peor parte. Estarás logrando una recuperación si te sientes lo bastante segura con tu cónyuge como para hablar del tema con otros. Esta acción es un cumplimiento de 2 Corintios 1:3-4: «Alabado sea el Dios y Padre de nuestro Señor Jesucristo, Padre misericordioso y Dios de toda consolación, quien nos consuela en todas nuestras tribulaciones para que con el mismo consuelo que de Dios hemos recibido, también nosotros podamos consolar a todos los que sufren» (NVI).

La reconstrucción de tu intuición

Una de las pérdidas que se producen en la infidelidad es la que sucede cuando la esposa deja de confiar en sí misma. Las preguntas como «¿Por qué no me di cuenta de lo que iba a suceder?», o «¿Cómo podría hacer eso sin que yo lo supiera?» son representativas de muchos de los pensamientos que pasan por la mente de la esposa. Cuando los dos comiencen a identificar los factores que contribuyeron a la existencia de esa aventura, tu sentido de intuición y de confianza en ti misma comenzará a volver. Hay unas razones por las que se produjo esta aventura, y ese es el asunto que ustedes dos necesitan analizar. A menos que seas demasiado dura contigo misma, parte de lo que se necesita para tener un buen matrimonio es dejar a un lado las dudas para confiar en tu esposo. Tú lo hiciste, te traicionaron, y ahora tienes

que reconstruir esa confianza en tu cónyuge y también la confianza
en ti misma que se llama intuición.

LO QUE TENEMOS POR DELANTE

Ahora que vimos los principales pasos que deben dar tanto el infiel
como su esposa en el camino de la recuperación, llegó la hora de
lanzarnos a la labor detectivesca más intensiva del proceso. En
el próximo capítulo veremos cómo se descifra «el mensaje de la
aventura».

El mensaje les será útil a ambos mientras tratan de reconstruir un
matrimonio saludable. Explica de una forma muy concreta por qué
se produjo la aventura, y les muestra de qué manera deben revisar y
reprogramar su relación en el futuro.

Notas
1. Paul R. Peluso, editor, *Infidelity: A Practitioner's Guide to Working with Couples in Crisis*, Routledge, Nueva York, 2007, pp. 73-74.
2. Dra. Jennifer P. Schneider, *Back from Betrayal: Surviving His Affairs*, Harper & Row, San Francisco, 1988; también bajo el título de *Back from Betrayal: Recovering from His Affairs*, Hazelden Foundation, Center City, MN, 1989; Ballantine, Nueva York, 1990.
3. James Dobson, *El amor debe ser firme*, Editorial Vida, Miami, FL, 1990.

8

¿Por qué?
El descifre del mensaje de la aventura

al vez la más dolorosa de las preguntas a las que se tiene que enfrentar el cónyuge noche tras noche, día tras día, después de la revelación de la aventura sea ¿Por qué?

¿Por qué a mí, Señor?

¿Por qué ahora?

¿Por qué él me hizo esto?

¿Por qué con ella?

Y así sigue hasta el infinito. Esta interminable tortura puede seguir a la persona traicionada y, hasta cierto punto, al traidor también. Para él las cosas tampoco están demasiado claras.

La pregunta «¿Por qué?» ocupa un lugar preponderante y a veces parece casi incontestable. Con todo, la identificación del «mensaje de la aventura» es clave para hacer un progreso duradero y real hacia la recuperación. Ambas partes deben trabajar juntas para tratar de descubrir el mensaje. Por lo general, la situación es tan complicada que cavar para hallarlo exige una auténtica determinación.

El mensaje de la aventura es lo que el infiel quiere que el cónyuge sepa acerca de sí mismo y del matrimonio. La meta a la que ambos deben llegar es: ¿qué apoyo emocional y físico recibió el infiel en la aventura que no estaba a su alcance en el matrimonio?

Por la razón que fuera, antes de descarriarse, el infiel se sentía incapaz de expresar con palabras el mensaje de forma adecuada. Por eso se lo «dijo» al cónyuge mediante sus acciones. Es posible que el infiel intentara hablar del tema antes de la aventura, pero (1) no tenía los recursos emocionales ni comunicativos para identificar lo que quería decir en realidad, (2) ni siquiera era consciente de lo que sentía por dentro, o (3) la esposa negó o le restó importancia a lo que le decía el infiel.

Por supuesto, el mensaje es único en cada pareja, según su relación en particular. Sin embargo, la mayoría de los mensajes contienen una combinación de los componentes siguientes. Los expresé en primera persona del singular; tú los podrías probar a ver si se ajustan a tu situación, y en especial si sirven para llenar los espacios en blanco con tu necesidad o tu problema en particular:

- Me estoy sintiendo solo y temo que me vayas a dejar. En toda mi vida, nadie se ha quedado cerca jamás para darme su apoyo, y de seguro que tú tampoco lo harás.
- Por dentro, me siento como un niño, pero temo que no sea apropiado actuar de esa manera en tu presencia.
- Tengo este _____ secreto que quiero contarte, pero temo que te burles de mí o que trates de cambiarme.
- Últimamente he tenido una serie de experiencias que, si te hablara de las mismas, me temo que harían que me respetaras menos.
- Sé que cada vez siento menos felicidad, pero no sé de qué manera cambiar y le temo a la forma en que vayan a terminar las cosas.
- Algo _____ me está pasando y necesito hablar del tema, pero no puedo, así que pienso que nuestro matrimonio necesita cambiar. Ambos necesitamos ayuda para comunicarnos el uno al otro las cosas difíciles.
- Algo _____ es muy importante para mí, pero no quiero actuar como un niño, exigiendo que las cosas sean a mi manera. Tampoco quiero dar la impresión de que soy un limosnero, eso es humillante.

- Me parece que me estoy dando cuenta cada vez más de lo que somos cada uno de nosotros. Mientras más tú haces _____, más respondo como _____. Ha sido interesante observar todo esto, y aunque sé que a ti no te gusta que analice las cosas, pienso que eso es parte de la respuesta. Quisiera podértelo contar.

- Echo de menos todo el _____ que solía recibir en mi familia de origen, pero sé que tú piensas que son gente loca, así que me limito a guardarme para mí esa necesidad. Sé que en tu familia no acostumbraban a _____, y me imagino que yo me debería contentar con esa realidad, pero no lo logro. Necesito hablar contigo de esto, pero tengo miedo.

Hay muchos otros componentes del mensaje que ustedes dos necesitan explorar juntos. Lo importante es que no terminen de explorar el mensaje con demasiada rapidez. Su comprensión del mensaje se desarrollará durante el transcurso de su recuperación; el tiempo los ayudará a ir poniéndolo todo en orden.

Con frecuencia, la esposa no tiene ni idea acerca del mensaje mientras el infiel se encuentra en medio de la aventura o incluso un poco después; está tan confusa con el conflicto de emociones que lleva dentro que no puede ver con claridad. En cambio, para el infiel, el mensaje del matrimonio es cada vez más claro... a menudo sabe en su fuero interno por qué está buscando en otra parte la satisfacción de sus necesidades, y esa es la esencia del «mensaje».

Algo que complica las cosas desde el punto de vista de la esposa es que con frecuencia teme que al descifrar el mensaje, haya un cambio de papeles en cuanto a quién es el culpable de la infidelidad, y eso no le parece justo. En otras palabras, justo después de la revelación, la esposa ve de manera muy clara la palabra *culpable* escrita en el rostro del infiel. En ese momento, esta es la línea de pensamiento: *Él es el que se descarrió, y yo soy la inocente*. Sin embargo, cuando comience a distinguir las verdaderas influencias que lo llevaron a descarriarse, es necesario que la esposa acepte su parte de responsabilidad por lo sucedido. Muchas veces esta «responsabilidad» es una conformidad pasiva, un ajuste por parte de la esposa a los patrones, las exigencias y las expectativas del infiel. Este «ajuste» se vuelve insatisfactorio para ambos, y se contentan con menos de lo que cada uno se merece en realidad. Nadie es un cónyuge perfecto, y en el caso de la aventura, ambos han contribuido algo a la misma. La comprensión del mensaje de la aventura no solo le da al cónyuge una sensación de poder; al final, no solo ella entiende lo que obtenía su pareja en la aventura que no estaba presente en el matrimonio, sino que también le da una sensación de esperanza al infiel. En cuanto al infiel, la sensación de que lo está comprendiendo otra persona que no es su pareja ilícita es crítica para que se mantenga dentro del proceso de recuperación; de lo contrario, se sentirá tentado a echarse atrás y marcharse para siempre. Solo se quedará si siente que le comprenden de verdad. La necesidad de que le comprendan en medio de este sufrimiento y esta conmoción es crítica para que se mantenga alejado de los brazos de su pareja ilícita.

Manifestar empatía y comprensión ante el sufrimiento del infiel no equivale a justificar su conducta. No es «ablandarse» con la persona que ha actuado de manera inadecuada, ni es tampoco pasar por alto el pecado de adulterio; solo es una manera de mantener al infiel dentro del proceso de recuperación. Ya habrá un momento en el futuro para enfrentarse al pecado y lidiar con la culpa. Este es el momento de la comprensión y no de la condenación.

LAS DOS METAS CENTRALES PARA EL INFIEL Y SU ESPOSA

Al descubrir el mensaje de la aventura, se deben mantener con firmeza en la mente dos metas: una para el infiel y otra para la esposa. El infiel necesita sentir en lo más hondo lo que su infidelidad le ha causado a su cónyuge, y también necesita saber que su cónyuge está tratando de comprender que sus necesidades no se satisfacían en su matrimonio. El otro lado de la moneda es que el cónyuge necesita estar dispuesto a sentir las necesidades del infiel que no se satisfacían, y comprender también que, en este punto, él es quien tiene el poder de reparar o de romper el matrimonio.

Sin duda, la esposa está autorizada para disolver el matrimonio debido a la infidelidad, pero si se puede conectar de una manera profunda con el sufrimiento de su pareja, podría decidirse a trabajar en la sanidad y la restauración de su relación, y hay esperanza de que lo haga. Es posible que con frecuencia se haya sentido como que no podría hacer nada en el matrimonio, pero ahora es la que lleva la ventaja. A menudo, este descubrimiento solo fortalece y le da esperanza a la esposa, después de haber superado la conmoción y la humillación de la etapa inicial de revelación.

De igual manera, si el infiel puede conectarse de manera profunda con la esposa y el punzante dolor que le ha causado su traición, se sentirá muy motivado a nunca más volverle a causar un dolor así a su ser amado. Sin embargo, la conexión entre el infiel y su esposa al principio del episodio de infidelidad suele ser dura, cuando menos. Eso forma parte del porqué se produjo la aventura.

Un problema común es que el infiel no quiere que la esposa cambie. Es como si le estuviera diciendo, al resistirse al fuerte trabajo de la reconciliación: «Te di meses, incluso años, para que cambiaras, y no quisiste. Ahora que he encontrado otra persona que está dispuesta a satisfacer mis necesidades, no quiero que tú cambies solo para que podamos volver a estar juntos. Además, ¿cómo sé que vas a cambiar de manera permanente? Sospecho que todo esto solo lo estás haciendo para manipularme y lograr que deje ir a alguien que es muy especial para mí». Sin embargo, a pesar de esos sentimientos por parte del infiel en el conflicto, la esposa necesita sentirse libre para poner en marcha los cambios que le parezcan adecuados.

Una de las claves para el procesamiento de la aventura en esta etapa consiste en identificar los déficits de intimidad en uno de los miembros de la pareja o en los dos. *Todas las aventuras de la segunda clase se deben sobre todo por los déficits de intimidad.* Aun cuando el enfoque del infiel parece estar en lo erótico, esto siempre se reviste de una necesidad por cercanía emocional; eso es lo que define a la aventura con participación (segunda clase). Necesitan identificar en pareja cuáles son los déficits de intimidad que hay entre ustedes y lo que pueden hacer al respecto.

Mientras más evidentes sean los déficits existentes en el matrimonio, más evidente será el mensaje de la aventura. Muchas veces, la esposa conoce el mensaje meses, o incluso años antes, pero o bien se niega a cambiar la situación o es incapaz de cambiarla. Tal vez tenga la esperanza de que los otros patrones positivos en el matrimonio compensen el déficit reconocido. Sin embargo, eso no va a suceder. Ejemplo de esto es un esposo que sabe muy en su interior que es un trabajador compulsivo y alejado de su esposa, pero piensa que la lujosa casa que le ha conseguido compensa el sufrimiento que le ha causado a la esposa. Es incapaz de cambiar sus patrones de comportamiento o se niega a pedir ayuda. Su lema es: «Solo corre más rápido y es probable que el problema desaparezca». La triste verdad es que eso no va a suceder.

Es necesario que los déficits se vean como entidades separadas que existen hasta que se enfrenten o mejoren de manera directa. Nunca se limitan a desaparecer con el paso del tiempo, ni al desear que lo hagan. Algunas veces, uno de los dos en la pareja, o ambos, tratará de negarlos con el fin de enfocarse en los aspectos positivos que tiene su relación, pero los déficits reales siguen presentes y representan un riesgo de caer en la infidelidad.

Esta sensación de que hay necesidades insatisfechas es parte de todas las relaciones en las que participamos. Ninguno de nosotros es perfecto, ni tampoco capaz de satisfacer todas las necesidades del otro. Aun antes de la caída, cuando Adán era todavía una criatura perfecta, tenía necesidades insatisfechas. Jehová pronunció la primera frase negativa de las Escrituras acerca del estado del ser humano cuando dijo: «No está bien que el hombre esté solo» (Génesis 2:18). Por lo tanto, hay un vacío dentro de cada uno de nosotros que solo puede llenar un cónyuge. Ni siquiera un caminar perfecto con Dios satisfizo todas las necesidades de Adán; también necesitaba una relación humana clave[1].

La razón de ser de este capítulo no es hacer que tú o tu pareja se sientan culpables. Amontonar acusaciones encima de la vergüenza y el fracaso es más de lo que pueden soportar la mayoría de los seres humanos. Por lo general, ya hay suficiente vergüenza y culpabilidad en el ambiente para que duren una o dos generaciones. En lugar de hacer algo así, el propósito es solo descubrir las justificaciones que el infiel utilizó para descarriarse.

La lógica de esta meta es que el infiel sienta por fin que se le escucha y se le comprende, e incluso que se le justifica un poco. Y que al final también, la esposa herida sienta el poder y la influencia en la vida de su esposo. El mensaje de la aventura es el fundamento para una reconciliación verdadera. No obstante, si no se oye ese mensaje, el matrimonio tiene pocas esperanzas de sobrevivir.

Es de esperar que consigas alguna ayuda en este proceso. Muchas veces, un amigo íntimo puede ayudar al cónyuge que sufre a comprender el mensaje. Aprovecha las amistades íntimas que tengas para que te den ese apoyo. Si no encuentras nadie que se ofrezca a ayudarte, no dejes que eso te inhiba; acude a un amigo tuyo de tu mismo sexo y pídele ayuda. Muchas veces, la angustia que trae consigo la aventura se hace más profunda debido a una sensación interna de fracaso por parte del cónyuge. Sabe que si hubiera hecho las cosas de una manera diferente, tal vez no estaría ahora en esta situación. No obstante, es tan difícil ponerlo todo en orden durante esta etapa que se necesita con urgencia algún tipo de ayuda.

Otra advertencia para la esposa herida: no deseches con demasiada rapidez ciertas necesidades del infiel. Algunas veces puedes llegar a pensar que el infiel está inventando razones para justificar su conducta y soñando déficits que no existen en el matrimonio, pero comprende que sus sentimientos de culpabilidad y de fracaso lo fuerzan con frecuencia a destacar todas y cada una de las fallas que pueda haber en el matrimonio. En lugar de desechar de plano una lista de este tipo, trata de encontrar uno o dos temas principales que puedan surgir de todo ese desorden incoherente de cosas. Cuídate para no ponerte demasiado a la defensiva: te podrías estar perdiendo un mensaje clave.

Por ejemplo, un infiel podría decir que todo lo que quería era un cambio. Puede que niegue la presencia de algo más profundo o más íntimo en la motivación que lo llevó a descarriarse. Sin embargo, según mi experiencia, raras veces ese es el caso, en especial entre cristianos. La gente no se limita a cambiar de pareja como se cambia de ropa para los acontecimientos sociales. Por lo general, hay una razón más profunda y cargada de emoción detrás de la decisión de traicionar los votos matrimoniales, y la meta conjunta de ambos consiste en desenterrar esa razón. Mantente transparente y persiste en el deseo de descifrar el mensaje. Con el tiempo, saldrá a la superficie.

Un método útil para averiguarlo es el de escribir una lista con las declaraciones que hace el infiel. A menudo, es posible que haya muchas declaraciones que no reflejen las necesidades del infiel, como

«Estás muy gorda», pero no dejes que eso te desaliente en la búsqueda del motivo de las necesidades insatisfechas del infiel; si buscas con minuciosidad y durante el tiempo que haga falta, haciendo ese duro trabajo de comunicación, se hallarán.

LOS LENGUAJES DEL AMOR: GRANT, MICHELLE Y TÚ

La mayoría de nosotros conoce algunas cosas que desearíamos de nuestro cónyuge, pero que raras veces recibimos. (Es posible que la longitud de esa lista coincida con la salud relativa de nuestro matrimonio). Lo irónico de esto es que las necesidades insatisfechas en nuestra propia vida nos llevan a darle amor a nuestro cónyuge de unas maneras que disfrutaríamos, pero de una forma que tal vez le resulte ajena a la otra persona.

Ejemplo de esto sería un esposo que valora la seguridad económica y hace cuanto sea necesario para proporcionarle una economía de abundancia a su esposa. Sin embargo, ella apenas se preocupa por el dinero y preferiría estar más cerca de él aunque fueran más pobres, que estar distante y ser rica. El hecho de que no satisfagamos las necesidades de nuestro cónyuge, o los intentos por satisfacer las suyas al amarlo de una manera que solo disfrutamos nosotros, produce justo lo contrario de lo que intentamos: frustración y enojo.

Varios escritores e investigadores han ayudado a identificar los diversos lenguajes del amor que comprendemos todos[2]. Los lenguajes del amor solo son vías de comunicación: las formas en que sentimos que nos demuestran afecto, o nos sentimos enamorados de alguien, valorados por alguien, o comprendidos por otra persona. Puesto que casi todos sabemos lo que nos gusta y lo que nos hace sentir especiales, tenemos la tendencia de expresar nuestro amor por otra persona de esa misma forma. Sin embargo, eso no suele resultar. En esencia, cuando le tratas de ministrar a tu pareja a tu manera, es que no has aprendido su lenguaje del amor. Es más, ¡parte del mensaje de todas las aventuras es que otra persona ha logrado descubrir el lenguaje del amor que usa tu cónyuge!

Tomemos el caso de un abogado con una carrera prometedora, Grant, y su esposa, Michelle. Descubrieron esta verdad de una forma dolorosa que casi se parece (hasta cierto punto como humor negro) a un episodio de la clásica serie televisiva *I Love Lucy*.

Grant era un joven abogado que acababa de aprobar el examen de certificación. Michelle era una madre muy ocupada de tres niños pequeños. Sabía que tenían por delante un brillante futuro, pero el presente le parecía deprimente y aplastante.

Michelle compartía muy poco tiempo de calidad con Grant. Cuando estaba disponible, ella estaba ocupada con los niños; cuando ella estaba disponible (mientras los niños dormían la siesta, por ejemplo), él estaba trabajando o viajando para tener reuniones con sus clientes. Michelle sabía que sus otras amigas tenían esa misma frustración, pero eso no le servía de consuelo; seguía necesitando más tiempo con su esposo.

Un día comenzó a maquinar algo para hacer una salida ellos dos solos. *Esto será una forma perfecta de que nos volvamos a conectar*, pensaba feliz. Hizo un trato con unos amigos que aceptaron cuidarles los niños para después hacer un intercambio y cambió su auto por la furgoneta de otra familia durante el fin de semana para poder llevar sus bicicletas. Michelle recordaba cuando montaba bicicleta de niña en la playa. Los agradables recuerdos de esos tiempos, combinados con el romance de un pueblecito de playa hacia la mitad de California, le resultaban muy atractivos.

Con solo pensar en ese fin de semana, a Michelle le desaparecían los sentimientos de depresión que ya se habían vuelto crónicos. Estaba absorta en la planificación de la salida, y decidió que fuera una sorpresa secreta para Grant. Hasta él comenzó a notar su espíritu alegre y le alivió saber que ella se estaba sintiendo mejor. No le preguntó qué la hacía sentirse así (observa la falta de comunicación); solo notó la mejora sin hacer comentarios, mientras corría agitado de una responsabilidad a otra. *La actitud de Michelle está mejorando de verdad; un fastidio menos para poder ir más rápido.*

Puesto que la fecha del fin de semana estaba a varias semanas de distancia, la feliz expectación de Michelle fue en aumento. Mientras veía cómo Grant estaba cada vez más ocupado, ella pensaba con frecuencia en lo satisfecha que se sentía de haber planificado aquel interludio. Grant necesitaba un tiempo de tranquilidad, y ni siquiera sabía lo que iba a suceder. Cada vez que pensaba en la sorpresa que le iba a dar, casi se reía en voz alta.

Grant, por su parte, interpretaba el cambio en la actitud de su esposa como un permiso para trabajar un poco más de tiempo y con un poco más de intensidad. Comenzó a pasar horas extras en la oficina, cosa de la que se dieron cuenta sus jefes, quienes lo elogiaron por su dedicación. Así, Grant se sintió libre para dedicarse a su trabajo con mayor intensidad aun. Al fin y al cabo, su esposa parecía estar feliz y sentirse comprensiva con respecto a todo eso.

Por su parte, a Michelle le comenzó a preocupar que Grant hiciera planes para trabajar el fin de semana en que iban a hacer su salida, así que como madre brillante, joven y llena de energía que era, llamó a la oficina de él y habló con su secretaria. Entre ambas hicieron un plan para que Grant tuviera el viernes libre de citas. El plan era que Michelle se apareciera por la oficina en la furgoneta con las maletas hechas y las bicicletas amarradas, recogiera a Grant y se lo llevara. Ella y su secretaria se reían en el teléfono mientras lo planificaban todo; a las dos les encantaba lo que iba a suceder.

Mientras tanto, Grant estaba comenzando a ver que un caso se estaba volviendo espinoso en especial. El caso lo consumía día y noche, y estaba anhelando tener una buena cantidad de tiempo para poderse dedicar por completo a la preparación del juicio. *Siempre me están interrumpiendo; me gustaría poder hacer un esfuerzo sostenido para tener este caso en forma cuando llegue el juicio la semana próxima,* pensaba preocupado. Trató de trabajar un poco más fuerte y con mayor sagacidad, pero el reloj parecía ir demasiado rápido, y se le hizo cada vez más evidente que iba a tener que cancelar citas para poder tener el caso listo cuando llegara la fecha del juicio.

Un día, a principios de la semana de la gran sorpresa, Grant decidió consultar su libro de citas. Se preguntaba: *¿Cuáles serían las citas más fáciles de posponer para crear más tiempo de trabajo?*

Se sintió encantado cuando vio que no tenía ninguna cita el viernes en todo el día. *¡Qué secretaria más eficiente tengo!,* pensó con satisfacción. Sintió una inmensa gratitud durante un instante por su maravillosa capacidad para planificar por adelantado. *Esto está funcionando de manera estupenda.*

A la mañana siguiente, estaba tan ocupado y tan cansado de la noche anterior, que se le olvidó darle las gracias por su dedicación. Lo pensó de nuevo esa tarde después que ella se marchó y se escribió una nota para asegurarse de que le daría las gracias al día siguiente. Cuando le dijo de pasada unas pocas palabras de agradecimiento, pensó que la sonrisa de ella era demasiado grande. Eso lo hizo sentir mejor aún, pues sabía que los abogados tenían la tendencia a ser más bien bruscos, y no quería caer en esa rutina. *Me alegra que agradeciera mi elogio.*

A lo largo de todo el jueves, Grant fue dejando para después las decisiones pequeñas acerca del caso, pensando que les prestaría especial atención el viernes. Eran demasiado importantes para apresurarse más de la cuenta con ellas, y cada vez estaba más encantado de disponer de todo un día para trabajar en el caso. *Estoy seguro de que lo puedo terminar en unas doce horas más*, pensó.

El jueves por la tarde, cuando llegó a su casa, Michelle parecía estar más alegre que nunca. Grant se veía tan agotado que ella se sintió tentada a decirle todo allí mismo, pero decidió esperar a presentarse en la oficina el viernes por la mañana, tal como lo planificaron ella y la secretaria de él. Eso le alegraría más, razonó.

A media mañana, después de la hora punta, Michelle se dirigió a la oficina. Se había tomado mucho tiempo para acicalarse, y había llevado temprano a los niños para la casa de su amiga. Tanto ella como la amiga que les cuidaría a los niños estaban felices y emocionadas. Su amiga llegó incluso a confiarle a Michelle que la envidiaba en secreto. Estaba segura de que su esposo nunca disfrutaría de una sorpresa así, e hizo la observación de que Michelle era muy afortunada por tener un esposo tan maravilloso como Grant.

Tan pronto como entró a la oficina, Michelle se dio cuenta de que había algo que no andaba bien. La secretaria parecía preocupada, y le explicó que Grant le había indicado que no podía tener interrupciones de ninguna clase. Absolutamente nada lo podía distraer. Hasta iba a pedir que le trajeran el almuerzo a la oficina.

La reacción inicial de Michelle fue sentir unas punzadas distantes de ira, pero no estaba dispuesta a permitir que nada la desilusionara ya en esos momentos. Sin duda, a Grant le encantaría su plan. Así que entró en su despacho y le reveló su sorpresa especial.

Antes que Grant y ella salieran juntos del despacho, ambos se sentían heridos y llenos de angustia.

El cuerpo de Grant fue al lugar de veraneo junto al mar, pero su corazón y su mente siguieron estando en el bufete de abogados durante todo el fin de semana. Detestaba montar en bicicleta, y detestaba sobre todo montarla por la playa. Ni siquiera las relaciones sexuales fueron tan buenas, y le dolía estar hiriendo a Michelle de manera tan profunda. Sin embargo, también estaba enojado porque ella no habló antes con él e hizo que desperdiciara un tiempo tan valioso sin consultarle.

De niño, a Grant nunca le habían gustado las sorpresas. Siempre se habían presentado muchas mientras crecía en su familia disfuncional; ahora había llegado a detestar todo lo que fuera imprevisible. Sus tiempos favoritos eran los momentos de silencio que pasaba solo, haciendo lo que quería hacer. Amaba a Michelle, pero le parecía que todo el mundo estaba siempre necesitando algo de él, y el fin de semana era solo una repetición de ese asunto tan trillado. Fingió que lo disfrutaba y, a decir verdad, hubo un par de momentos en los que se olvidó en realidad del trabajo. La puesta del sol era hermosa, mientras la contemplaba sentado en el balcón de aquel condominio alquilado.

Michelle había decidido tomar una siesta antes de la cena. Mientras se dormía, pensó en lo extraño que era que a Grant siempre le gustara tanto estar solo.

Ambos regresaron a casa desilusionados: él, atascado aún con la preparación del caso para los tribunales; y ella, muy desilusionada al final de sus grandiosas expectativas de lograr mejorar su conexión mutua. Michelle había tratado de amar a Grant de la manera en que a ella le gustaba que la amaran. La crianza de los niños era a veces una dura rutina diaria, y no cambiaba mucho de un día para otro, así que necesitaba un cambio de ritmo y dio por sentado sin razón que eso mismo era lo que quería Grant. En cambio, él estaba trabajando para preparar un juicio que tendría lugar muy pronto. A ella le encantaban las sorpresas; a él le encantaba la estabilidad. Ella quería atención; él quería soledad. Ella quería jugar; él quería trabajar. Estaban en longitudes de onda diferentes. El fin de semana, en lugar de acercarlos, todo lo que hizo fue alejarlos más.

Aunque Grant y Michelle no terminaron siendo víctimas de la infidelidad, hasta donde yo sé, ejemplos como el suyo muestran cómo son los ladrillos que levantan las paredes para separar a las parejas. Aunque no se divorciaron, estos intentos abortados por amarse son los que ponen a las parejas en el riesgo de caer en una aventura.

Si le quieres demostrar un amor verdadero a tu cónyuge, debes hacerlo de una manera que él reconozca, en su lenguaje de amor, y lo hagas sentir comprendido, valorado y atendido. Necesitas comprender cuál es su lenguaje de amor, y el material en el resto de este capítulo te facilita una manera de descubrirlo. No obstante, para aumentar la eficacia del material, haz un alto primero a fin de hacer el siguiente inventario.

Tu lenguaje del amor

Escriban veinte cosas que su cónyuge les hace, o hace para ustedes, que los hacen sentir especiales, queridos, valorados y comprendidos. Sí, dije veinte. Cada uno de ustedes, tanto el esposo como la esposa, deben escribirlas por separado en un papel y guardarlas para un ejercicio que haremos más adelante en este mismo capítulo. Pueden ser cosas que ya están sucediendo en su relación, cosas que se hicieron en los tiempos de su noviazgo o cosas que nunca se han practicado en el matrimonio. Es una especie de lista de deseos. El infiel necesita asegurarse de incluir las cosas que hicieron que la aventura fuera tan especial para su persona.

En mi experiencia, los primeros seis a diez asuntos suelen ser muy fáciles de encontrar para las personas, pero de los diez a catorce últimos son los más difíciles. Si no sabes lo que te hace disfrutar, ¿cómo se te ocurre pensar que tu esposa va a poder adivinarlo? Ella no sabe leer la mente, así que te toca a ti decírselo.

Hagan la lista antes de leer el resto de este material; le van a sacar mejor partido de esa forma. No se sientan mal si no pueden escribir los veinte de inmediato; solo se trata de un punto de partida y de la base para un importante ejercicio destinado a determinar cuál es el mensaje de la aventura.

Por lo tanto, marquen este lugar en el libro, y vayan por papel y pluma.

Los lenguajes del amor se pueden agrupar en cinco temas comunes, de los cuales hablamos a continuación. Si has tratado de encontrar veinte cosas que tu cónyuge podría hacer por ti y no lo has logrado, tal vez esta información te sugiera más ideas. Si se aplican a tu situación en particular, adelante, y añádelas a tu lista.

1. Verbal

El primer tema se refiere a cualquier tipo de comunicación hablada o escrita que haya en tu lista. Aquí se puede incluir el recibir tarjetas, notas, poesías y otras formas de expresión escrita que aparezcan en tu lista. Con frecuencia, a las parejas les encantan las frases especiales que son importantes de forma significativa, o «apodos cariñosos» para cada uno de los dos; cada una de estas cosas y más pueden aparecer en tu lista. Todas las aventuras desarrollan códigos y frases de afecto que usan a menudo el infiel y su pareja ilícita, sobre todo en nuestra época de los correos electrónicos y los mensajes de texto.

2. Regalos / Tareas

Mediante regalos, el segundo lenguaje del amor dice: «Me he estado acordando de ti». Esta es la base del famoso lema publicitario «Cuando amas lo suficiente, envías lo mejor».

Si eso es lo que sientes, dilo. Casi todos nos sentimos especiales cuando hay pequeños regalos en el trayecto que nos recuerdan a la otra persona y lo que significamos para la misma. Esos regalos, en cuanto a sencillez, pueden ir desde dulces y chicles hasta tarjetas, perfumes, diamantes y salidas a cenar. No es el precio lo que hace que el regalo sea significativo; es la atención que tiene detrás.

Se ponen juntos los regalos y las tareas porque en ambos casos se exige que el cónyuge que da algo esté pensando en el otro. Casi todos sentimos que nuestro cónyuge nos quiere, si hace de forma inesperada una de las tareas de la casa encomendadas por lo regular a nosotros. En una aventura, es frecuente que los participantes hagan cosas el uno por el otro para cimentar la relación y la ayuda desde su propio mundo privado especial. Muchas veces el infiel llega incluso a hacer reparaciones en la casa de su pareja ilícita.

A la esposa herida le resulta muy difícil comprender esto, pero muchas veces ha contribuido a que su esposo no haga trabajos pequeños para ella. Solo hacen falta una o dos críticas sobre la forma en que su pareja hace una tarea, o la forma en que resultó algo, para que deje de hacer esos trabajos. La mayoría de nosotros no está dispuesta a persistir en hacer esos trabajos extras que no tenemos deseos de hacer, en especial si tememos que nos los van a criticar o nos van a hacer sentir ineptos después de terminarlos.

Una advertencia aquí: muchos de los que procedemos de ambientes en los que se hacía un gran énfasis en la ética protestante del trabajo, en realidad somos capataces más grandes de la cuenta. Cuando dejamos que se exagere esa ética y se salga de control, terminamos tratando a nuestros cónyuges como criados o peones. Si esto describe tu situación y forma parte del mensaje de la aventura de la que te tratas de recuperar, te hace falta escuchar esto; también necesitas establecer unos límites adecuados. Si tu cónyuge quiere que hagas una cosa tras otra y no le interesa que haya proximidad emocional, dile con delicadeza que puede ir a alquilar esas clases de aparatos con los que se hacen. Tú te casaste con él para estar en una relación, ¡no para ser una esclava!

3. El toque físico no sexual

En un matrimonio, muchas veces la pareja ha pasado de una gran cantidad de afecto físico en sus tiempos de noviazgo (que van desde tomarse de las manos hasta unas expresiones más extensas de afecto) a solo tener relaciones sexuales una vez casados. Esto es cierto en especial con respecto a las parejas cristianas que (como debe ser) evitaron las relaciones sexuales antes del matrimonio. Después que se convierten en «legales» cuando hacen los votos conyugales, es posible que las conviertan en su único medio de expresar amor. Todos esos contactos prolongados y esas expresiones sanas de afecto han desaparecido. Esto es una pérdida, sobre todo desde el punto de vista de la mujer.

Muchas veces, una aventura vuelve a avivar los sentimientos de enamoramiento solo debido a que, al menos en un inicio, no hay contacto no sexual. Tomarse de las manos, abrazarse, acurrucarse, caminar tomados del brazo y otros toques desenfadados, suelen aumentar la atracción hacia la pareja ilícita. Por eso, un mensaje para la pareja en recuperación podría ser este: «Hemos perdido esos contactos divertidos que teníamos a principios de nuestro romance».

Si este es el caso de ustedes, fijen un límite de tiempo para no tener relaciones sexuales de ningún tipo, y concéntrense en los toques físicos no sexuales para expresarse afecto. Entonces, más tarde, pueden volver a añadir el aspecto sexual. Conozco una pareja que decidió no tener relaciones sexuales durante todo un mes, concentrándose en otras formas de expresión. Esto hizo maravillas en su matrimonio.

4. La actividad erótica / sexual

Por cierto, la ropa, el lenguaje, la conducta, todo lo que sea provocativo para el cónyuge y de naturaleza sexual, forma parte del lenguaje erótico. Los varones en general afirman tener unos pensamientos y una actividad de tipo sexual más intensos que las mujeres en su adolescencia y en sus veintitantos años. La insatisfacción sexual puede ser un caldo de cultivo para la aparición de muchas otras desilusiones en el matrimonio.

Con frecuencia, la pareja exige demasiado en el aspecto de la actividad sexual. Esperan que sea la que resuelva los conflictos, los una más y los mantenga enamorados el uno del otro. Sin embargo, eso es pedir demasiado. Las buenas relaciones sexuales son una expresión de los tres aspectos anteriores (la solución de conflictos, la cercanía y el enamoramiento), pero de seguro que no satisfacen todas las necesidades en todos estos asuntos.

Es más, para el infiel, la relación sexual en la aventura muchas veces no han sido lo que la esposa herida piensa que fueron. Es común que los infieles informen que las relaciones sexuales no han sido tan estupendas, sobre todo en una aventura de la segunda clase. Esto tiene sentido, pues la aventura con participación tiene un alto componente emocional: las relaciones sexuales no tienen que ser tan buenas, puesto que ambos individuos participan de la aventura por muchas otras razones, aparte de esa.

Lo que no se está reconociendo es la clave de todas las relaciones matrimoniales que tienen éxito: el acto sexual no hace que las malas relaciones se vuelvan buenas; solo hace que las buenas se vuelvan mejores. La creación de una relación de calidad comprende mucho más que la abundancia de relaciones sexuales o de actividades eróticas. Con frecuencia, cuando hablo con parejas que luchan para lograr recuperarse, oigo decir a la esposa ofendida que era un aspecto importante del matrimonio y que se había convertido en una fuente de conflicto, de ira y de desaparición de emociones.

A menudo, las relaciones sexuales solo se han convertido en el medio que tiene uno de los cónyuges para sentirse cerca del otro. Si ese es el único camino a la cercanía, el aspecto sexual terminará deteriorándose bajo todo lo que se le está exigiendo, y entonces uno de los cónyuges entrará en la categoría de alto riesgo para una forma de conducta inadecuada. Casi todos los hombres y las mujeres quieren que se explore su persona más allá de su anatomía sexual; quieren cercanía sexual y comprensión de alma a alma.

Cuando los infieles hablan de la aventura, es típico que digan cosas como: «Yo le podía decir cuanto quisiera», o «Él escuchaba todo lo que yo decía», o «Entre nosotros no había secretos». Y la pareja ilícita dice acerca del infiel: «Yo lo sabía todo acerca de él; hablaba y hablaba, y yo lo escuchaba». Las parejas casadas sustituyen muchas veces esta clase de intimidad con las relaciones sexuales, causándose un grave perjuicio.

5. Los momentos centrados

¿Qué hacen juntos con el tiempo que tienen disponible? Tanto la cantidad de tiempo que pasen juntos, como el tipo de actividad que realicen, son importantes. Muchas veces las aventuras se centran en actividades sencillas que se hallan al alcance de toda pareja: un fin de semana lejos, una caminata por la playa, un almuerzo en un pequeño restaurante barato, un juego de tenis, unos ejercicios en el club, ver juntos una película o una conversación de diez minutos al final del día.

Los momentos centrados son los tiempo que solo pasan ustedes dos. La clave está en que no hay distracciones: no hay otras parejas, no hay niños, no hay responsabilidades de oficina que se mantengan acechando en la mente. No hay nada, sino solo lo que hacen ustedes dos.

Es probable que este lenguaje del amor en particular sea el primer barómetro indicador de que, como pareja, ustedes se están reconciliando como es debido: están comenzando a pasar más tiempo el uno con el otro, incluso si al principio lo único que hagan sea trabajar en sus «asuntos», hablar de cuestiones relacionadas con la aventura, o expresar emociones y sufrimientos relacionados con la experiencia. Al menos, es un tiempo enfocado. Tal vez sea la primera vez que hayan pasado un momento centrado intenso en meses o años. Más tarde, pueden comenzar a dedicar esos momentos centrados a cuestiones no relacionadas con la recuperación, pero no se precipiten; vayan paso a paso.

Tarea sobre los lenguajes del amor

Primer paso: Asegúrense de haber hecho la lista de las veinte cosas que los bendicen «en su lenguaje»; las cosas que su cónyuge podría hacer por ustedes y que los hacen sentir especiales, amados, apreciados o comprendidos. (Ya deberían haber hecho esto, pero si siguieron leyendo y no lo hicieron, deténgase ahora para hacer las listas).

Segundo paso: Tomen sus listas de veinte cosas y revisen cada una a la luz de los temas de los cinco lenguajes del amor. Transfieran cada una de ellas al gráfico que aparece en la página 166, marcando cada una de esta manera: «V» (verbal), «R/T» (regalos/tareas), «TNS» (toque no sexual), «E/S» (erótico/sexual) o «MC» (momentos centrados). Es posible que algunas de estas cosas parezcan necesitar más de una descripción, pero decídanse y traten de restringir cada una de ellas a uno solo de los lenguajes. Por el momento, no se enseñen sus gráficos el uno al otros; más tarde las van a comparar. Después que clasifiquen todos y cada uno de sus veinte asuntos dentro de una de las descripciones, calculen las veces que aparecen cada una de las categorías.

La mayoría de las personas descubre que tiene un lenguaje primario del amor: la categoría con la puntuación más alta. Es frecuente que vaya seguida de otra, o algunas veces hasta dos, que ocuparían el segundo lugar. Por lo general, dos o tres de las categorías no significan gran cosa para una persona. Cuando uno de los cónyuges trata de expresar su amor con esos lenguajes, si es que lo intenta, su cónyuge le diría: «Eso no me gusta», o «Está bien, pero...».

Este ejercicio de determinar lo que es importante para ti y para tu cónyuge es esencial para la reconstrucción de la intimidad. En el capítulo 11 encontrarás otras formas de utilizar este ejercicio, pero por ahora baste con decir que es importante que comprendas cuál es el lenguaje del amor que más utiliza tu cónyuge.

Tercer paso: Antes de mirar el gráfico de tu cónyuge, haz lo siguiente en el espacio que aparece después del gráfico.

1. Haz una lista por orden de importante de las cosas que piensas que forman el lenguaje del amor de tu cónyuge.
2. Date una puntuación de 1-10 (donde 10 es la puntuación máxima) sobre lo bien que piensas haber conocido el lenguaje de tu cónyuge para el amor.
3. Califica en la misma escala de 1-10 lo bien que tu cónyuge piensa que tú has satisfecho sus necesidades en las cinco categorías.

Una advertencia final: no sabotees los beneficios de esta experiencia al decirte: «Él solo está haciendo esto porque le dije que tenía que hacerlo», o «No es espontáneo, así que no es real». Si tu cónyuge acepta hacerlo, es porque se siente motivado en algún grado. Da por sentado que actúa con sinceridad, y sé sincera tú también.

Esto no es un examen, ni una prueba académica, sino una oportunidad para que ustedes dos procesen cuestiones que son importantes en su relación.

GRÁFICO DEL LENGUAJE DEL AMOR
<u>PARA LOS ESPOSOS</u>

Conducta especial	Tema (por ejemplo, Verbal)

¿Cuántas veces aparecen?

_____ Verbal

_____ Regalos / Tareas

_____ Toque no sexual

_____ Erótico / Sexual

_____ Momentos centrados

_____ Puntuación total

Número de orden según la importancia que piensas que tienen los diferentes lenguajes del amor para tu esposa:

_____ Verbal

_____ Regalos / Tareas

_____ Toque no sexual

_____ Erótico / Sexual

_____ Momentos centrados

_____ Puntuación total

Puntúate en una escala del 1 al 10 (donde 1 es «nada» y 10 es «seguro») con respecto a los temas de los cinco lenguajes del amor. Sé sincero, tu proceso con tu esposa dará mejor resultado si no fingen.

¿Hasta qué punto te parece que todo te va bien?	Temas	¿Hasta qué punto piensas que tu esposa dirá que vas bien?
	Verbal	
	Regalos / Tareas	
	Toque no sexual	
	Erótico / Sexual	
	Momentos centrados	

GRÁFICO DEL LENGUAJE DEL AMOR
PARA LAS ESPOSAS

Conducta especial	Tema (por ejemplo, Verbal)

¿Cuántas veces aparecen?

_____ Verbal

_____ Regalos / Tareas

_____ Toque no sexual

_____ Erótico / Sexual

_____ Momentos centrados

_____ Puntuación total

Número de orden según la importancia que piensas que tienen los diferentes lenguajes del amor para tu esposo:

_____ Verbal

_____ Regalos / Tareas

_____ Toque no sexual

_____ Erótico / Sexual

_____ Momentos centrados

_____ Puntuación total

Puntúate en una escala del 1 al 10 (donde 1 es «nada» y 10 es «seguro») con respecto a los temas de los cinco lenguajes del amor. Sé sincero, tu proceso con tu esposo dará mejor resultado si no fingen.

¿Hasta qué punto te parece que todo te va bien?	Temas	¿Hasta qué punto piensas que tu esposa dirá que vas bien?
	Verbal	
	Regalos / Tareas	
	Toque no sexual	
	Erótico / Sexual	
	Momentos centrados	

Hagan planes para dedicar un tiempo a hablar entre los dos acerca de los resultados de este inventario. Tal vez no sea fácil, pero va a ser uno de los mejores tiempos y esfuerzos que dedicarán a algo jamás, en especial en esta encrucijada tan crítica dentro de su relación.

LO QUE TENEMOS POR DELANTE

¿Te gustan los fuegos artificiales?

Si te gustan, es posible que disfrutes del próximo capítulo. En realidad, si aprendes a sentir una ira auténtica y válida en los momentos adecuados, lo más probable es que proceses la aventura de una manera sana. En cambio, si eres como la mayoría de la gente involucrada en aventuras, el procesamiento de la ira te va a ser difícil.

Notas

1. Para una explicación más amplia sobre la necesidad de que haya conexiones, lee John Townsend, *Hiding from Love*, Navpress, Colorado Springs, 1991; Henry Cloud, *Cambios que sanan*, Editorial Vida, Miami, FL, 2003; y Dave Carder, y otros, *Secrets of Your Family Tree: Healing for Adult Children of Dysfunctional Families*, Moody, Chicago, 1991.
2. Recomiendo libros como los siguientes: Willard Harley, *Lo que él necesita, lo que ella necesita*, Baker Publishing Group, Grand Rapids, MI, 2007; Gary Smalley y John Trent, *El lenguaje del amor*, Enfoque a la Familia, Pomona, CA, 2006; Gary Chapman, *Los 5 lenguajes del amor*, Editorial Unilit, Miami, FL, 2011.

9

El enojo en las aventuras:
Cuando se consigue algo bueno del enfado

Jim no podía dormir. No había dormido bien una sola noche en toda una semana desde que perdió el control esa noche con su esposa, Karen. Cuando se le enfrentó por sus «salidas tarde de la oficina», admitió que llevaba seis meses en una aventura con el cirujano que era su jefe.

Él reaccionó de una manera muy airada, alternando entre insultarla lleno de enojo y suplicarle entre lágrimas que rompiera la aventura. Por alguna razón, se mantenía entrando y saliendo de la casa a toda prisa, tratando de recuperar el dominio propio. No sabía si la debía estrangular, entrarle a tiros a su jefe o pegarse un tiro él mismo.

Ese repulsivo, pensaba mientras sentía que la fiebre le subía por dentro. *Engañando a su propia esposa y tratando de destruir mi matrimonio... Si supiera dónde vive, se lamentaría hasta de haberla tocado.* Entonces, volvía su furia contra Karen.

Sin embargo, se trataba de tranquilizar y de dominar su ira; sospechaba que el jefe de Karen ya tenía un atractivo mucho mayor para ella que él. Ella llegó al matrimonio desde una familia acomodada, y Jim nunca había conseguido encaminarse en su carrera. Sabía que no debía decir nada contra aquel personaje... al menos en ese momento. La podría estar llevando de vuelta a sus brazos.

Mírala, con lo hermosa que es, sentada en nuestro sofá roto. Se le paró delante amenazador, haciéndole una pregunta tras otra. Después de otra escapada en la que salió a la oscuridad de su jardín delantero para no estrangularla, volvió a entrar corriendo y cayó de rodillas para pedirle perdón entre lágrimas por lo perezoso que había sido y porque no había provisto para sus necesidades.

Cuando Karen pareció titubear en el momento de otorgarle su perdón, Jim montó en cólera y lanzó por la habitación su estatuilla favorita de porcelana, estallando contra la pared en mil pedazos. Viendo un ejemplo palpable de su furia, volvió a romper a llorar, cubriéndose el rostro con las manos y tirándose poco a poco al suelo.

No supo cuánto tiempo estuvo tirado en el suelo en posición fetal, pero Karen nunca extendió una mano hacia él. Se limitó a quedarse sentada allí, petrificada. Al final, volvió la furia de Jim. Salió corriendo por la puerta mientras la insultaba diciéndole apodos obscenos, se subió al auto y se perdió en medio de la noche.

No sabía a dónde ir, con excepción del complejo médico, ahora a oscuras, donde trabajaba Karen. Se imaginó que Karen llamaba a su jefe en esos momentos desde su casa. *Déjalos que conversen... ya no me importa*, pensaba con amargura.

Mientras caminaba lleno de enojo alrededor del edificio a oscuras como un tigre en busca de una presa, tratando de encontrar algún orden en sus agitadas emociones, notó un ladrillo suelto en el jardín cerca de la puerta de entrada y le vino la idea de lanzarlo a las ventanas del segundo piso de las oficinas. O de tirar *todos* los ladrillos a *todas* las ventanas del edificio. Por suerte para él, descartó ese plan. *Ahora sí que estoy perdiendo la cabeza. Mejor que me vaya a casa y trate de recuperar mi sano juicio.*

Cuando llegó a su casa, se preguntaba si Karen por lo menos seguiría allí. Tal vez su amante pasó a recogerla después de enterarse de sus arrebatos de cólera. Sin embargo, cuando entró, allí estaba ella, durmiendo. *¿Cómo puede dormir en una noche como esta?* La despertó y le hizo prometerle que no volvería a ver a su jefe y que renunciaría a su puesto tan pronto como él pudiera conseguir un trabajo con un sueldo mejor. Entonces, hasta hicieron el amor, pero eso no le ayudó.

Ya estaba a punto de amanecer, y la mente de Jim le seguía dando vueltas a una serie de preguntas amargas que parecían imposibles de responder. Tenía miedo de perder a Karen. Era lo mejor que le había sucedido en la vida. Sus acciones estuvieron a punto de salirse de control por completo de nuevo durante la noche, y se prometió a sí mismo que controlaría sus pasiones. De lo contrario, ella lo iba a dejar y, entonces, ¿dónde iba a quedar él?

Mientras Karen se preparaba para ir al trabajo, Jim se dio cuenta de que la odiaba y que habría preferido que no fuera a la oficina a ver otra vez a aquel idiota rico. Quería herir a Karen y hacerla llorar. Sabía que cuando ella saliera de la casa, debía sentir la seguridad de que podrían superar esa situación, pero su furia impidió que le manifestara afecto. Se las arregló para no hacerle daño físico alguno, pero cuando por fin se marchó, iba llorando.

Tan pronto como el auto de Karen desapareció de su vista, Jim entró en pánico. Saltó a su auto y salió a toda velocidad detrás de ella. Por fin la alcanzó en un semáforo, salió del auto y corrió hasta la ventanilla del auto de ella con el rostro bañado en lágrimas, pidiéndole perdón y llorando como un bebé. Los otros conductores se limitaban a conducir su auto alrededor de ellos, y toda la escena parecía sacada de una película de segunda clase, pero para Jim se trataba de una pesadilla de la vida real.

Karen llegó tarde a la oficina, después de haber tratado de arreglarse el maquillaje surcado de lágrimas en el auto, antes de entrar al edificio. El teléfono sonando. Reuniendo fuerzas, lo respondió con la voz más profesional que pudo utilizar.

Era Jim, enojado consigo mismo y confuso por haberse humillado de manera tan total en aquella intersección. De nuevo le suplicó que acabara con su aventura. Confusa y cansada de las sartas de insultos y las lágrimas de Jim, Karen le colgó el teléfono justo en el momento en que entraba su jefe.

Esta conducta cambiante de Jim, alternando entre una altanera furia y una humilde disculpa, es común entre los cónyuges que se enfrentan de repente con la deslealtad del infiel. Al traicionado lo arrastran violentos torbellinos de emoción, y da la impresión de que las corrientes de resaca del mar lo van a succionar en cualquier momento.

En el caso de Jim y Karen, la ira de Jim se fue calmando por fin hasta el punto de que él y Karen pudieron comenzar a comunicarse y hacer progresos hacia una reconciliación. Acudieron a nosotros para pedir consejería, y Karen decidió renunciar a su trabajo y acabar con la aventura. Jim permitió que aquel sobresalto pasado en su matrimonio lo motivara para comenzar a trabajar en la solución de sus problemas. Hoy en día, ambos van por buen camino en su recuperación.

LA IRA, LA RESPUESTA NATURAL

La revelación inicial de la aventura produce una experiencia de crisis. La ira es la respuesta natural, la respuesta saludable en realidad. Esta ira tiene tanto aspectos positivos, como negativos, los cuales examinaremos aquí. Más adelante en este mismo capítulo veremos lo que sucede cuando los cónyuges no se enojan al revelarse una aventura. Sin embargo, por el momento, veamos las reacciones más comunes.

Muchas veces, la esposa ha sospechado durante algún tiempo que algo anda mal en su matrimonio. Tal vez hasta haya enfrentado en más de una ocasión a su pareja sobre la posibilidad de una implicación ilícita, pero todo lo que él ha hecho es negarla. A menudo, cuando por fin el infiel revela el secreto de la aventura, su esposa ya sabe quién es la pareja ilícita sin que se lo dijeran.

Sé por experiencia que los esposos suelen reaccionar con furia ante una aventura de su esposa, mientras que las esposas expresan más dolor mezclado con ira. Es frecuente que el esposo quiera matar a la infiel, y hasta decida creer a veces que ella no fue más que una víctima, que la sedujeron, que no ha participado de forma voluntaria en la aventura. El esposo a menudo quiere ver a la infiel como la participante pasiva en la aventura y no como la participante activa. Con esta reacción, el esposo revela la cantidad de ego personal que interviene en el asunto: él es un esposo tan estupendo que lo más probable es que se la robaran, porque ella nunca habría querido apartarse de él.

No obstante, el verdadero cuadro suele ser diferente. Raras veces se trata de que el «compañero malvado» de aventuras se robe a la esposa. Casi siempre, ella desempeña un papel activo. Por lo general, el esposo no expresa demasiado interés en cuanto al hecho de si su esposa ama o no a su pareja ilícita; en su lugar, quiere conocer los detalles de sus actividades sexuales.

La esposa suele llorar, gritar y chillar, pero es menos violenta o amenazante físicamente con su esposo infiel y la pareja ilícita de este. Casi siempre quiere saber los sentimientos que el infiel tiene hacia esa pareja ilícita. ¿La ama, la ha llevado a su casa o incluso a su alcoba?

Después del estallido inicial, el cónyuge traicionado suele comenzar a obsesionarse con la aventura. Obsesionarse significa estar ansioso por algo; repasándolo una y otra vez en su mente, no pudiendo eliminarlo de su proceso pensante, sintiéndose abrumado e incapaz de sacarlo de sus pensamientos diarios.

La persona obsesionada hace preguntas que no se pueden responder, y hasta quizá ni espere que las respondan. Sus pensamientos se han vuelto caóticos y destructores.

LA ENTRADA EN CONTACTO CON EL SUFRIMIENTO
El sufrimiento del cónyuge

Como mencioné en el capítulo 7, la esposa se siente a menudo como una viuda después de la revelación. Su proceso de recuperación es paralelo al de alguien que perdió su cónyuge por la muerte.

Sin embargo, en un inicio, una aventura produce un conjunto muy diferente de emociones: el sentimiento de ser una tonta, de alguien en quien confiaba se aprovechara de ella, de una vergüenza que lo inunda todo y de una culpabilidad constante. Todos tenemos imperfecciones en nuestras relaciones. Esas imperfecciones vienen a la mente de inmediato, y de repente nos sentimos culpables.

No es raro que el cónyuge afirme tener una fugaz sensación de total responsabilidad y culpa cuando se revela la aventura. Además de esto, es frecuente que afirme que se siente descubierto: «Ahora el mundo entero sabrá cómo soy en realidad». También está el sufrimiento que produce la traición; la sensación de que alguien en quien puso toda su confianza lo acaba de tirar al suelo.

Todos los sentimientos de seguridad y de confianza pueden desaparecer. Solo cuando el cónyuge reafirma su confianza en Dios y en sí mismo (por ejemplo: «Puedo sobrevivir sin el infiel, si tengo que hacerlo» y «Dios va a ser mi fortaleza»), puede restaurar en su persona esa sensación de seguridad.

Les quiero recordar algo a los cónyuges que luchan con la identificación de su ira y su desahogo: muchas veces, este mismo problema forma parte de las cosas que contribuyeron en primer lugar a que apareciera la aventura. Es frecuente que una vigilancia inadecuada, como la de proteger a su esposo de su ira, lo que animara en un principio al infiel a meterse en la aventura. Este patrón se desarrolla cuando uno de los cónyuges niega sus sentimientos para enfocarse en los sentimientos del otro, los cuales considera más importantes.

Durante la fase de ira que sigue a la revelación de la aventura, no retengas tu angustia ni tu ira. Tal vez pienses: *No puedo patearlo ahora que está en el suelo*, sino piensa en esto: el hecho de que expreses una ira legítima de una manera que no sea vengativa no es «patearlo». Todo lo que estás haciendo es procesar la aventura de una manera adecuada. Recuerda: estás tratando de hacer las cosas de una manera diferente a como las has hecho antes.

Habrá lágrimas. Es cierto, el llanto puede ser una forma de manipulación si no es sincero. Sin embargo, también puede ser una expresión normal y sana de nuestros sentimientos en un momento de crisis. Tú tendrás que decidir qué es una expresión sincera de tu angustia.

El personaje bíblico de José es un gran ejemplo de estar «confundido por completo» en la fase inicial de una crisis personal (Génesis 42—50). José era el favorito de su padre, y sus hermanos estaban celosos hasta el punto de odiarlo. Un día, su ira los dominó, y con toda maldad se lo vendieron como esclavo a unos ismaelitas que acertaron a pasar por donde estaban. Muchos años más tarde, José se había convertido en el gobernante de hecho en todo Egipto. Las tierras vecinas estaban sufriendo una grave hambruna, y los hermanos de José fueron a Egipto para comprar alimentos.

Cuando aparecieron, José lloró y se puso furioso contra sus hermanos, todo al mismo tiempo (Génesis 42). En la misma situación, expresó ira y angustia. Su confusión, incoherencia y mezcla de emociones son típicas de los enfrentamientos iniciales relacionados con una traición. En realidad, eran una señal de salud.

José se sintió tan abrumado cuando aparecieron sin aviso alguno que sabía que no iba a actuar con cordura, así que los mantuvo en prisión durante tres días. Su conducta manifiesta una ira bien definida. Sus acciones son más comprensibles cuando nos damos cuenta de que habían pasado muchos años desde la última vez que se enfrentó con sus hermanos. Sus sentimientos habían permanecido dormidos durante un largo tiempo, y la reunión los volvió a despertar.

José lidió con el problema de una manera saludable. No trató de proteger a sus hermanos cuando se sintieron perplejos ante las acusaciones que les hacía en su contra. Si estuviera tratando de no incomodarlos ni preocuparlos con respecto a sus acciones, les habría dicho: «Hermanos míos, siento que estén tan asustados ahora. No quise que la situación fuera tan intensa para sus pobres cerebritos. Vamos, déjenme secarles esas lágrimas para que se sientan mejor. Estoy seguro de que se deben sentir muy mal después de haber venido montados en burro, nada menos que desde Israel».

Él no dijo nada que se pareciera a esto. Sin embargo, es lo que hacen algunos cónyuges cuando ven que su pareja se siente angustiada. Tratan de «que se sientan mejor», como lo habría hecho una madre por su pequeñito.

Si tu cónyuge ha tenido una aventura, te ha traicionado y ha roto sus votos matrimoniales, debes sentirte airado. Y no hace falta que lo tomes de la mano cuando expreses tus verdaderos sentimientos.

El sufrimiento del infiel

Por lo general, la revelación de la aventura es tan dolorosa para la esposa que el infiel siente que no se puede sentir angustiado. Es posible que piense: *No nos podemos dejar caer los dos al mismo tiempo.* Así que trata de «ser fuerte y tragarse su medicina». En su mente, se lo merece, porque fue el causante de todo.

Por esa razón, muchas veces el infiel no llora de sufrimiento. Tal vez tema que sus lágrimas se interpreten como un deseo de regresar a su pareja de antes. Sin embargo, cuando el infiel insiste en «ser fuerte» y no manifestar emoción alguna, su conducta solo sirve para convencer a su esposa de que carece por completo de remordimiento. Por otra parte, si el infiel manifiesta su sufrimiento, la esposa puede creer que la quiere y que en su corazón sigue atado todavía al matrimonio.

Esa trampa de no ser capaz de manifestar sufrimiento es en realidad lo diametralmente opuesto a lo que quiere la esposa. Ella lo que necesita es ver y sentir el sufrimiento del infiel. Esa angustia ayuda a sanar las heridas y le da permiso al cónyuge para ver cuál ha sido su propia contribución al desarrollo de la aventura.

Piénsalo de esta manera: si el infiel es fuerte y se trata de comportar «como es debido», absteniéndose de manifestar su aflicción, es el cónyuge el que tiene que manifestar todo el sufrimiento, sentirse destruida y actuar de manera irracional por sí misma y por el infiel también. En cambio, mientras más abrumado esté el infiel por su dolor, más pronto la esposa podrá comenzar a afligirse (y terminar de hacerlo), y más pronto ambos pueden comenzar a hacer progresos hacia su sanidad.

LA OBSESIÓN

En parte, lo que alimenta la tendencia a obsesionarse en cuanto a la aventura es el desconcierto que procede de la traición. Existe una tendencia a preguntar cada vez sobre más detalles, como si con si el dolor desapareciera con una información suficiente. Es frecuente que el cónyuge haga preguntas que no es posible responder, como: ¿Por qué? ¿Cómo me pudiste hacer esto? ¿Por qué lo hiciste con esa persona? Y así puede seguir sin cesar, causando insomnio, síntomas físicos, angustia mental incalculable y, en los casos extremos, el suicidio.

Es natural que haya cierta cantidad de obsesión, pero cuando esa obsesión persiste y el cónyuge es incapaz de mantenerla bajo control, se vuelve disfuncional. En ese sentido, causa que el cónyuge se quede «estancado» e incapaz de pasar a procesar las otras cuestiones que van a producir una recuperación saludable.

La obsesión es una furia cíclica que se perpetúa a sí misma. Emerge en el siguiente patrón:

EL CICLO DE LA OBSESIÓN
La obsesión es un mecanismo de defensa que no te permite procesar tu propio sufrimiento ni tu contribución a la aventura.

No habrá recuperación si ambas partes no aceptan que han tenido una cantidad de participación apropiada en lo sucedido. De no suceder esto, el que se niega a aceptar toda responsabilidad (por ejemplo, el cónyuge que refuta su papel en la ruptura) carece de poder para influir en los resultados. *Mientras mayor sea la contribución que cada una de las partes acepte como suya en la aparición de la aventura, más influencia tendrá esa parte en el giro que tomará su matrimonio.*

La tendencia a rumiar los detalles de la aventura debe constituir para el cónyuge la señal de que ya es hora de llevar adelante el procesamiento de la situación. Cuando afloren las preguntas imposibles de responder y las emociones incontrolables, se deben expresar de manera constructiva. Ayuda el hecho de llorar mucho y por largo tiempo solo por lo que se está sufriendo, en especial al principio. Y es imprescindible que lo hable con detenimiento con su pareja.

Es frecuente que las parejas informen que la tendencia a la obsesión aumenta y disminuye en distintos momentos a lo largo del proceso de recuperación. Muchas veces, el cónyuge afirma sentir una intensa obsesión poco después del período de revelación. Sin embargo, a medida que pasa el tiempo, sus períodos de obsesión se deben ir volviendo menos intensos, durar menos tiempo y estar más alejados unos de otros. Es posible que supere la obsesión si practica esta rutina para convencerse a sí mismo: «No necesito volver a pensar en eso, porque todo lo que hace es deprimirme. Me siento un poco mejor ahora, que cuando pasé por esto la última vez. Estoy haciendo progresos lentos, pero seguros, y no necesito hacerme pasar yo mismo por la agonía de esas preguntas otra vez».

Otra opción para la esposa que no parece poder superar la obsesión es ampliar una foto de la pareja ilícita y el infiel, comprar un bate de béisbol plástico, poner la foto sobre la cama, cerrar las ventanas, mandar a los niños a jugar fuera, y ponerse a golpear la foto, llamando al infiel con todos los nombres que se te ocurran. No te detengas hasta que llores y sientas algún alivio. Muchas esposas afirman que consiguieron un claro alivio de su obsesión después de hacer este ejercicio. También protege la relación y ayuda a que la esposa no desahogue su ira sobre su esposo.

Si durante este tiempo están viendo a un consejero, es importante que se controle la obsesión durante las sesiones. En su fundamento, la obsesión es muchas veces una defensa contra la necesidad de procesar tu propio sufrimiento y tu contribución a la aventura. Si no se controla, terminará impidiendo que el matrimonio vuelva a enderezar su camino. No permite que la esposa sufra de manera adecuada todo lo que necesita sufrir por su dolor. Si no se mantiene a un nivel mínimo, forzará al infiel a centrarse en su propia supervivencia, alejándolo del proceso de reconciliación.

LOS ASPECTOS POSITIVOS DE LA IRA PARA EL CÓNYUGE

Si el cónyuge se halla «bien enojado», esto le reporta varios beneficios al infiel que ha traicionado su compromiso mutuo.

Te demuestra que le importas

Uno solo se enoja cuando se trata de cosas que le importan en realidad. Por tanto, esa ira indica que al cónyuge le interesa su relación mutua y la valora.

La ira no solo demuestra que valoras la relación, sino que también te dice algo respecto a la naturaleza de esa relación. El nivel de ira cuando se produce la revelación de la aventura demuestra el nivel de intensidad de la relación existente, y en un grado muy preciso, la identidad de su relación mutua. Por ejemplo, la ira cruel suele demostrar que se trata de una relación en la que hay crueldad; la ira silenciosa podría indicar que hay poca intensidad emocional en la pareja. Como dijimos en el capítulo anterior, la ira demuestra cuál es el mensaje de la aventura. Es importante para la recuperación de la pareja que se exprese la ira de una manera adecuada.

Ayuda a evitar la depresión

Por extraño que parezca, la ira ayuda a evitar que el cónyuge caiga en la espiral descendente de la depresión. Por lo general, la depresión es consecuencia de la represión y la negación de unos sentimientos de ira que son adecuados. En cambio, la expresión de la ira ayuda a mantener lejos los sentimientos sombríos y abrumadores características de la depresión. Como tal, ayuda a proteger al cónyuge del autocastigo emocional que puede prolongar su sufrimiento y hasta llevarlo al suicidio en casos extremos. Hace que el procesamiento de esta relación rota, y su restauración, sean más manejables.

En un inicio, la ira carga toda la responsabilidad sobre el infiel, y es de esperarse que suceda así. Aun así, esto va a cambiar cuando el cónyuge comience a ver más allá de la infidelidad para analizar su relación en general. Dentro de poco veremos ese proceso.

Proporciona energía

Cuando uno está enojado, tiene una gran cantidad de energía. La ira proporciona la energía que hace falta para hacer la labor necesaria de recuperación. Por lo regular, sentimos que la energía relacionada con la ira es negativa y destructiva, y lo puede ser, si no se expresa de la manera adecuada. Sin embargo, cuando somos sinceros con nosotros mismos y con nuestro cónyuge en cuanto al dolor que sentimos, esa energía se puede canalizar hacia una recuperación constructiva. Entonces podemos hallar bien en algo que casi siempre solo se considera como malo.

Ayuda a que aclares tu mente

La ira ayuda a las personas a pensar con mayor claridad que, digamos, la depresión. Las personas deprimidas afirman sentirse confusas, con sentimientos encontrados y replegadas al silencio. La ira expresada permite que la persona exprese con palabras lo que está pasando dentro de sus procesos cognitivos y, por tanto, le permite pensar en estrategias y razonar con mayor eficiencia.

En la fase de ira que sigue al descubrimiento de la aventura, la esposa necesita tener la mente despejada. Está a punto de comenzar el confuso proceso de ir desenredando las enredadas redes que se han ido tejiendo entre ella, el infiel y la pareja ilícita.

Te ayuda a sobrevivir

La ira es una consecuencia natural de que te hirieron o dañaron. La ira justificada forma parte del mecanismo de supervivencia que Dios puso en nosotros. Es la misma clase de ira, justa indignación, que expresó Jesús en el templo con los cambistas de dinero que habían contaminado y menospreciado sus justos votos (Mateo 21:12-13).

No es un accidente que Dios calificara de prostitución o adulterio a las prácticas religiosas corruptas (Oseas; Jeremías 23:9-14). Si Dios se enojaba con los que adulteraban con otros dioses, un cónyuge tiene todo derecho a enojarse con el infiel que ha cometido adulterio con otra pareja.

LOS ASPECTOS NEGATIVOS DE LA IRA PARA EL CÓNYUGE

La venganza / La amargura

Reconoce que ese deseo inicial de hacer que el infiel sufra como sufres tú es contraproducente en gran medida. Ese aspecto de la ira casi siempre comprende amargos sentimientos de venganza; el deseo de pagarle con la misma moneda, de ejercer «justicia» para hacerlo pagar lo que ha hecho.

Está claro que el deseo de venganza cruza los límites de una expresión adecuada de la ira que Dios ha puesto en nosotros. Estos sentimientos son destructores a la luz de la meta final, que es la restauración de la relación, pero en un inicio, esto no le importa a la esposa. No obstante, después de esos primeros sentimientos de furia, necesita darse cuenta de que esas motivaciones vengativas son dañinas. En lugar de buscar la manera de vengarse, necesita canalizar esa energía hacia un enfrentamiento y la solución de unos problemas que se han descuidado por largo tiempo.

La culpa unilateral

Es importante que reconozcas tu sensación inicial de fracaso y el deseo de contrarrestar para echarle por completo la culpa de la aventura al infiel. Parte de la sacudida que comenzarás a sentir después de la revelación inicial es la posibilidad de que tú también contribuyeras a formar las condiciones que condujeron a la aparición de la aventura. Una de las defensas inmediatas contra esta percepción en el momento en que comienza a surgir, consiste en culpar por completo al infiel, sin aceptar parte alguna en la responsabilidad. Por difícil que te sea, resístete ante ese deseo, y mira tu relación desde el gran cuadro general. Ante Dios y ante tu pareja, mantente sinceramente abierta con respecto a cuantas carencias puedan haber contribuido a la relación matrimonial. Mientras mejor puedas comprender las causas de la infidelidad y los fallos *mutuos* en su relación, mayor posibilidad habrá de lograr una recuperación perdurable como pareja.

«Vivir según tu antagonismo» puede ser contraproducente

Tu necesidad inicial de contarle a todo el mundo (claro, a todo el que esté dispuesto a escucharte) lo que te hizo el infiel, quizá no produzca los efectos que tú deseas; es más, podría ser contraproducente. Decírselo a todos tus conocidos no solo es contraproducente para la felicidad matrimonial a largo plazo, sino que también podría estar enmascarando una motivación presente en tu corazón similar a la que comentamos antes: la negativa a compartir la responsabilidad por la ruptura. Esta manera de conducirte mantiene los ojos y los oídos de tus amigos enfocados con toda seguridad en el infiel, y no en ti.

Cierto, vas a querer (y necesitar con urgencia) apoyo emocional durante esta crisis, pero cuando lo de hablar sobre el tema va más allá de una o dos amistades íntimas, aparece en el cuadro el espectro de la murmuración, la difamación y la venganza. Aunque estés muy enojado con el infiel ahora, hablarles a una extensa lista de amigos y conocidos (tuyos y suyos) acerca de su amplia lista de pecados, a la larga solo podría servir para perjudicarte a ti.

Si envenenas a todo su círculo social en su contra al hablarles sobre la clase de sinvergüenza que es, a él le resultará muy difícil regresar a una relación contigo. Eso lo llevará de vuelta a los brazos de la pareja ilícita, puesto que allí le aman y aceptan. En realidad, es posible que por medio de esa pareja se halle ya en el proceso de hacer nuevos contactos dentro de su círculo social, y es muy posible que sus amigos piensen que él es una persona estupenda.

Recuerda que él y su pareja ilícita han creado su pequeño mundo donde hay seguridad y mucho «mimo» para él. Si aumentas la incomodidad del mundo que comparte contigo, tus mal dirigidos intentos de hallar «apoyo» podrían traer como resultado un alejamiento mayor por parte del infiel.

SI EL CÓNYUGE NO REACCIONA CON IRA

Algunos cónyuges, aun después de descubierta la aventura, en lugar de reaccionar con ira, continúan su relación codependiente y un tanto mecánica. Niegan sus emociones con el pretexto de «no agitar las cosas» o de «ser un buen cristiano», y terminan paralizando el proceso de recuperación, condenándolo al fracaso.

Una vez más, dos no se pelean si uno no quiere: (1) tanto el cónyuge como el infiel han creado el ambiente matrimonial en el que se produjo la aventura, y (2) hace falta que intervengan ambas partes para volver a restaurar la relación después de la revelación. Si uno de los dos se niega a participar (en este caso al no reaccionar con ira), el proceso de recuperación queda bloqueado.

Si te cuesta trabajo expresar tus emociones de ira hacia el cónyuge que te ha engañado, reflexiona con seriedad en las siguientes características del cónyuge «sin ira».

El estoicismo

El cónyuge estoico se siente obligado a mantener una cara de piedra y una «impasibilidad» a fin de que las cosas no se desmoronen, sin importar lo doloroso que sea su mundo. Estas personas proyectan la actitud de que pueden cargar con todo. En lo emocional, son una combinación de Superman y John Wayne. Sin embargo, esa conducta «fuerte» podría ser en realidad contraproducente para el proceso de sanidad.

Estoy de acuerdo en que algunas veces quizá sea necesario conducirse de una manera estoica para proteger a los hijos (la ira no debe recaer en ellos) o para mantener unida a la familia durante esta crisis. No obstante, nunca es saludable si es la única reacción que manifiesta el cónyuge. Tragarse las emociones es algo que puede generar una serie de enfermedades físicas y alimentar una conducta adictiva.

El perdón demasiado rápido

La esposa que se niega a enojarse quiere «liquidar el asunto» y dejar de sentir cuanto antes ese dolor tan increíble. Y quiere decir tan pronto... como ayer.

Al actuar de ese modo, casi siempre niega lo intensamente personal que es la traición. Su esposo acaba de quebrantar la promesa más importante de todas las que haya hecho jamás en su vida, pero se niega a admitirlo. Por una multitud de razones, esto le resulta demasiado aterrador.

Con frecuencia, quiere que los demás la vean bien, aun en medio de toda esta destrucción. Esto es cierto en especial cuando quiere dar la impresión de ser una cristiana muy espiritual que está llena de «gracia» hacia el que la ha ofendido. (La gracia es buena, pero la negación es mala. El perdón vendrá más tarde). No considera la ira como algo socialmente aceptable, así que siente una inmensa prisa por «liquidar ese asunto de una vez por todas».

Siente con frecuencia que tiene la responsabilidad de fingir que perdona, y que reaccionar de cualquier otra forma sería infantil, irresponsable, cosa de adolescentes o nada espiritual. Son muchos los cristianos, incluso pastores, que refuerzan esta manera de comportarse. Tienden a recompensar las buenas apariencias externas y avergonzar a las personas que son sinceras en cuanto a sus emociones. (En el capítulo 11 hablaremos de nuevo acerca del cónyuge que perdona con demasiada rapidez).

La disculpa de la aventura

La esposa que disculpa al infiel por su aventura suele tener una gran necesidad de tener en sus manos el control de los resultados. Por lo general, esta necesidad de control es típica de su enfoque de la vida y de las relaciones. La tendencia a excusar la aventura (en especial de parte de las esposas) se suele expresar con un tono de voz algo sarcástico y lleno de resignación ante lo que le depara el destino. «¿Qué otra cosa se podría esperar de un hombre? Mi padre hizo lo mismo, y mi madre sobrevivió. Supongo que yo también sobreviviré».

La actitud de que «Nada que hagas, por terrible que sea, me puede sorprender ni enojar» deja impotente al infiel, puesto que su cónyuge se niega a actuar dentro de las normas (o sea, cuando alguien te traiciona, te enojas), así que el proceso queda truncado. Esa clase de reacción demuestra que el cónyuge aún no ha oído lo que el infiel le ha estado diciendo mediante la aventura: «No soy feliz, y las cosas entre nosotros deben cambiar».

La decisión de la esposa de descartar el sufrimiento y el poder de la aventura suele reflejar una experiencia de malos tratos en la niñez. La reacción defensiva de negarse a sufrir, en lugar de sentir el sufrimiento, es una respuesta aprendida. Su eficacia solo era temporal en su niñez, y solo será temporal también en la adultez.

En realidad, tal patrón se vuelve disfuncional si el infiel tiene más de una aventura. Cuando esto sucede, el hecho de que la esposa eche a un lado una y otra vez su ira, le telegrafía al infiel este mensaje: «Tu forma de comportarte es normal; no tienes que cambiar nada en lo absoluto; por mi parte, todo está bien».

Eso es justo lo que sucede en una familia alcohólica cuando la esposa que no es alcohólica no insiste en que el alcohólico busque ayuda. Al reaccionar así, califica de normal una forma de conducta que es anormal, y el ciclo se perpetúa a sí mismo. Comienza a dar por sentado que su experiencia tan anormal y tan llena de sufrimiento es lo mismo que le sucede a todo el mundo. Por eso, los hijos adultos de familias disfuncionales tienen una dificultad extrema para captar lo que es en realidad una forma de conducta «normal». La interacción entre el infiel y su esposa, cuando todo lo que hace esta es desechar el problema de la infidelidad, es muy parecida.

Cuando la esposa comienza a ponerse en contacto con su propia contribución al patrón dentro de su matrimonio, el infiel recibe permiso para enojarse. Sin embargo, eso solo puede suceder cuando la esposa acepta su propia contribución. De lo contrario, el infiel estará demasiado ocupado en esquivar todas las culpas que se le tiran encima. Está demasiado ocupado protegiéndose para comenzar a autocriticarse. En cambio, si la esposa evita el estarlo culpando y asume su responsabilidad en la contribución que ha hecho para crear el problema, el infiel puede bajar las defensas y comenzar a sentir su propia frustración y, lo que es más importante, a sentir el sufrimiento que hay tras esa ira.

LA FURIA DEL INFIEL

Al comienzo, la culpabilidad y la vergüenza reprimen a menudo la ira del infiel, y no se siente enojado. Muchos infieles afirman haber estado esperando a que terminara la tormenta para poder lanzar después su propia tormenta.

Tal vez la esposa pregunte: *¿Se puede saber con cuál ira necesitaría el infiel entrar en contacto?* En realidad, la ira (o la frustración, que es una forma más suave de ira) fue la que empujó al infiel hacia la aventura en un principio. Claro, eso comenzó hace mucho tiempo, y es posible que el infiel ni siquiera sea consciente de esa situación inicial, pero aún está presente, y es común que no se haya tratado de resolver (y si se hubiera *tratado* de resolver, es muy posible que la aventura no se hubiera producido). Si la esposa se niega a sentir su ira, esta frustración latente en el infiel podría volver a tomar fuerza y él podría expresar de nuevo su exasperación con el patrón de relación que él y su esposa han estado practicando.

Cuando estés en medio de la vorágine de la ira, ten presente que la aventura en sí no es la que produce la ira. Por lo general, la frustración y la ira resultante ya han estado presentes en la relación antes de que comenzara esta aventura ilícita. Todo lo que hizo el descubrimiento de la aventura fue resaltar la fricción que ya estaba en marcha dentro de su relación.

En resumen, podemos ver por qué la actitud defensiva y la decisión de solo culpar al otro son tan contraproducentes para la sanidad de los lazos matrimoniales: mientras más culpe la esposa, menos sentirá el infiel su sufrimiento y su ira; en cambio, mientras más se concentre la esposa en sus contribuciones a la situación, más libre se sentirá el infiel para revisar su sufrimiento y su ira. Aunque nos pueda parecer irónico, esta especie de columpio emocional altamente cargado es saludable a largo plazo.

FORMAS PRÁCTICAS DE PROCESAR LA IRA

Recuerda el mensaje de la aventura cuando estés tratando de procesar tus sentimientos de furia. Hagas lo que hagas, no sigas haciendo lo mismo que antes. Por ejemplo, si la dedicación excesiva al trabajo era parte del problema, disminuye o evalúa de nuevo tus compromisos de negocios. Si el infiel comenzó a dormir con su pareja ilícita durante las competencias en la liga de bolos, encuentra otra actividad de entretenimiento (o al menos, otra liga). *Haz las cosas de una manera diferente.* Aunque el regreso a la rutina que les resulta conocida proporciona un escape temporal en estos momentos de crisis, limitarse a seguir haciendo lo mismo solo equivale a preparar el ambiente para otra aventura.

A continuación aparece una lista de respuestas para resolver y superar la ira. Algunas de ellas tal vez te parezcan insignificantes, pero te sorprendería ver lo útiles que te pueden ser. Muchas de las parejas a las que he aconsejado me han informado que han tenido grandes éxitos al utilizarlas como ayudas en el curso de acción de los poderosos sentimientos que forman parte del proceso de recuperación.

Habla acerca de tus sentimientos, pero sepáralos

Dile a tu pareja cómo te estás sintiendo durante estos momentos difíciles. Una reacción saludable de la esposa (o del infiel) consiste en sentir empatía por el otro y comprender sus sentimientos. Sin embargo, incluso ese patrón tan sano se puede descontrolar si se lleva al extremo. Por ejemplo, tú no tienes por qué sentirte responsable por los sentimientos de tu pareja. Esos sentimientos son suyos, no tuyos. Aunque en términos espirituales ustedes sean «una sola carne», siguen siendo dos personas diferentes, y cualesquiera que sean los sentimientos que tenga el otro, todo está bien. Esos sentimientos son suyos; tú no los puedes controlar.

En cuanto a hablar de la situación, nada se halla fuera de los límites permitidos. Lo peor ya sucedió. Comprender esto puede ser útil en cuanto a darle a cualquiera de las dos partes el permiso necesario para que traiga a colación cuantos asuntos sean de importancia.

Lleva un diario

Expresa tus sentimientos en un diario privado. Escríbele a Dios, escríbele a tu pareja, escríbete a ti mismo; haz lo que sea necesario para llevar esos pensamientos al papel. Esta disciplina proporciona una maravillosa liberación de las emociones, una catarsis, y sirve como mapa de carreteras para indicarte dónde estuviste, dónde estás ahora y hacia dónde te diriges. Hasta le podrías leer a tu pareja algo de lo que escribiste en el diario en una de esas conversaciones de corazón a corazón, con el fin de comunicarle con exactitud lo que estás pasando.

Lleva un gráfico de los altibajos de tu recuperación

Estos gráficos son útiles después que pase cierto tiempo. Usa algunos de los gráficos de este libro, o incluso utiliza tu propio calendario que tienes en tu casa para marcar los días que van pasando, clasificándolos como «bien», «mal» o «sobreviviendo». Una vez terminado el mes, haz un gráfico general de todos los días del mes. O bien puedes hacer un gráfico de tus progresos diarios o semanales. Mientras que el diario capta casi todo el presente, el gráfico es una mirada al pasado. El uso de ambos te podrá ayudar a saber que vas por el rumbo debido, o si es que te has desviado, yendo a la deriva por un mar de turbulencia emocional.

IMPLEMENTEN LOS CAMBIOS PERSONALES

Realicen los cambios personales que ambos saben que habrían debido hacer mucho tiempo atrás. No los pospongan por más tiempo. Este es el momento para un poco de atención personal... ¡no se sientan culpables! Sigan adelante y hagan los cambios que han estado considerando, como cambiar el peinado, cambiar el estilo de la ropa, iniciar un programa de ejercicios, comenzar unos momentos de relajamiento nuevos, personales y divertidos, etc. Por ejemplo, si el mal humor de tu esposa te mantenía alejado del golf, vete a jugar una ronda cuando tu agenda te lo permita. Necesitarás hacer mejoras en tu estilo de vida, de manera que te ayuden a salir adelante en esta crisis, en la que es muy probable que el apoyo positivo procedente de tu pareja se encuentre en el nivel más bajo de todos.

Por supuesto, ¡no quiero decir con esto que llenes por completo tus tarjetas de crédito en un intento por salvar tus sentimientos de la depresión! Tampoco te estoy sugiriendo que te vayas a comprar un Porsche y arruines tu presupuesto. Te estoy hablando de unos cambios saludables y normales dentro de tu rutina o tu estilo de vida. Al final, a medida que progrese tu recuperación con tu pareja, regresará el apoyo mutuo natural entre esposos.

Si uno de los dos decide llevar a la práctica unos cambios personales y el otro no, el cónyuge que no haga los cambios debe tener el cuidado de no interpretar los cambios del otro como intentos de manipularle. Esos cambios son solo la forma en que cada cual dice: «Voy a hacer a favor de mí mismo lo que sé que he necesitado hacer durante mucho tiempo».

Cultiva una relación de apoyo con alguien de tu mismo sexo

Muchas veces, las personas afirman sentir tanta vergüenza y tanta culpa durante este tiempo que se alejan de sus amigos. Sin embargo, lo que hace falta que suceda es justo lo opuesto. Durante esta difícil etapa, resístete ante la tentación de distanciarte de los que te rodean.

Toma tiempo para estar con otras personas, en especial uno o dos amigos con los que puedas hablar durante estos días difíciles. Cada cónyuge necesita dedicar un tiempo a desarrollar una amistad con alguien de su mismo sexo que le servirá de oyente y le hará comentarios sin ser demasiado correctivo ni darle consejos gratuitos. (La advertencia de que no se trate de una amistad con alguien del sexo opuesto debería ser lo bastante clara: el peligro de que surja otra aventura en un ambiente así es enorme). Ahora más que nunca, necesitan a alguien que los pueda ayudar a ver las cosas desde un ángulo diferente, alguien que apoye su recuperación y los ayude a poner en orden sus pensamientos, maneras de conducirse y sentimientos.

No obstante, este proceso al estilo de «apóyate en mí» debe ir disminuyendo. Cuando comiences a trabajar en el problema de la aventura con tu pareja, necesitarás apoyarte mucho en ese amigo de tu mismo sexo. Sin embargo, a medida que van progresando como pareja, te deberás ir apoyando menos en tu amigo de fuera y más en tu cónyuge. Cuando esto comience a suceder, sabrás que se está produciendo una reconexión entre ambos.

Habla al respecto

Hay un aspecto muy terapéutico en la simple verbalización de lo que sientes al hablar con otra persona. Háblale a Jesús en oración acerca de esos sentimientos (busca algún lugar privado donde puedas orar en voz alta; esto ayuda mucho), háblale a tu amigo que te está ayudando en la recuperación, tal como dijimos antes, con un hombre o una mujer cristianos que se hayan recuperado de una aventura, con tu cónyuge en conversaciones de corazón a corazón, o con otras personas importantes para tu vida, como hermanos o primos que tengan una estrecha relación contigo.

Es probable que sientas necesidad de contarle todo a tu madre, pero hacerlo podría ser más problemático que útil. Por lo general, las madres con hijos adultos tienen prejuicios a favor de ellos, y carecen de la objetividad que hace falta hallar en un amigo. A menos que tengas una relación ejemplar con tu madre, en la que ella te permita plenamente la cantidad adecuada de individualidad y libertad como adulto autónomo (en lugar de tratarte como «su niña o su niño»), es muy probable que sea mejor hablar del asunto con alguna otra persona. (Lo siento, mamá).

Anota lo que te causa ira

Hacer una lista de las cosas que nos enojan, nos ayuda cuando nos sentimos como si nuestras emociones nunca fueran a detenerse y como si cada día estuviéramos más confundidos. Escribe lo que te molesta, y busca por todas partes. Sácalo de tu mente para llevarlo al papel. Entonces, podrás poner la lista por orden de importancia, hablar de tus puntos con tu pareja, orar en voz alta sobre esas cosas, etc.

Si te encanta marcar las cosas que vas resolviendo en las listas, te vas a sentir estupendamente bien cuando, después de hablar de un punto y procesarlo lo suficiente, puedas hacer esa gloriosa marca de verificación junto a ese punto. Aun así, ten cuidado, no vaya a ser que estés marcando los puntos con demasiada facilidad porque algunas de tus frustraciones van a ser muy profundas, y necesitarás ser sincero contigo mismo en cuanto al momento y la manera de procesarlas.

Siéntelo

Sentir tus sentimientos en lugar de negarlos es uno de los temas principales de todo este capítulo, pero no hace daño repetirlo con algunos ejemplos. Tal vez a ti se te ocurran algunos más. El principio general aquí es expresar la ira de una manera de la que no tengas que arrepentirte; es decir, de una manera que sea adecuada y que no hiera a nadie, ni te hiera a ti mismo.

Estas ideas cabrían dentro del parámetro de «no lamentables»:

- Llorar, gritar o chillar en privado
- Tomar el bate de béisbol de tu hijo, o un palo de escoba, para entrarle a golpes a tu almohada
- Salir a correr por un buen tiempo, caminar con energía, montar bicicleta o nadar con rapidez
- Participar en un deporte parte del cual consista en golpear una bola: tenis, frontón, sóftbol

COMPRENSIÓN DEL CICLO DE LA DEPRESIÓN

Es común que ambos cónyuges se sientan «alicaídos» en algunos momentos durante el proceso de recuperación. En parte, estos altibajos en la recuperación se deben a que la persona siente lástima de sí misma y hasta de su cónyuge en diversos momentos.

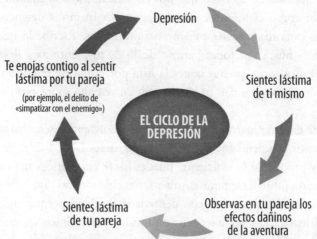

Depresión

Te enojas contigo al sentir lástima por tu pareja
(por ejemplo, el delito de «simpatizar con el enemigo»)

Sientes lástima de ti mismo

EL CICLO DE LA DEPRESIÓN

Sientes lástima de tu pareja

Observas en tu pareja los efectos dañinos de la aventura

EL CICLO DE LA DEPRESIÓN EN EL PROCESAMIENTO DE LA IRA EN LAS AVENTURAS: UN VAIVÉN DE GRAN ALCANCE

El gráfico ayuda a explicar este proceso, el cual se puede volver bastante desconcertante.

Como vimos en la historia de Jim al principio de este capítulo, en un momento puedes sentir lástima por tu cónyuge y, al minuto siguiente, ¡lo quisieras matar! Cuando analices el gráfico anterior, ten presente que el infiel puede tener estos sentimientos hacia su cónyuge o viceversa.

Aunque difíciles, los períodos de depresión son en realidad oportunidades para crecer, profundizar y comprometernos a hacer las cosas de otra forma en el futuro. Son los puntos en los que intervendrá el consejero. Si no estás recibiendo consejería, puedes reconocer que los descensos de tus emociones pueden ser los momentos de proponerse un nuevo desarrollo en tu relación.

A continuación, encontramos algunos de los problemas depresivos recurrentes en individuos que participan en el proceso de recuperación. Es probable que reconozcas varios, o todos, los sentimientos implicados.

Los sentimientos del cónyuge

«Estoy exhausto. Ahora mismo ya no puedo seguir este procesamiento. Necesito un descanso». Los descansos breves y realizados por acuerdo mutuo están bien. Solo tengan cuidado ante el peligro de dejarse algo fuera en el proceso de recuperación. Algunas veces cuando se pide un descanso, en realidad se están disimulando unos sentimientos de temor a tener que enfrentarse a problemas difíciles. En ese caso, sería mejor quedarse y enfrentarse al sufrimiento o a la ira que renunciar ahora.

«Me siento confundido. ¡Yo pensaba que estaba haciendo antes exactamente lo que querías, y mira dónde nos ha llevado esto!» Todo lo que indica esa declaración es que uno de los cónyuges no tiene claro el mensaje de la aventura. Sigan hablando y siguiendo las directrices establecidas en el capítulo 8.

«¿Por qué habría de tratar de cuidarte de otra manera? Tal vez eso tampoco resulte y, entonces, ¿dónde quedaría yo?» Esa afirmación suele esconder el temor al fracaso en el intento por resolver los problemas del matrimonio, o el temor de que sea imposible recuperarse y hacer las cosas de otra manera. Además, el hecho de hablar de «cuidarte» podría estar indicando un papel poco saludable dentro de la relación matrimonial. Recuerda, el infiel es un adulto y no necesita que le cuiden como si se tratara de un niño.

En estas afirmaciones y otras que manifiestan frustración y depresión, el truco consiste en identificar cuáles son las actitudes que representan y, después, ir derecho a la creencia que les sirve de raíz. De esa manera, se pueden hacer progresos y no se va a desperdiciar el tiempo tomando un atajo equivocado.

Los sentimientos del infiel
ANTES DE LA REVELACIÓN

«Nuestro matrimonio nunca va a cambiar; no tiene sentido ni siquiera hablarle a mi esposa acerca de mi aventura. De todas maneras, no me merezco un matrimonio mejor, ahora que lo he echado a perder todo». Este infiel ya está deprimido antes de que se revele su aventura. Sus sentimientos muestran que está prejuzgando la capacidad (o incapacidad) de su cónyuge para cambiar su relación mutua. Sin embargo, eso es absurdo: el cónyuge podría sorprender al infiel al estar dispuesta a estudiar los asuntos más difíciles y a cambiar. La verdadera pregunta es si el infiel está dispuesto a vivir de una manera saludable, revelando su aventura, o está insistiendo en mantener su farsa.

«Descubrirlo la va a matar. Ahora por lo menos todo parece ir bien desde su punto de vista, y yo estoy razonablemente feliz con mi amante y mi esposa. Es mejor dejar las cosas como están». De nuevo, el infiel está suponiendo cosas acerca de su esposa. Es probable que ella en realidad no piense que todo vaya bien. El infiel se halla en una negación máxima. Está negando tanto la realidad como su propio dolor, mientras trata de vivir al mismo tiempo en dos mundos diametralmente opuestos. La angustia de mantener una mentira así a largo plazo, terminará haciéndole daño.

«Toda la iglesia lo va a saber». Es posible que esto sea cierto, pero no es excusa para no salir al descubierto y hacer que se conozca la verdad de la situación.

Si la aventura sigue adelante (es decir, no se ha descubierto, o incluso después de descubierta, el infiel no está dispuesto a terminar sus relaciones con su pareja ilícita), la depresión se suele expresar en forma de ansiedad o de una tensión cada vez mayor. El infiel se puede replegar en sí mismo cada vez más mediante la televisión, la música con auriculares en medio del aislamiento, la bebida o, incluso, tranquilizantes, pastillas para dormir u otras drogas. Los síntomas físicos se suelen evidenciar como expresiones de la tensión: fatiga crónica, dolores de cabeza sin razón aparente, problemas gastrointestinales, palpitaciones y una irritabilidad extrema.

Todo ese torbellino exige un alivio, por lo que aumenta la tensión para ir a ver de nuevo a la pareja ilícita, quien parece comprender el sufrimiento del infiel. De esta manera, el ciclo se perpetúa a sí mismo, puesto que esa pareja ilícita le proporciona alivio al infiel en un mundo alejado de la realidad.

DESPUÉS DE LA REVELACIÓN

Si el cónyuge lo sabe y terminó la aventura, los mensajes de depresión adoptan un tono diferente.

«¿Ves? Nunca se lo había debido decir. Ella estaba mejor antes de saberlo. Mira lo mucho que la ha hecho sufrir». Esta afirmación indica que el infiel cree la mentira de que «Ojos que no ven, corazón que no siente». Sin embargo, la verdad y la sinceridad son la moneda básica en cualquier relación, sobre todo en la matrimonial.

«Se acabó nuestro matrimonio. Ahora he perdido a todo el mundo. Mis hijos me odian, mi esposa me odia, mis suegros me odian. Nadie me comprende. Toda mi familia se ha vuelto en mi contra». Lo que dice el infiel al reaccionar así se va a convertir en realidad si el infiel se niega a procesar la aventura y a recuperarse de ella como es debido. En cambio, si trata sinceramente de recuperar su matrimonio, sus relaciones matrimoniales, y hasta las relaciones entre padres e hijos, pueden muy bien terminar más fuertes que antes. Además de esto, el que sus hijos vean en ustedes un modelo de reconciliación es también un poderoso ejemplo.

La cura de la depresión está en el cambio. El dolor fomenta el que corramos el riesgo de hacer las cosas de una manera diferente.

La negación no solo aleja al otro cónyuge, sino que también entierra el sufrimiento, solo para que vuelva más tarde a la superficie. Mantente con el sufrimiento y batalla para salir adelante.

Jesús ilustró ese proceso en el huerto de Getsemaní, justo antes de su crucifixión. En ese momento, agonizaba sobre la cruz. Jesús comprende lo que significa realizar tareas que no hemos pedido, como la de volver a unir un matrimonio después de una aventura.

La gran tentación de Jesús en el huerto fue el deseo de que se le librara de su misión de morir por la humanidad. Vas a tener pensamientos locos acerca de escaparte, conseguir un divorcio rápido y sucio, asesinar a tu cónyuge, o dejar que los abogados «maten» al infiel en los tribunales. Jesús también le pidió a su Padre que lo dejara escapar, pero al final de su petición, le dijo: «Pero que no se haga mi voluntad, sino la tuya» (Lucas 22:42). Su ejemplo nos puede dar esperanza.

LO QUE TENEMOS POR DELANTE

La etapa de la ira es una temporada muy dolorosa en la que se lucha con los sentimientos de dolor, angustia y abandono, pero al final produce bien en tu vida y en la vida del matrimonio.

Después de procesar la ira, tu cónyuge y tú necesitarán restablecer la confianza mutua, esa materia prima que se hizo añicos en el momento en que el cónyuge se enteró de la traición. Es posible lograrlo, pero se debe hacer bien. En el próximo capítulo veremos cómo hacerlo.

10

¿Puedo confiar de nuevo en ti?
La reconstrucción de la confianza

Herb llevaba treinta años de casado con Carol, su novia del instituto. Sin embargo, durante nueve de esos años, había estado enredado con Crystal, su amante por temporadas. La aventura de Herb con Crystal había quedado al descubierto varias veces, y Carol había reaccionado ante cada revelación de una manera diferente. La primera vez que se supo, reaccionó con lágrimas, aunque no muchas; casi de inmediato lo perdonó con rapidez. Esperaba que al hacer algo así, su matrimonio sobreviviera y el problema se arreglara solo.

Sin embargo, nueve años más tarde, Carol aún estaba luchando con la infidelidad continua de su esposo. Su «arreglo rápido» había resultado no ser arreglo de ningún tipo.

Tres años después de la primera revelación, Carol comenzó a sospechar que Herb estaba enredado de nuevo con Crystal, así que usó una intervención (lee el capítulo 7) para tratar de captar la atención de Herb. En esa ocasión, como cuando se produjo el descubrimiento inicial, Herb había dejado de ver a Crystal por un tiempo. A pesar de eso, nunca pidieron más que dos o tres reuniones de consejería con su pastor para resolver el problema de manera permanente.

Cuando su última hija se casó y se marchó de su hogar, Herb se volvió a enredar de nuevo con Crystal. Carol se dio cuenta casi de inmediato, y Herb lo reconoció en medio de lágrimas. Juntos, entraron a consejería matrimonial con su pastor, quien se centró sobre todo en su capacidad para la relación y la comunicación. Un año y medio más tarde, Herb comenzó a ver a Crystal de nuevo. Al parecer, ¡necesitaban algo más que trabajar en su capacidad para comunicarse! Debían llegar a la raíz del problema: un simple enfrentamiento seguido de un arrepentimiento no lo estaba solucionando.

UN CONTRATO TÁCITO

A primera vista, el caso de Herb y Carol tenía el aspecto de una adicción sexual, con el encadenamiento de relaciones que se produce tan a menudo allí. Sin embargo, a medida que fuimos explorando más la tríada de relación entre Herb, Carol y Crystal, fui descubriendo que eran muy pocas las relaciones sexuales que tenían Herb y Crystal, su pareja ilícita. *La verdadera cuestión parecía ser que Carol nunca se había enojado de verdad ante la traición de Herb, y Herb nunca había lamentado por completo lo sucedido después de la primera vez que se reveló la aventura que seguía su curso.* Ese paso, como vimos en el capítulo anterior, es el primer paso crítico: el cónyuge se debe enojar ante la traición. Solo entonces el infiel comprenderá el daño que han causado sus acciones.

Cuando conocí mejor a Herb y Carol, vi que no había sinceridad en su relación y, por tanto, no había fundamento alguno sobre el cual edificar la confianza mutua. La confianza no puede florecer donde haya aunque sea una insinuación de duda en cuanto a que el otro no es veraz al cien por cien. Herb sabía que Carol se debía enojar con sus acciones, pero ella lo seguía perdonando con demasiada facilidad, así que dudaba de ella.

Comencé a ver que Herb y Carol necesitaban seguir juntos por una serie de razones equivocadas. En otras palabras, habían desarrollado un «contrato» tácito que no podían romper. Según los términos del acuerdo, Carol había entrenado en realidad a Herb para que pensara que había partes de la aventura con las que ella no tenía problema. Al fin y al cabo, nunca lo iba a dejar, mientras él aceptara aunque fuera dejar de ver a Crystal por un tiempo cada vez que lo descubriera. Herb, por su parte, le podía asegurar a Carol lo importante que ella era para él al suspender por un tiempo su relación ilícita, con mucho llanto y crujir de dientes. Ese arreglo se extendía incluso hasta la pareja ilícita: Carol había «entrenado» a Crystal para que dejara libre temporalmente a Herb, sabiendo que al poco tiempo él volvería a escabullirse para regresar a ella.

Esa danza se mantenía por la falta de sinceridad y el engaño, factores muy tóxicos para una relación matrimonial. Sin embargo, cada individuo entendía las deformadas reglas del juego. Es más, a menudo en ese tipo de «danzas», si le preguntas a cualquiera de las partes lo que sucederá después, te lo puede predecir con una precisión asombrosa, ya que todos se saben los pasos.

Cuando me reuní con Carol por vez primera, exploramos su ira. No tenía ninguna. Estaba insensible, solo frustrada porque no podía «criar a su muchachito», Herb. Miraba a su esposo a través de los ojos de una madre y no de una esposa. Nunca se le había ocurrido que el verdadero problema era la terrible traición a un acuerdo entre adultos (los votos matrimoniales), porque estaba muy ocupada actuando como su madre.

Decidí decirle a Carol lo que pensaba que era la raíz de toda esta danza de tres. Le sugerí que tal vez Herb no la respetara porque nunca se había puesto lo bastante enojada para ganarse su respeto, ni para motivarlos a ambos para hacer las cosas de una manera diferente. Se rompían las compuertas, dando lugar a gemidos y lágrimas, y Carol era incapaz de pensar de manera racional en esa posibilidad.

Me gustaría pensar que por fin consideraría esta idea más tarde, pero no puedo estar seguro, pues en ese punto dejaron de asistir a la terapia matrimonial. Al parecer, la amenaza a sus pasos tan conocidos era demasiado grande. En parte, la tragedia en el caso de Herb y Carol era que trataban de reconstruir su confianza mutua sin enfrentarse primero al enojo y al sufrimiento. Realizaban el proceso al revés. El resultado fue una cadena de sucesos que se repitieron a lo largo de nueve años: revelación, arrepentimiento y nueva caída en el adulterio. Y les causaba una agonía indecible.

Con su incapacidad para enojarse, Carol impedía que Herb procesara su remordimiento y la pérdida de ambos, lo cual habría sido la clave para que no la volviera a engañar nunca más. De manera inconsciente, Carol prolongaba el sufrimiento para los dos.

LA ÚNICA «GARANTÍA» EFICAZ

Cuando descubren el más traumático de los temores en el matrimonio, la infidelidad de la pareja en la que han confiado hasta ese momento, muchos cónyuges buscan con desesperación una garantía de que esa situación no se va a volver a producir. Entre los ejemplos de esto se incluiría su insistencia de que él llegue del trabajo a cierta hora, de que le informe de inmediato todos los gastos que haga y otras cosas como la creación de estructuras, reglas y momentos límites. Aunque esto es natural y comprensible, en el mejor de los casos, estas garantías suelen ser artificiales. No van dirigidas a la raíz que ha causado la infidelidad.

La esposa necesita enfrentarse a esta difícil verdad: al final, no hay garantías. Por desesperado que sea su deseo de poder estar segura del hecho de que el infiel nunca se volverá a descarriar, no hay plan externo alguno que le pueda dar una seguridad absoluta. No obstante, lo que se puede hacer es algo que examinaremos en este capítulo: hacer que el infiel adquiera conciencia plena del sufrimiento y la pérdida que han causado sus acciones. Esa motivación interna va a proporcionar más seguridad de la que podría aportar jamás cualquier restricción externa.

LA ESPOSA TIENE LA LLAVE

En la atmósfera tan cargada de emociones que le sigue a la revelación de la aventura, la esposa herida queda con frecuencia un tanto incapacitada y demasiado confundida para cumplir incluso con sus tareas más sencillas, como las de cuidar de la casa, acicalarse con normalidad, cumplir con sus citas, etc. En su dolor, es frecuente que se pase el tiempo sin comer, dormir o incluso cuidar a sus hijos como es debido.

CÓMO LA ESPOSA «CONTROLA» EL PROCESO DE RECUPERACIÓN

Cuando la esposa...	El infiel puede...
1. deja de atacar y se obsesiona menos	comenzar a relajarse; ya no tiene que hacerse el fuerte
2. empieza a lamentarse menos	comenzar a sentir su propio sufrimiento y a lamentarse
3. empieza a perdonar al infiel	comenzar a perdonarse a sí mismo

En el cuadro anterior, observa la relación entre las acciones de la esposa y la capacidad del infiel para entrar en un proceso de sanidad, tal como aparece en el siguiente gráfico.

Fíjate que aun cuando se produjera una ruptura importante en la relación, el proceso de recuperación sigue estando íntimamente relacionado con la forma en que reaccione la esposa. Esto parece contradecir lo que afirmé antes: que ambos cónyuges tienen, ante todo, la responsabilidad por el desarrollo de la aventura. Eso sigue siendo cierto: ambos cónyuges necesitan identificar su responsabilidad en la formación del ambiente que permitió que se produjera la aventura. Sin embargo, ahora en el escenario de la recuperación y la reedificación, de seguro que el cónyuge tiene más poder que el infiel. En este punto, no solo controla el hecho de «si» van a seguir juntos, sino que también controla el «momento» en el que comienza el proceso de recuperación.

LAMENTACIÓN POR LAS PÉRDIDAS DEL INFIEL

La reconstrucción inicial de la confianza dentro del matrimonio debe comenzar con la identificación y la lamentación por las pérdidas ocurridas en la relación. Para la esposa es importante ver que el infiel se lamenta por lo ocurrido. Esa es la mejor garantía de fidelidad que puede esperar el cónyuge. Es lo que impedirá que el infiel cree otro apego emocional como el que le condujo a la aventura.

En segundo lugar, esta angustia proporciona la sensación de que terminó la aventura. Les permite sentir a ambos cónyuges que todo se acabó de manera definitiva. Cuando el infiel llora por remordimiento y manifiesta que lamenta lo ocurrido de otras formas, ambos cónyuges se pueden relajar sin preocuparse de que la experiencia pueda repetirse de repente sin advertencia alguna. Dicho de otra forma, uno no se lamenta de verdad por algo que no se ha perdido de manera irremediable. Si el infiel está elaborando un plan para volver más tarde a la relación ilícita, no estará demasiado molesto por tenerla que dejar ahora. Lo irónico de esto es que algunos cónyuges les envían señales inconscientes a los infieles en cuanto a que no quieren que sufran. Esto parecerá sorprendente, pero sucede por algunas de las siguientes razones.

1. La lamentación señala un cambio fundamental en la relación dentro del matrimonio. Sobre todo si el infiel es la clase de esposo que no ha sido capaz de manifestar mucha emoción en el pasado, su llanto va a ser incómodo para ambas partes. Esta manera de comportarse puede asustar a la esposa, y es probable que tampoco sea fácil para él mismo.

2. La esposa sabe de manera intuitiva que el infiel que se está lamentando, ahora la necesita a ella, aunque se siente insegura en cuanto a consolar al traidor. Consolar a este individuo que la ha herido tan hondo, podría dar la impresión de que lo está liberando antes de tiempo. Le puede indicar que ya todo está bien, ¡y ella sabe que no es así! Siente un conflicto interno: no lo puede consolar a él y afligirse por sí misma a la vez. Al mismo tiempo, es posible que se sienta perseguida por el temor de que si no consuela al infiel, solo podría estarlo lanzando de vuelta a los brazos de su pareja ilícita. Por eso, la esposa camina por esa delgada línea de tensión entre dejar que el infiel siga sufriendo y evitar que vuelva a meterse en la cama de la pareja ilícita.

3. La esposa podría interpretar el arrepentimiento del infiel como una añoranza por la pareja ilícita que ya no tiene. Sabe por intuición que el triste estado actual de su matrimonio forma un fuerte contraste con el idílico mundo privado que crearon el infiel y su pareja ilícita. Sabe que el infiel acaba de pasar del cielo al infierno, pero todavía no puede sentir compasión por él.

4. Muchas veces, las experiencias de la familia (por ejemplo, las exigencias de los niños, los horarios, sus dos trabajos y demás) no permiten que la pareja procese su sufrimiento al mismo tiempo. Cuando uno sufre, el otro piensa que tiene que dejar de sufrir y «ser fuerte por el bien de la familia». En cierto sentido, esto es infortunado, porque algunas veces durante la fase de recuperación, los cónyuges deben lamentarse juntos. En este proceso pueden ser útiles los fines de semana pasados sin los hijos.

Aunque el dolor de la esposa se comprende con mayor facilidad (en especial por parte de las personas ajenas), el dolor del infiel es igual de profundo. Esto es cierto en especial si la revelación de la aventura la acompaña la pérdida de una carrera o un trabajo, como sucede con los ministros y con otros a quienes tenemos en alta estima, como los que ocupan cargos políticos o los candidatos.

El apóstol Pablo habla acerca del pecado sexual como un pecado contra sí mismo (1 Corintios 6:18-19) y, vista bajo esta luz, de seguro que la infidelidad daña al infractor (el infiel) tanto como a la víctima (la esposa). El infiel necesita identificar los daños que se ha causado a sí mismo y sentir el dolor que se ha buscado.

Es útil desarrollar una lista real de lo que ha perdido el infiel. La siguiente sección se refiere a las posibles pérdidas. Tal vez a ti te vengan a la mente otras más o unas adaptaciones particulares a tu situación.

La lista de pérdidas

La pérdida del respeto a sí mismo. El infiel se tiene que mirar al espejo cada mañana, y la pérdida del respeto a sí mismo lo puede llevar a una seria depresión.

La pérdida de los límites dados por Dios que eran una defensa natural contra la participación en actividades extramatrimoniales. Una vez que alguien se ha aventurado a entrar en las aguas de la infidelidad, le es más fácil volver a entrar en ellas más tarde. Esto es un ejemplo perfecto de lo que nos exhorta la Palabra de Dios a ser y hacer: «Sean sabios para el bien, e ingenuos para el mal» (Romanos 16:19).

La pérdida de la claridad de conciencia en el aspecto sexual. En la conciencia del infiel pueden aparecer marcas negras antes y después de la revelación, y esas marcas representan un peso de culpa sobre su mente. Esto se complica si en la familia hay hijos adolescentes que luchan con el florecimiento de su propia sexualidad. Los adolescentes pueden terminar llenos de ira al ver este tipo de conducta por parte del infiel.

La pérdida de una expresión sexual libre y sin impedimentos con la esposa. El juego sexual que antes fue inocente y algo que solo ellos compartían, puede perder su colorido debido a comparaciones, vergüenzas y desilusiones. En lugar de libertad sexual, ahora hay una cierta actitud de cautela y sospechas que amenaza con alzar su repugnante cabeza. Esto me recuerda una canción del género *country* (ese género que parece hablar de la infidelidad con bastante frecuencia) titulada «No cierres los ojos». En ella, el esposo le pide a la infiel que no se fabrique fantasías en cuanto a estar con su pareja ilícita; el simple hecho de cerrar los ojos causa preocupación y sospecha en el corazón de su esposo. Esta preocupación se puede resolver hasta reducir al mínimo mediante terapia y muchas de las directrices que aparecen en esta obra, pero no es fácil lograrlo.

La pérdida de la confianza de la esposa. Después de la revelación, y antes del restablecimiento de la confianza, muchas veces no existe tolerancia alguna para las tardanzas, ni por ninguna de las demás vicisitudes de la vida, sin provocar dudas y ansiedades por parte de la esposa. Una vez traicionada, la persona se mantiene siempre suspicaz, tratando de cuidarse a sí misma y negándose a dar por sentada la mejor respuesta a lo que sucede. En este aspecto, el infiel es «culpable hasta que demuestre su inocencia». Es como una negra nube bajo la cual tienen que vivir día tras día.

La pérdida de una franqueza natural entre los amigos y conocidos. Ahora, al infiel le preocupa quién sabe qué y hasta qué punto lo sabe. Si no saben nada, ¿deberían saberlo? Si te decides a hablarles, ¿qué les vas a decir? ¿Cómo se lo vas a decir? Hay tensión cuando uno siempre tiene que mantenerse a la defensiva. Esto puede contaminar su círculo social que antes era agradable.

Un cambio de trabajo o su pérdida. Esto siempre complica más las pérdidas matrimoniales y familiares. Muchas veces trae consigo un nuevo nivel de vida y hasta un vecindario, una casa y una escuela diferentes. Estos cambios ya de por sí exigen ajustes difíciles para la mayoría de las familias, pero el hecho de verse forzado a atravesarlos en unas circunstancias como estas hace que el proceso sea más difícil aun.

La pérdida de ser humano y de ser capaz de tener deficiencias normales. En una relación matrimonial normal, cada uno de los cónyuges permite que el otro tenga su propia idiosincrasia. Se permiten algunas cosas entre sí, se manifiestan un amor y una gracia incondicionales, etc. Sin embargo, una vez que se produce una infidelidad, no hay lugar para los fallos, al menos en un inicio.

La pérdida del mundo artificial que el infiel creó con su amante. Como expliqué antes, la relación matrimonial debería haber desarrollado su «propio mundo pequeño» que debía ser especial, pero en lugar de ese mundo, el infiel y su pareja ilícita fueron los que crearon uno. Aunque era ilícito, su pérdida genera una profunda sensación de tristeza en el infiel.

Otras pérdidas únicas. Toda aventura produce pérdidas individualizadas, ya sean económicas o emocionales, o la pérdida de la reputación personal y de la profesión. Rellena el espacio en blanco con tus propios costos únicos.

Algunas cosas que hacer y que evitar para ambos cónyuges

En el proceso de lamentación, hay algunas cosas que hacer y otras que se deben evitar. Hablen entre ustedes al respecto, y revísenlas cada cierto tiempo.

1. *No* traten de hacerlo mejor. Va a mejorar si ambos cónyuges se mantienen dentro del proceso, pero si tratan de arreglarlo todo antes de tiempo, se interrumpirá el proceso.

2. *No* tengan demasiada seguridad de que todo va a salir bien. Un poco de seguridad es bueno, pero demasiada puede hacer que el otro evada el sufrimiento y se limite a esperar a que la situación se arregle sola de una manera mágica.

3. *No* se sientan mal porque no mejoran las cosas con mayor rapidez. Dense todo el tiempo que necesiten.

4. *No* se sientan responsables por haber hecho llorar a la otra persona. Tú no eres responsable por los sentimientos de ella. Sus sentimientos le pertenecen a ella, no a ti.

5. *No* trates de convencerlo (o convencerla) para que no siga llorando. El llanto es saludable en este punto del proceso.

6. *No* le distraigas con un contacto físico ni con un comentario inadecuado. El exceso de afecto los va a distraer del fuerte trabajo que tienen por delante. Y tal vez solo sea una estratagema por parte tuya para «arreglarlo todo» y dejar de sufrir.

7. *No* hables con otra persona sobre el sufrimiento de tu esposa cuando aflore en un lugar público. Déjala hablar por su cuenta si quiere hacerlo.

8. *Sí* acércate a tu cónyuge y tócala de una manera adecuada cuando esté angustiada. El momento y el lugar donde se produzca esto deberán ser apropiados, como darle una palmadita por la espalda, tomarle de la mano, o algún otro contacto físico ligero. Pídele instrucciones a tu esposa: ¿qué le gustaría? ¿Qué sería consolador? Algunas veces es importante que ella sufra sola mientras tú te mantienes sentado en silencio a su lado. Casi todos nosotros queremos tener alguien sentado en silencio cerca de nosotros. Es lo que hizo Jesús en el huerto de Getsemaní cuando les pidió a sus discípulos que velaran y oraran.

9. *Sí* entréguense muestras de aprecio: palabras verbales o escritas con las que se manifiesten agradecimiento «por acompañarme en mi sufrimiento». Un simple «gracias» ayuda. Si necesitas algo más mientras estás sufriendo, díselo a tu cónyuge. No esperes a que él (o ella) te lea la mente con respecto a tus necesidades.

10. *Sí* estén dispuestos a hablar acerca de su angustia. Planifiquen momentos específicos para hablar del sufrimiento que tienen. No enfoquen sus comentarios sobre su sufrimiento de una manera «telefónica»: «Tú quieres hablar, pero ahora yo soy el que no quiero. Ayer yo quería hablar, pero entonces tú no estabas disponible». Una buena conversación acerca de su sufrimiento común podría incluir temas como estos: Este episodio de angustia en particular, ¿de qué se trataba? ¿Qué pensamientos lo iniciaron? ¿Qué quiero decir yo (o quieres decir tú) ahora que se ha acabado esa angustia? ¿Qué necesitas de mí mientras se sana esta herida?

11. *Sí* sean sinceros con sus amigos y colaboradores, en el caso de que surja un episodio de angustia en un momento inadecuado. No tiene por qué ser humillante ni vergonzoso si surge de manera inesperada. Es la respuesta emocional de tu cónyuge a algún pensamiento del que es probable que tú no tengas control. Dale a tu cónyuge el espacio necesario para que reaccione de forma auténtica a la crisis, a su manera.

DUELO POR EL DOLOR INFLIGIDO A LA ESPOSA
Cuando el infiel no quiere hablar de asuntos difíciles

A esta altura, quizá estés diciendo: «Dave, todo eso parece bueno, pero mi esposo infiel se niega por completo a hablar sobre nuestros problemas más difíciles. Dice que todo lo que quiere hacer es olvidar lo sucedido y seguir adelante».

Lo lamentable es que este escenario se presenta con demasiada frecuencia. El infiel se niega con terquedad a hurgar en su corazón para enfrentarse a los verdaderos problemas. Por un lado, no puedes obligar a que otro adulto haga algo que de seguro no quiere hacer. En cambio, por otro lado, puedes hacer algunas cosas para abrirte paso a través de su negación y hacer que se enfrente a las difíciles emociones involucradas en la situación. Necesitas sacudirlo para sacarlo de su autocomplacencia y su renuencia ante el trabajo duro.

Esta técnica es para el infiel que:

- Se niega a enfrentarse al sufrimiento
- Dice que la aventura terminó y quiere seguir como si no hubiera sucedido nada
- Quiere hacer el trabajo duro, pero no parece querer comenzar a hacerlo
- Dice que en realidad no fue su culpa y no quiere aceptar su parte de responsabilidad
- Parece carecer por completo de arrepentimiento y solo acabó la aventura porque la descubrieron o porque necesitaba salvar su carrera
- Se quebrantó al principio, pero piensa que con eso bastó para cumplir sus obligaciones de cristiano y no quiere procesarlo más.

Si alguno de los puntos anteriores describe tu situación, el siguiente proceso, al que llamo «contar la historia», podría resultar útil. Es una revisión especial de la aventura desde la perspectiva del cónyuge, y tiene por intención hacer que el infiel obstinado dé media vuelta para aceptar el proceso de reparación que necesitan ambos cónyuges.

Una advertencia: Es posible que lo que estoy a punto de escribir te haga montar en cólera. A algunos lectores no les agradará, porque van a pensar que es inadecuado. Tal vez parezca una venganza (o al menos, algo innecesario). Muchos cónyuges que leen esta sección van a pensar que no lo pueden hacer. (¡La mayoría, después de leer lo que dice más adelante acerca de Natán, querría que hubiera un profeta al que pudieran llamar por teléfono para que fuera a su casa a realizar esta tarea!) Recuerda que esta tarea no es para todos; solo es para esos cónyuges cuyas parejas en el matrimonio se niegan a realizar el fuerte trabajo que significa la recuperación, y cuya situación coincide con los criterios presentados aquí. La experiencia de muchas personas indica que se trata de una manera poderosa de sacar a flote las emociones del infiel. Y es una maniobra con base bíblica, como veremos a continuación. Con todo, sí sorprende a los que creen que es sacrosanta la frase: «No causes más problemas».

El propósito de esta intervención es provocar una respuesta emocional necesaria y deseada, en lugar de esperar a ver lo que sucede por la vía natural. Se desarrolló en los círculos de tratamiento de alcohólicos, a fin de usarla cuando uno de ellos se negaba a reconocer que necesitaba tratamiento. En lugar de permitir que esta persona toque fondo por sí misma, los que realizan la intervención «levantan el fondo» hasta el nivel del individuo al darle un ultimátum: o te vas a hacer el tratamiento o te marchas de la familia. La meta es que el infiel o bien reconozca la necesidad de trabajar para reparar la relación o reconozca que todo terminó.

Una intervención siempre es una poderosa experiencia, y es probable que como mejor se pueda hacer es utilizando a una tercera persona, como su pastor, el consejero o un amigo de ambos. Entonces, si no hay ninguna persona así disponible y tú crees que la relación está estancada, no te eches atrás. Lo que está en juego es lo bastante importante como para que te armes de valor y te pongas a la altura de la ocasión; el futuro de tu matrimonio está literalmente en juego. Las personas se enfrentaron unas a otras durante siglos, antes que hubiera consejeros y pastores, y Dios te va a ayudar a hacerlo ahora en tu momento de necesidad.

El objetivo de contar la historia es ayudar al infiel a que sienta el dolor que le ha causado a su esposa, y a motivarlo con amor en la fase de recuperación, de tal manera que se rompa el mito de que con solo huir se «arreglará» la desagradable situación. Primero, veamos dos ejemplos tomados de hoy en día. Después veremos dos ejemplos bíblicos.

En los ejemplos de la actualidad, puedes escoger uno de estos dos caminos:

1. Al plantear un escenario de «qué tal si» donde el infiel se imagina lo que sentiría si su esposa tuviera un romance con su compañero de los juegos de golf, por ejemplo, o

2. Usar una descripción verbal que implique algo que ame el infiel.

Tal vez te acobardes ante la primera opción, pero créeme que da resultado. Debo destacar en lo firmes que son las defensas que tienen algunos infieles en la mente contra sentir todo el efecto que ha tenido su infidelidad en su cónyuge. Por tanto, necesitas un medio de alto poder para penetrar esas defensas. Este método va a resultar en la mayoría de los casos.

Cuando la esposa describa con lujo de detalles las intimidades del infiel con su mejor amiga, a él se le pondrán los pelos de punta y ella habrá logrado captar toda su atención. Tal vez la acuse de «jugar sucio» al presentar semejante escenario, pero esa es su oportunidad para cambiar el juego al señalar lo insincero (y, por tanto, igual de «sucio») que fue el engaño que él perpetró. Y además, en el caso de ella solo se trata de una ilustración de «qué tal si», ¡mientras que las acciones de él sucedieron en realidad!

La meta principal de la intervención es lograr que la esposa comunique su dolor y echar abajo las defensas del infiel. No será fácil penetrarlas, pero sí es posible. La cuestión está en comenzar con amor el proceso de arrepentimiento, remordimiento y recuperación de sus lazos mutuos. Él debe sentir todo el peso de sus acciones antes de poder comenzar el proceso de separación con respecto a su relación ilícita y de un nuevo enlace con su cónyuge.

La carta que sigue ilustra la segunda clase de intervención. Es la descripción verbal que implica algo por lo que siente afecto el infiel. Las cartas son buenas en este escenario, porque el infiel no te puede interrumpir, y puedes revisar y precisar el mensaje antes que se produzca el enfrentamiento real. Una mujer le escribió la siguiente carta a su esposo, el cual no quería procesar la aventura. Por fortuna, se abrió paso a través de su negativa a hablar y fueron capaces de procesar algunas cuestiones vitales; sin embargo, lo lamentable es que él decidió no regresar al matrimonio. Una vez más, ninguna de estas sugerencias puede tomarse como una garantía.

Al leer esto, piensa en lo que dirías en tu carta particular, si eliges este método de intervención.

Querido Hank:

A mediados de los años sesenta había un muchacho que solo empezaba a notar las cosas que le rodeaban. En la primera línea de su lista de cosas favoritas estaban los autos, sobre todo el Ford Mustang. Su interés creció hasta el punto de que dedicaba mucho tiempo a contemplar estos autos en todas las agencias donde los vendían.

Entonces un día, sucedió: vio el perfecto. Lo hicieron por encargo y tenía todas las opciones en las que habría podido soñar ese muchacho. Visitaba la agencia cada vez que tenía una oportunidad, hasta que por fin, en 1969, pudo comprar el auto de sus sueños.

¡Qué orgulloso estaba! Se pasaba un número incalculable de horas cuidando de su auto: lo lavaba y enceraba hasta más de lo que era necesario. Le pasaba la aspiradora por dentro y hasta mantenía impecable el interior del maletero. ¡Cuánto amor puso en su auto! Solo las mejores gamuzas podían tocar su pintura; un lavadero automático de autos nunca habría sido aceptable. Le aplicaba el agua enjabonada al auto con gran cuidado; era como cuidar de la mascota favorita. Lo enjuagaba con un rocío fresco y delicado. Secarlo y pulirlo eran los rituales hechos con mayor ternura.

Mientras pasaba su gamuza por la brillante superficie, admiraba cada centímetro de su carrocería, cada curva y cada pieza de cromo. El auto era tan especial en su corazón, que lo atendía con mimos hasta que estaba más resplandeciente que todos los demás autos del pueblo.

Esas mismas reglas se aplicaban al mantenimiento del motor. Solo compraba las piezas de marcas más costosas para este amigo suyo, el más estimado de todos. Nunca parecía ser un trabajo el cuidado de su auto, porque tenía la mente ocupada con el sueño de que se convirtiera un día en un clásico y esto hacía que valiera la pena todo el esfuerzo.

El hombre se convirtió en uno con su Mustang. Nadie lo podía conocer a él sin conocer su auto. Hablaba de él a menudo y aprovechaba todas las oportunidades para exhibirlo. En realidad, era el gozo de su vida.

Si su auto hubiera podido hablar, habría dicho que todas sus atenciones eran maravillosas. Habría hablado de lo especial que lo hacían sentirse las caricias de las manos del hombre y lo seguro que se sentía porque sabía que, si lo quería tanto como para tratarlo de esa forma, lo podría proteger para siempre.

Sin embargo, las cosas cambiaron un día. El dedicado dueño notó un Mercedes que pasaba frente a su casa. Empezó a contemplarlo y, aunque nunca tuvo la intención de cambiar de lealtades, en el otro auto había algo que lo atraía. No era nuevo, pues había tenido otros dos dueños, pero ese Mercedes tenía algo que le atraía.

Comenzó a descuidar el cuidado del Mustang. Ya no lo lavaba con tanta frecuencia, y hasta su interior se comenzó a llenar de basura. Por fortuna, solo pasaron unos seis meses antes que se diera cuenta de lo que sucedía. Se sintió sorprendido por su propia veleidad, así que buscó el tiempo para volver a limpiar el Mustang. Dejó de pensar en el Mercedes, y puso de nuevo su tiempo y su interés en su primer amor.

Entonces, con el paso del tiempo, descubrió que le interesaban otras cosas. Los amigos, la profesión, las fiestas y las diversiones ocupaban una gran cantidad de su tiempo, y su Mustang le resultaba cada vez menos importante. El auto comenzó a verse sucio y ya ni siquiera le funcionaba tan bien el motor.

Si hubiera podido, el auto habría reclamado «los buenos tiempos del pasado». De vez en cuando, el hombre lo limpiaba más o menos deprisa o le hacía algún mantenimiento al motor, pero ya no lo hacía con pasión.

El Mustang le seguía siendo útil, así que lo mantuvo consigo para que satisficiera sus necesidades. Alguna que otra vez, alguien le comentaba lo estupendo que le había salido el auto y lo afortunado que era por poseerlo. Hasta le hicieron una o dos ofertas para comprárselo, y él lo pensaba un poco, pero nunca lo llegó a vender.

Aunque el Mustang estaba a punto de convertirse en un clásico, si se restauraba como era debido tendría un valor inmenso, todo lo que su dueño podía ver era un auto que se volvía viejo. Durante un tiempo, estuvo pensando en arreglarlo para mostrarlo en las exhibiciones de autos, pero le pareció demasiado trabajo y lo que estaba esperando era una oportunidad para comprar el Mercedes.

A esta altura, estaba tan cansado de ver el desvencijado Mustang, que se lo regaló a un amigo que vio el potencial que tenía. No hace falta decir que su amigo estuvo encantado.

Ahora adquirió ansioso el Mercedes y lo conducía cada vez que tenía oportunidad. Se sentía orgulloso de sí mismo por haber «mejorado de categoría» al adquirir aquel auto alemán de lujo, y lo conducía con frecuencia por todo el pueblo.

Durante un tiempo, se sintió bien, pero poco a poco el entusiasmo se fue desvaneciendo, y lo extraño es que comenzó a desear la vuelta a los viejos tiempos en que estaba con su Mustang. Sin duda, ambos autos tenían cosas buenas, pero el Mustang y él pasaron tantas cosas juntos en su vida que ocupaba un lugar especial en su corazón.

Por un tiempo, estuvo pensando en volvérselo a comprar al hombre al que se lo regaló, pero cuando le propuso su plan, su amigo se negó de manera rotunda. El nuevo dueño estaba restaurando el Mustang y hasta lo había inscrito en varias exhibiciones de autos que se iban a celebrar. De ninguna manera iba a renunciar a él con tanta facilidad como lo hizo su primer dueño.

El hombre cayó entonces en una depresión profunda y terrible, porque había regalado su primer amor y estaba estancado con un Mercedes del que era el tercer dueño. Cierto, era un buen auto, pero no era lo mismo que su viejo amigo.

Hank, si todavía no lo has adivinado, tú eres el dueño del auto. Yo soy el Mustang y tu amante es el Mercedes. Quiero que comprendas mis sentimientos ahora que nos hemos ido distanciando en nuestro matrimonio a través de tantos años.

Si tú, como el dueño del auto, te sientes con deseos de restaurar tu primer amor (y siento que es lo que quieres en lo más profundo de tu ser), trabajemos juntos para lograrlo. Busquemos consejería matrimonial. No va a ser fácil, pero juntos le podemos devolver a nuestra relación el resplandeciente brillo que tuvo en el pasado.

¿Estás dispuesto a unirte conmigo para realizar el duro trabajo de restaurar nuestro matrimonio?

Cariños,
Mary

Una carta de este tipo, sobre todo cuando usa un interés que es significativo para el infiel (es decir, sustituir el Mustang con el Mercedes), puede obtener poderosos resultados.

Veamos ahora brevemente dos ejemplos bíblicos de intervención.

El estilo de Natán

Natán usó un relato de «qué tal si» que tocaría los sentimientos de David, uno que provocaría dolor en él y haría que reaccionara. No solo quería que David dijera que aquello era malo; lo que quería era que el secreto de David quedara al descubierto. Quería que lo viera desde el otro lado, desde el punto de vista de la víctima. Su motivación era que se hiciera justicia y que, por amor a David, este fuera restaurado ante Dios y ante los hombres. Sin duda, esas motivaciones también tienen su aplicación cuando nos dirigimos a un esposo infiel.

David debe haber estado alerta cuando Natán le solicitó una audiencia. Conociendo la relación que había entre Dios y Natán, es posible que esperara que Natán conociera incluso su aventura.

Sin embargo, cuando Natán se le acercó al rey con un relato acerca de una corderita, bajó de inmediato la guardia. Esto forma parte de la estrategia que se usa en una intervención. Si comienzas con un «¿Cómo es posible que tú...?» y otras payasadas, se pondrá de inmediato a la defensiva.

Natán le preguntó a David qué pensaba que se debía hacer con el hombre que robó la corderita, y David se tragó el anzuelo... el anzuelo, la línea y el flotador. Exclamó: «¡Tan cierto como que el SEÑOR vive, que quien hizo esto merece la muerte!» (2 Samuel 12:5, NVI).

El patrón de José
Después que murió su padre, Jacob, los hermanos de José temieron por sus vidas y le enviaron un mensaje para suplicarle que tuviera misericordia. Por error, se imaginaron que era Jacob el que los estuvo protegiendo, sin darse cuenta de que José ya había superado su ira y sus deseos de vengarse. La respuesta que les dio es clásica: «Ustedes pensaron hacerme mal, pero Dios transformó ese mal en bien» (Génesis 50:20, NVI).

En ese amado versículo, vemos todas las características de un perdón genuino, y al acercarnos al infiel, lo podemos llevar en el corazón. Veamos lo que declaró, aplicándolo a la situación del infiel y de su cónyuge.

«Ustedes pensaron hacerme mal, pero Dios transformó ese mal en bien».

Hacia el infiel:
- No lo deja libre de responsabilidades.
- No excusa su conducta.
- Describe sus malas intenciones.
- No le resta importancia al dolor que le infligió a su esposa.

De la víctima:
- Le exige una nueva actitud hacia el infiel.
- Ve un nuevo propósito en el sufrimiento original.
- Cosecha un nuevo beneficio de las experiencias que nunca había visto como beneficiosas.

Con fundamento en la verdad:

- Reconoce que Dios obra en el proceso.
- Apoya la soberanía de Dios en medio del dolor.
- Proporciona una nueva esperanza de que el trauma puede girar en la dirección exactamente opuesta a la que el infiel había previsto en un principio.

La actitud expresada por José es la clase de actitud que queremos lograr en una intervención: un perdón verdadero al infiel por la esposa. Esta clase de perdón protege a la víctima (la esposa) del peligro de generar nuevas víctimas en su propia generación; la venganza es impensable. Esta clase de perdón proporciona unas garantías internas de que los que están cercanos a nosotros nunca jamás van a sufrir como hemos sufrido nosotros.

Los hermanos de José pensaban que la *presencia* de su padre era lo que los mantenía seguros, cuando en realidad era el saludable *proceso* que siguió José lo que impedía que cosecharan la venganza que merecían. José conocía el alto costo del perdón y ni siquiera se sentía tentado a hacerles pagar lo que hicieron.

No obstante, una vez dicho todo esto, necesitamos comprender el proceso por el que pasó José con el fin de quedar libres del espíritu de venganza. Tal vez no deseemos seguir su ejemplo en todos los aspectos, pero sí nos proporciona un modelo a los cristianos del siglo veintiuno que nos sentimos indecisos en cuanto a enfrentar a quienes nos han hecho daño.

Vale la pena revisar su historia dentro del contexto de los problemas matrimoniales, porque es una historia de traición y abandono, la esencia de la infidelidad conyugal. Recuerda que esto solo lo ofrezco como una opción para el cónyuge que cree que el infiel está bloqueando el proceso de recuperación.

Cuando los hermanos de José aparecieron en la escena en Egipto, no los recibió precisamente con los brazos abiertos. La lista que aparece a continuación describe las reacciones de José ante sus hermanos en sus dos primeras visitas.

1. Los acusó de ser espías.
2. Los metió en la prisión durante tres días y tres noches.
3. Los sacó de la prisión para seguirlos acusando.
4. Los envió a casa con su dinero devuelto en su equipaje, lo que les aterrorizó más aun y les causó una intensa angustia durante todo el viaje y los meses siguientes. Sabían en su corazón que tendrían que volver a Egipto y devolver el dinero.
5. Puso su copa de plata en su equipaje, confundiéndolos y dejándolos perplejos de nuevo.
6. Cuando regresaron, los acusó otra vez de ser espías y de que no pagaron por los granos, aunque él sabía que su dinero se les devolvió a propósito a sus sacos.
7. Les exigió que cuando volvieran le llevaran a su hermano menor, Benjamín, la niña de los ojos de su padre, alegando que esto demostraría que eran hombres honrados y no espías. Además, les exigió que le dejaran a uno de sus hermanos, Simeón, en caso de que no regresaran.

Observa que hasta ese punto, José no les había revelado su identidad a sus hermanos, ni les había hecho ninguna declaración de que los perdonaba. Solo cuando sus hermanos comenzaron a hablar entre ellos en hebreo llenos de temor (Génesis 42:21-24), fue que José se quebrantó y lloró dos veces en privado hasta que, por fin, les reveló en medio del llanto su verdadera identidad (45:1-3). El drama y la angustia que hay en este relato lo hace uno de los relatos más dramáticos de las Escrituras.

En esa última y crítica encrucijada, José les reveló su identidad a sus hermanos, porque consideró que al fin habían experimentado todo el terror, la angustia, la sensación de abandono y de traición que él mismo sintió cuando estaba metido en la cisterna, en la caravana de camellos, en un país extraño, en la prisión y ante el faraón. Ya para entonces, José había hecho que sus hermanos pasaran por todo lo que él experimentó por su culpa. Antes que los pudiera liberar, tenían que experimentar el mismo sufrimiento que experimentó él. Tenía que saber que de alguna manera habían asociado sus pruebas de esos momentos con lo que le hicieron sufrir a su hermano cuando solo era un muchacho.

Una vez que José entendió que sus hermanos habían sentido en carne propia el dolor que sus acciones le causaron, ya no necesitó seguirlos «atormentando». Su trabajo estaba terminado, el pasado había quedado atrás, y los podía liberar de su culpa. Espero que estés viendo ya el paralelo con la situación entre el infiel y su esposa.

Este es el propósito que tiene relatarle la historia al cónyuge empecinado que se niega a procesar el dolor causado por su infidelidad. No es adecuado relatar la historia de intervención cuando el infiel está *decidido* a abandonar su matrimonio. Su uso se debe limitar a un infiel que se quiere mantener en el matrimonio, pero que se niega a trabajar en el sufrimiento pasado y finge que no ha sucedido nada.

Una vez que el cónyuge decide contarle la historia, su contenido, el momento, la preparación y el estilo de presentación son de gran importancia.

El contenido de tu historia

Cuando comiences a preparar tu relato, recuerda que el propósito es ayudar al infiel a sentir el sufrimiento de ambos. No hay ninguna historia perfecta: Natán escogió la historia de un israelita pobre que solo tenía una corderita, en contraste con el rico que tenía muchas. José decidió provocar temor y sentido de culpabilidad y espanto en la vida de sus hermanos, a fin de hacerles vivir de nuevo situaciones paralelas a su propia experiencia.

Una de las maneras más directas de hacerle entender y sentir el relato es que el cónyuge prepare una presentación verbal de cómo serían las cosas si él (o ella) sostuviera una aventura con el mejor amigo del infiel. Antes de producirse la aventura, este enfoque sería inadecuado. Sin embargo, ahora que ya se produjo la aventura, desapareció toda la protección que tenía el matrimonio en un principio.

Relatar la historia, cualquiera que sea el método, es un intento cruel y franco de echar abajo la resistencia del infiel. No se emplea para torturarlo, sino para producir una restauración cuando las posibilidades de lograrlo parezcan escasas en especial. En cierto sentido, es un método en el que no nos detenemos ante nada, pero es necesario en muchos casos donde el infiel parece haber tomado una decisión y se encuentra estancado en lo emocional.

Mientras más gráfico e intenso sea el relato de la esposa, más poderoso será el impacto que causará en el infiel. No evites ser directa. Es probable que cualquier cosa que puedas describir ya lo haya hecho el infiel, y tu matrimonio está en juego.

El momento para la historia

Aun mientras elaboras la historia en su conjunto, es fundamental que tengas en cuenta tus expectativas.

- ¿Qué esperas lograr que suceda como resultado de la historia?
- ¿Cuál sería la reacción más decepcionante?
- ¿Cómo lidiarías con ese caso más decepcionante? ¿Qué dirías?
- ¿Por qué no estás dispuesto a esperar? Identifica las razones para hacerlo ahora comparadas con las razones para hacerlo más tarde.

El contenido es importante, pero el momento lo es todo. Natán escogió un momento en el que David estaba sensible. Dios te dará esa oportunidad. Espera un momento en el que tu cónyuge infiel se halle en una transición, como lo estaba David después del nacimiento de su hijo. Tal vez se sienta meditabundo, algo deprimido o aislado. Dios te ayudará en este proceso; Él aborrece el divorcio y está comprometido con restaurar los matrimonios.

La preparación para contar la historia

Tal vez quieras escribir la historia en forma de carta para leérsela al infiel. De esa manera, sus intervenciones no podrán interrumpir tu línea de pensamiento.

Si decides describir lo que sería que tú tuvieras una aventura con el mejor amigo de tu cónyuge, haz lo siguiente:

- Escoge a un amigo que sea significativo para el infiel.
- Escoge a un amigo que conozcas bien, de modo que puedas personalizar la historia y hacerla realista.
- Escoge un escenario y una experiencia que tengan posibilidades reales; haz que sea creíble.

Después, escoge con cuidado el lugar y el ambiente en los que le presentarás la historia. Hazlo en privado, de manera que ambos se sientan libres para expresarse sin interrupción.

Prepárate en oración. Te va a hacer falta valor y debes hacerlo en el momento preciso que solo Dios te puede proporcionar.

Ensaya la historia con un amigo que será crítico, pero que apoyará lo que vas a hacer. Díselo del mismo modo que se lo dirías al infiel. Concéntrate en la historia por completo. Si no tienes acceso a ningún amigo, pon una silla vacía delante de ti y dile la historia en voz alta a esa silla vacía. Necesitas escucharte mientras narras la historia con todos sus detalles, al menos una vez.

El estilo de la presentación

Cuando estés listo para relatar la historia, pregúntale a tu cónyuge si te podría dedicar un momento. Dile que te gustaría hablar de su aventura por última vez. A cambio de contar con toda su atención, le puedes prometer que no lo vas a traer a colación nunca más. En otras palabras, si está dispuesto a escucharte solo una vez más, quedará libre de tener que volverlo a escuchar, lo cual en la mayoría de los casos es justo lo que el infiel anda deseando en este punto del proceso. Debes sentir que está de acuerdo por completo con pasar por esta sesión.

Pídele por anticipado que te preste toda su atención. Eso significa que el televisor no esté funcionando, que no haya periódico, ni que haya limitaciones de tiempo a las que te tengas que enfrentar al final del relato. En otras palabras, esta conversación no puede ser «rapidita». Es preferible que esperes, a que se te escape entre sus otros compromisos. Dile que tú también quieres dejar atrás toda esa situación, pero no has podido hacerlo aún, y que piensas que esta sesión te ayudará a ti también.

Si has decidido escribirlo en forma de carta (y te animaría a que lo hicieras), necesitarás decirle que decidiste escribir tus pensamientos y que te gustaría leérselos para hacer las cosas bien.

He aquí algunos consejos críticos antes de que las chispas comiencen a saltar y el humo empiece a hacer espirales. *Pase lo que pase, no te detengas hasta que se produzca la crisis.* A medida que la historia se vaya volviendo más intensa, es posible que el infiel trate de frustrar lo que ve venir al intervenir con objeciones, acusaciones dirigidas a ti y cosas semejantes. En ese punto, quizá necesites:

- recordarle su promesa de que te escucharía hasta el final, o bien
- parar hasta que te preste de nuevo toda su atención (pero no dejes que te boicotee; insiste en volver a comenzar donde quedaste), o bien
- presentar el relato con mayor lentitud para que él experimente todo su impacto; no lo apresures, o bien
- esperar antes de terminar si él comienza a lamentarse con tanta intensidad que no se puede concentrar. Esto forma parte del resultado que andas buscando. Aunque haya comenzado a afligirse, asegúrate de terminar tu presentación antes de considerar que la sesión terminó. Se debe contar la historia completa por la salud a largo plazo de todas las partes.

Recuerda que se trata de tu última oportunidad. Trata de dar en el blanco. Es la última flecha que te queda. En muchos sentidos, es como una operación de cáncer: necesitas cortar el cáncer sin misericordia, por el bien del paciente, y en este caso, hay dos pacientes que son marido y mujer.

No te contentes con nada menos que lo que has estado buscando de tu cónyuge. No hay razón alguna para callarse nada. Toma de corazón esta promesa de Dios y mantente firme: «¡Sé fuerte y valiente! [...] el Señor tu Dios está contigo» (Josué 1:9, NTV).

LO QUE TENEMOS POR DELANTE

Con la reconstrucción de la confianza aparece un nivel más profundo de relación: el de la intimidad. Aunque la esposa sienta que nunca va a poder dormir de nuevo con el traidor, ni tampoco permitir que él la tenga en sus brazos, es posible recuperar también ese aspecto perdido de su relación.

No es fácil, pero se puede lograr. En el capítulo que sigue nos centraremos en esta alta meta.

11

«Y serán un solo ser»
La reestructuración de la intimidad

Ángela se sentía deprimida... muy deprimida. Es más, estaba cerca de sentir impulsos suicidas. No sabía por qué, y su esposo, Stuart, estaba igual de perplejo. Su comunicación y su vida sexual eran casi nulas, y Stuart estaba preocupado. Así que trajo a Ángela para que recibiera consejería. *Él* estaba muy bien, dijo; era *ella* la que necesitaba ayuda.

Insistí en que Stuart se quedara en las primeras sesiones. Quería tener una idea de cómo había sido su historia juntos. Después de mucha discusión respecto a diversos factores de su relación, comencé a hallar las pistas que andaba buscando.

Stuart se había permitido una breve aventura de la segunda clase con su secretaria cinco años antes. Tanto él como su esposa me aseguraron de manera rotunda que eso lo superaron mucho tiempo atrás.

Sin embargo, allí estaba Ángela a punto de acabar con todo, sin causa aparente alguna. Supuse que la forma en que resolvieron la aventura dejaba algo que desear y que aún había factores de importancia que seguían sin resolver entre ellos.

Ángela afirmó que había perdonado a su descarriado esposo, pero yo tuve la corazonada de que su perdón solo fue superficial y su depresión se debía a una hostilidad reprimida hacia él. Nos pusimos a trabajar para encontrar la respuesta.

Ángela creció en un hogar cristiano donde no se permitían manifestaciones de ira. En realidad, la ira casi no existía. Nadie se enojaba jamás; solo guardaban silencio. Había una regla tácita de que si te sentías enojado, te alejaras de todos los demás en la familia, no fuera a ser que dijeras algo que tuvieras que lamentar más tarde. A esto le acompañaba la actitud de que sentirse enojado era pecaminoso.

Stuart, en cambio, creció en una familia de alcohólicos donde todo el mundo se enojaba siempre y lo manifestaba en términos inequívocos. En ocasiones, parecía que en su hogar se desarrollaba la Tercera Guerra Mundial.

Cuando los dos se conocieron en una pequeña universidad cristiana de artes liberales, Stuart se enamoró en seguida de la serenidad que veía en la familia de Ángela. Siempre había anhelado tener el tono emocional equilibrado que veía en ella.

Por otro lado, a Ángela le encantaba la sinceridad emocional y la intensidad de Stuart. Todo el mundo sabía siempre lo que pensaba Stuart. Si no le gustaba algo, lo decía; de igual manera, si le agradaba, sabías eso también. Pronto ella se volvió muy eficiente en cuanto a complacerlo y disfrutaba casi a cada momento de su aprobación.

LAS REGULACIONES DE LA IRA

Cuando Stuart se enredó con su secretaria en el trabajo, Ángela sintió un tortuoso conflicto interno. Pensaba que debía estar enojada con Stuart (o con la otra mujer, o con alguien), pero no podía precisar con exactitud lo que sentía en realidad. Al recordar su pasado, podemos ver que todas las normas antiguas acerca de la ira en ambas familias de origen entraron en juego en esa situación.

Procedentes de la familia de origen de Ángela:

- Si estás enojada, guárdatelo para ti misma (interiorización).
- No expreses tus sentimientos de enojo de ninguna forma; esos sentimientos son pecaminosos (vergüenza religiosa).
- Aléjate de todo el mundo cuando estés enojada. Es demasiado peligroso relacionarse con alguien durante ese período (aislamiento).

- «Aléjense de Ángela que está enojada» (la otra cara de la regla anterior: los demás se aislaban también).
- Cuando te canses de estar aislada, vuelve al grupo, pero finge que todo va bien (negación y engaño).

Procedentes de la familia de origen de Stuart:

- No actúes con ira; eso es algo que solo hacen los alcohólicos, no los cristianos (vergüenza religiosa).
- No me recuerdes el mal genio de papá; aún detesto lo que me hizo (rechazo).
- No me provoques a ira gritándome; nadie me va a volver a herir jamás, así que no te puedo permitir que expreses tu ira de ninguna forma (temor y negación).

Todas esas «grabaciones de la ira» comenzaron a resonar en el corazón de Ángela cuando supo que Stuart tenía una aventura, y afectaron su relación matrimonial. Su reacción inmediata fue perdonarlo de inmediato, por temor a que Stuart la dejara y dejara también a sus hijos. Decidió seguir adelante como si nada hubiera sucedido y ser una «heroína de la gracia de Dios». En su círculo de la iglesia mantuvo en todo tiempo la compostura y la veían como un modelo de virtud. La gente hablaba con un tono reverente acerca de su asombrosa capacidad para «dejar lo pasado en el pasado» al perdonar a su esposo. (En retrospectiva, podemos ver por qué estaban tan asombrados: aquel perdón no era real. No es de extrañarse que pensaran que eso era sobrehumano... ¡lo era!).

Sin embargo, en su corazón, Ángela estaba muriendo poco a poco. Stuart parecía agradecer que lo perdonara en seguida. Al fin y al cabo, ese era también su estilo: sus consignas de «Sigue adelante», «Olvídalo, que ya pasó» y «Nunca mires atrás» lo ayudaron a olvidarlo también muy pronto. Abandonó su relación ilícita y arregló las cosas para que trasladaran a su secretaria a una oficina distante, pero ella prefirió renunciar antes que mudarse. Así que todo se veía bien desde el punto de vista de Stuart.

Poco sabía que una creciente depresión estaba envolviendo a su esposa y comenzando a afectar su salud. Cuando por fin la trajo en busca de ayuda, quedaba muy poco de su personalidad para pensar en la ira que sentía hacia Stuart. Es más, casi había olvidado la aventura. Hizo falta que caváramos un poco para enlazar sus sentimientos de «frustración» con el procesamiento increíblemente rápido de la traición. Sin embargo, mientras le explicaba a ella el proceso que bosquejo en este capítulo, comenzó a ver la luz.

Cuando por fin Ángela se enojó, y tanto ella como Stuart comenzaron a lamentar lo sucedido, fue como si una inmensa úlcera purulenta se abriera por fin con un bisturí. Al principio, su relación empeoró cuando afloró la ira («¿Esto es lo que recibo por traer a mi esposa para que la ayuden?», cavilaba Stuart un tanto enojado). Entonces, cuando por fin Ángela expresó su furia y comenzó a luchar para perdonarlo a partir de sus verdaderos sentimientos, en lugar de caer en la negación, fue capaz de acercarse al perdón. En realidad, se estaba moviendo hacia el perdón directamente a través de su ira y no a su alrededor. Como resultado, Stuart desarrolló un respeto nuevo por completo hacia ella.

Cuando Ángela decidió perdonar a Stuart, él supo que esta vez era cierto y, por tanto, pudo comenzar a lamentarse por lo perdido. Ángela descubrió una persona nueva del todo, su verdadero yo, que podía compartir con su esposo. Al final de aquel largo y arduo proceso, pudieron presentarse ante la congregación para contar su testimonio de sanidad sin sentir vergüenza alguna.

Stuart, que se había comenzado a sentir como un ciudadano de segunda clase en la iglesia, por fin se pudo sentir mejor en cuanto a su propia persona porque su pecado lo reconoció por completo la persona a la que hirió: su esposa. Los dos tienen un nuevo respeto mutuo y a sus hijos les va mejor también. Aun así, lo mejor de todo es que saben con toda certeza que se han perdonado el uno al otro. Por consiguiente, saben que su relación se va estrechando con el tiempo, en lugar de ser cada vez más distante.

CUANDO SE ENTIERRA VIVO EL DOLOR

La barrera central a la reestructuración de la intimidad en el matrimonio es el problema del perdón genuino. El perdón mutuo es la meta definitiva en la recuperación posterior a una aventura y el único fundamento sobre el cual se puede reconstruir una intimidad saludable. Sin embargo, no se puede perdonar de sopetón. Como hemos visto, es necesario que sientan su ira y sus pérdidas. También deben comprender por completo la apremiante situación, tanto de su cónyuge como del matrimonio, y el «mensaje» de la aventura. Entonces, y solo entonces, le podrás otorgar un perdón perdurable a tu cónyuge.

Perdonar con demasiada rapidez

Una de las barreras que aparecen con mayor frecuencia a la producción de este perdón total y duradero es lo que sucede cuando los cónyuges quieren perdonar demasiado pronto. Esto lo examinamos con todo detalle en un capítulo anterior, pero vale la pena repetirlo aquí, pues el perdón auténtico depende del procesamiento adecuado de la ofensa.

Ya sea debido al trasfondo de su propia familia de origen, a sus creencias cristianas o al consejo de alguna persona que es importante en su vida, la esposa muchas veces trata de perdonar de inmediato. No procesa la situación como es debido, y sufre las pérdidas siguientes:

- Nunca tiene la oportunidad de perdonar al infiel y, por lo tanto, tampoco experimenta la reconciliación que es clave para la recuperación después de la aventura y para la salud del matrimonio a largo plazo.
- Nunca va a poder decir como José: «Ustedes pensaron hacerme mal, pero Dios transformó ese mal en bien».
- Siempre se hallará en una posición de ventaja con respecto al esposo infiel («Al menos, *yo* nunca he tenido una aventura»).
- Nunca va a poder desarrollar una intimidad dentro de esta relación, porque la aventura es un problema sin resolver que obstaculizará esa intimidad.
- Nunca va a poder comprender el mensaje de la infidelidad y, como resultado, la pareja siempre estará en riesgo de volver a pasar por lo mismo.
- Siempre se sentirá insegura en cuanto al porqué el infiel decidió permanecer en el matrimonio. En los años posteriores,

muchas veces se preguntará si no habría sido mejor que deshiciera su matrimonio cuando podía hacerlo.

- No es frecuente que los hijos la vuelvan a respetar (sienten que el sufrimiento y la ira todavía están vivos y sin resolver). Aunque no lo creas, es común que los hijos se pongan de parte del infiel en los años siguientes. ¿Por qué? Pienso que se debe a que saben por instinto que la esposa necesitaba ponerse bien enfadada y después caminar hacia el perdón. Sin embargo, no vieron que esto sucediera, y tienden a reprochárselo a ella.

- Nunca crecerá más allá de donde se hallaba en el momento de producirse el trauma; corre el riesgo de quedarse emocionalmente «estancada» para siempre o, al menos, mientras no procese como es debido la traición.

Los beneficios al revés del perdón fácil

¿Por qué iba alguien a perdonar a un cónyuge infiel demasiado rápido? Bueno, hay varias razones por las que hacen esto, aunque no son saludables.

He aquí algunas de las recompensas que recibe la esposa por perdonar con demasiada facilidad al infiel:

- Mantiene su inocencia. Se gana la admiración de sus amigos y vecinos que valoran el hecho de que hayas permanecido con el infiel descarriado. Te puedes sentir bien contigo misma: *A menos hay una persona justa en esta familia.*

- Mantiene tu autoestima. Al fin y al cabo, él tuvo la aventura; tú fuiste la esposa fiel. No tienes que ver ninguna información nueva que te podría implicar.

- Mantiene a raya el difícil proceso de reconstrucción. Puede servir como un mecanismo de defensa que impide que tengas que trabajar en unos cambios dolorosos en potencia. Sirve como una buena excusa en caso de que el infiel te pida que participes en el proceso: «Ya te perdoné; sigamos adelante y olvidémoslo todo».

- Te da ventaja para siempre. Tú eres la esposa buena y capaz de perdonar; él es «la mala rata que te hizo trampa». Tú adquieres el poder dentro de la relación... al menos, hasta que el infiel se decida a tener otra aventura. Entonces, volverás a estar de nuevo en la línea de fuego.

La distinción entre la negación y el perdón genuino

Una de las grandes preguntas que el cónyuge se debe hacer es esta: «¿Cómo sé si practico el perdón o si solo niego mi enojo?». ¿Cómo puedes estar seguro de que en realidad te estás desprendiéndote del dolor en lugar de reprimirlo a tu interior donde no lo puedas alcanzar? ¿Cómo sabes que cada vez eres más libre de tu dolor y no solo de sus síntomas? El gráfico que aparece en la página 228 te ayudará a aclarar la diferencia entre la negación y el perdón genuino.

Recuerda, el perdón es un *proceso*; no siempre van a estar presentes todas las características del perdón genuino, pero deberían ser cada vez más evidentes a medida que van avanzando en su proceso.

LA RECUPERACIÓN DE LA INTIMIDAD

Una aventura de la segunda clase, o aventura con participación, siempre es el resultado de un déficit de intimidad en la relación matrimonial. Cualesquiera que sean los componentes personalizados que haya en el mensaje de esta aventura, todo se sigue reduciendo a una pérdida de la intimidad antes de producirse la aventura.

PARA EL CÓNYUGE

La negación de la ira es...	El perdón genuino es...
No ser consciente de los sentimientos	Una clara conciencia de todos sus sentimientos
No fluctuar en la actitud	Fluctuaciones cíclicas o por temporadas en las actitudes
No ser vulnerable ante la pareja	Una vulnerabilidad total, a veces con miedo por lo que está en riesgo
Una relación demasiado previsible, con la tendencia a hacer de tripas corazón, a «mantenerse comprometido» (es decir, solo casado) sin mucho gozo	Imprevisible a veces: los altibajos normales de un matrimonio saludable
No cambiar el estilo de la relación	Muchos cambios, algunos de los cuales son bastante temibles
Centrarse en proyectos fuera de su persona	Enfocarse en sí mismo y en la relación matrimonial
Fingir sentimientos, a menudo hiriéndose a sí mismo y a su cónyuge; o reprimir los sentimientos	Capacidad para hablar con su cónyuge acerca de sus sentimientos
Recibir apoyo solo fuera del matrimonio: amigos, hijos, trabajo	Comenzar a dar y recibir apoyo del cónyuge
Pesadumbre emocional; nada es tan bueno como se esperaba	Libertad, euforia, sensación increíblemente viva a veces
Nunca ser agradecido por las consecuencias de la aventura	Gratitud por los cambios que trajo la aventura al matrimonio y a la vida del infiel
La negativa a discutir el asunto con otras personas que podrían beneficiarse; intensos sentimientos de vergüenza	Capacidad para hablar de la aventura casi sin dolor, con el adecuado tratamiento y con el paso de algún tiempo
Menos respeto que nunca por el infiel; lleva encubierto el desprecio por él (o ella)	Desarrollar un aprecio mayor hacia su cónyuge
Las acusaciones mentales por varias infidelidades	Una sexualidad saludable y bíblica; los hijos se benefician de unos nuevos niveles de intimidad familiar
Poner siempre sobre el infiel toda la responsabilidad por el estado de su matrimonio	Una conciencia creciente de las limitaciones que contribuyeron a la aventura; responsabilidad compartida
Sentimientos de víctima («aplastado») o de superioridad («soy mejor»)	Un saludable sentido de integridad sin compararse con el infiel; aumento de la autoestima mutua

En parte, el atractivo que tuvo la aventura para el infiel fue la oportunidad para ser él mismo (o ella misma) en su pequeño mundo privado, construido con su pareja ilícita. Necesitaba con urgencia esa libertad para ser él mismo, además de que le aceptaran y apreciaran. No sentía que tenía que fingir, ni permanecer dentro de un molde determinado, puesto que era un mundo nuevo por completo, sin más reglas que las que él decidiera crear con su pareja ilícita.

Parte del proceso de recuperación consiste en identificar lo que faltaba en la relación matrimonial y reparar esa pérdida. Necesitan reconstruir ese mundo propio especial que tenían cuando eran novios y en los primeros días del matrimonio. Todo el mundo necesita este mundo especial y distinto; es una gran parte de lo que hace especial el matrimonio.

Para seguir reedificando la confianza y la intimidad en la relación, necesitarán integrar el «mensaje» de la aventura en su nueva manera de relacionarse. El resto de este capítulo describe un proceso de integración pensado para restablecer la intimidad que quedó hecha añicos por la infidelidad. Vayan dando los pasos uno a uno, a medida que ambos los puedan soportar, adaptándolos a su propia situación.

Revisión de los factores que contribuyen

Hubo factores, tanto dentro como fuera del matrimonio, que se combinaron para causar la aventura, y es útil revisarlos. Examiné ya muchos de ellos en los capítulos 4 y 5, y sería bueno que los revisáramos, con la idea de hallar cuáles han sido los que han afectado tu unión matrimonial.

Un factor especial que se debe revisar es el árbol genealógico. «Las ratas no dan ratones», dice un refrán popular, y las aventuras tienden a repetirse en las familias. Me atrevería a apostar que en tu árbol genealógico o bien se encuentran aventuras a gran escala o al menos «estar muy cerca». Es imprescindible que vuelvas a tus padres y abuelos para descubrir tu historia.

Esa «investigación histórica» no excusa tu comportamiento ni el de tu cónyuge; solo sirve para ayudarlos a comprender el escenario en el que se produjo. El conocimiento de su herencia familiar los puede ayudar a cambiarla en su generación, de manera que no se la pasen a sus hijos. Si los adolescentes (quienes empiezan a comprender los sentimientos de los adultos) pueden ver cómo sus padres se lamentan y reconstruyen su matrimonio después de la infidelidad, eso los ayudará a no repetir el ciclo cuando se casen.

Una vez que saquen a la superficie la información (es posible que tengan que cavar un poco), conversen al respecto. ¿Cómo se siente el infiel en cuanto a esto? ¿Y el cónyuge? ¿Qué actitudes identificas hoy que observaron sus jóvenes almas en la niñez? Conviertan este asunto en un motivo para orar juntos, y sigan hablando del mismo. Hagan suya esta información, en lugar de pensar que solo es algo que leyeron en un libro.

Repasen lo que los llevó a unirse al principio

Este es un momento para centrarse en ustedes dos, en su historia especial. Es hora de ponerse nostálgicos, de recordar «los buenos tiempos».

Ustedes no tuvieron que escogerse el uno al otro; se sintieron atraídos en un inicio por muchas razones. Exploren esa colección de razones e identifiquen sus diversos componentes. Hablen acerca de esas experiencias iniciales juntos: las citas que tuvieron, los lugares que visitaron, las cosas que disfrutaron. Revísenlos, pues en esa etapa inicial del noviazgo fue donde comenzaron a confiar el uno en el otro por vez primera.

Cuando comiencen a repasar y rehacer experiencias similares que edifiquen su confianza (les recomiendo que incluso regresen a esos lugares de antaño), descubrirán que sus sentimientos de confianza empiezan a volver. Verán que, aunque el infiel y su pareja ilícita edificaron juntos su propia experiencia, sigue habiendo una abrumadora cantidad de historia que solo tienen ustedes dos. Esa historia es solo suya.

Muchas cosas los pueden ayudar a entrar en contacto con esos importantes recuerdos:

- fotos antiguas, álbumes de fotos y de recortes
- cronologías (gráficos donde anotan cosas por orden cronológico)

- listas de citas (escriban todas las cosas que hicieron y que recuerdan los dos)
- volver a visitar los lugares de antaño; incluso los viajes por el país serán útiles (pueden tomar fotos de los lugares visitados en el pasado y desarrollen su álbum de recortes, que puede haber estado descuidado por un tiempo; es más, seguir ampliando ese viejo álbum puede convertirse en una metáfora para esta etapa de recuperación: invirtiendo tiempo y energía de nuevo en su matrimonio de forma exclusiva)

Uno de los traumas que se producen cuando se recuperan de una aventura es que el cónyuge piensa muchas veces en la nueva historia que el infiel y su pareja ilícita fabricaron juntos. Aunque eso sea cierto, los recuerdos de esa historia ilícita se van a disipar con el transcurso del tiempo, sobre todo si comienzan a invertir de nuevo en su relación. Justo por eso es que la pareja en reconciliación necesita repasar y recordar lo que les unió.

HÁGANLO DE MANERA DIFERENTE: RECONSTRUYAN SU PROPIO MUNDO ESPECIAL

Es difícil admitir, sobre todo para el cónyuge, que su esposo (o esposa) comenzó a construir un mundo especial que le excluía. Es algo tan repulsivo que a veces el cónyuge trata de obviar la necesidad que tiene el infiel de ese mundo. Sin embargo, es mejor mirar de frente esa necesidad y dar pasos positivos hacia la reconstrucción entre ambos de su propio mundo.

Comiencen a salir juntos de nuevo. Busquen quien les cuide a los niños, si lo necesitan, ¡y hagan salidas románticas de nuevo! A los dos les encantará, los dos lo necesitan, y lo pueden hacer divertido. Traten de desechar algunos de los viejos patrones (por ejemplo, él nunca quiso ir a escuchar una orquesta sinfónica, ni a ella le gustó nunca el senderismo), y traten de hacer las cosas de una manera diferente. Recuerden que este es un mundo que ustedes mismos están haciendo, y pueden hallar una nueva libertad cuando le vuelvan a dar forma a su relación.

Sorpréndase el uno al otro con pequeños regalos o con notas escondidas en un cajón de la cómoda o en el salpicadero del auto. Pueden hacer que estas nuevas maneras de relacionarse sean profundas (conversaciones francas a altas horas de la noche), divertidas (llevar a tu cónyuge por sorpresa a hacer un viaje en globo al amanecer) o sexualmente interesantes (¡aquí llenen ustedes el espacio en blanco, que este libro es cristiano!). Cualquier cosa que disfruten los dos. Tengan siempre presente el lenguaje del amor de tu cónyuge.

La idea es reavivar la llama que estuvo viva entre ustedes en el pasado. Con la ayuda de Dios, su propia creatividad y las otras sugerencias para hacer esta reconstrucción, pueden reconstruir ese mundo especial.

Disfruten su intimidad
NUEVAS IDENTIDADES: EL AUTO DEPORTIVO ROJO Y OTROS CAMBIOS

Es cosa común y corriente entre los comediantes, pero es triste cuando lo pensamos con detenimiento. El individuo que durante sus treinta años de matrimonio nunca habría pensado en hacer otra cosa más que ir en el mismo auto, con lentitud y cuidado, hasta su trabajo y de vuelta, ¡de repente comienza a recorrer todo el pueblo con unas hermosas rubias en un Porsche rojo nuevo!

Sin embargo, la diferencia entre esta caricatura y la vida real es bastante ligera: una de las cosas que suele decir el cónyuge en una aventura es el cambio total de conducta por parte del infiel, tal como lo expresa él. Por ejemplo, el infiel nunca hablaba con la esposa. Con la pareja ilícita, hablaba durante horas. Con la esposa, nunca leía poesías; con la pareja ilícita, no solo lee poesías, sino que las escribe. Hay docenas de ejemplos: con la esposa nunca salía a caminar, nunca iba al parque para comerse un asado, nunca pasaba tardes de descanso en un motel, nunca compraba baratijas bonitas para regalárselas, ni planificaba encuentros, pero con la pareja ilícita hace todas esas cosas. Es cómico en cierto sentido, pero es muy triste en otro.

Por lo general, la pareja ilícita ve en el infiel una persona muy diferente a la que ha llegado a ver la esposa a lo largo de sus muchos años de matrimonio. Sin embargo, se debe revelar esa parte de la personalidad del infiel. Es una parte de su psiquis y de la relación matrimonial que la pareja ha permitido que se atrofie.

Es cierto que las diferentes personas hacen brotar aspectos diferentes de nuestra personalidad, pero una aventura abre de tal manera el matrimonio y a las dos personas que lo forman, que hay un acceso casi ilimitado a la psiquis de ambos cónyuges. En la recuperación después de la aventura, necesitamos aprovechar esa oportunidad única para ver las necesidades del otro, y convertir algo malo en una oportunidad de crecimiento.

REVÉLATE TAL CUAL ERES

Una de las maneras de revelar quién eres, y cómo llegaste a ser así, es hablar sin parar acerca de ti mismo durante veinte minutos. Este ejercicio de revelación de sí mismo no suele existir en los matrimonios, aunque es muy frecuente en las aventuras. Hablar acerca de quién eres forma parte de la fascinación central sobre la cual la amistad se convierte en aventura.

Al principio, las personas temen iniciar esta clase de actividad con su cónyuge. Piensan que es algo aburrido, egoísta o hasta narcisista, pero no tiene por qué serlo. También es posible que sientan incertidumbre en cuanto al grado de aceptación que lograrán, o que sospechen que lo que digan se va a usar en su contra.

Resístete ante esos temores e inténtalo. Recuerda, la falta de una comunicación profunda suele formar parte del mensaje de las aventuras. Todos queremos revelar quiénes somos, y todos queremos que nos conozca alguien que nos ame y nos acepte de manera incondicional.

Escoge algunos temas que sean seguros. La siguiente lista podría ser útil.

- Tus primeros recuerdos en la vida
- La escuela primaria, un grado tras otro
- Mi primer novio/novia o mi primera cita
- Los recuerdos felices de mi niñez
- Mis cumpleaños, tanto los felices como los tristes

- Mi maestro favorito y todos mis recuerdos respecto al mismo
- La primera vez que conduje un auto
- Mi primer accidente de automóvil o mi primera multa
- Mi primer beso, mi primer trabajo, etc.
- El hijo favorito en mi familia, por qué era el favorito, cómo me sentía con esa situación, y qué experiencias y sentimientos teníamos en común
- Mi favorito entre mis padres, abuelos, tías, tíos y primos
- Todas las casas en las que viví; mis amigos más locos del vecindario
- Todas las escuelas a las que asistí
- La caminata más larga que he hecho en mi vida
- Las formas en que gastaba siempre mi mesada en la niñez
- Las expresiones favoritas de mis padres y la forma en que las usaban; cuáles me gustaban y cuáles no
- Las cosas que habría cambiado si hubiera sido uno de los padres en mi familia de origen
- El año favorito de mi vida
- La edad en la que me gustaría quedarme para siempre
- Cualquier otra cosa que te venga a la mente

Todas esas experiencias traen consigo sentimientos. Dile a tu cónyuge lo que te hacen sentir esos temas. Esa es la parte que es importante hablar en este momento de su relación. Los datos son útiles; las maneras de percibir las cosas son importantes, pero los sentimientos tienen una importancia inmensa en el restablecimiento de la intimidad. Los sentimientos forman el núcleo de la intimidad, esa cercanía tan especial que nos da la seguridad de que, aunque nuestro cónyuge nos conoce y ve lo que hay dentro de nosotros, nos sigue amando y aceptando por completo.

Una de las mejores maneras de hacer este ejercicio es que los cónyuges se turnen en días sucesivos para hablar de ellos mismos. Un día lo puede hacer la esposa, y al día siguiente el esposo.

En cuanto a la secuencia adecuada de los pasos anteriores, es bien importante que solo el primero vaya por delante: la exploración de su historia familiar. Los demás se pueden ir dando de manera más flexible. Podrían hablar de algo que se refiera a su historia como pareja, y contar después algo íntimo de cada cual, al mismo tiempo que trabajan para restaurar su pequeño mundo especial. Lo que necesitan hacer es lo que les ayude a reconectarse los dos. El orden no es importante; lo importante es que abarquen estos cuatro aspectos.

UNAS PALABRAS FINALES PARA EL CÓNYUGE

En muchos de los días posteriores a la revelación, es posible que quieras que tu esposo infiel no te hubiera revelado su repugnante secreto. ¡Tal vez lo odies más por decírtelo que por la aventura que tuvo en sí! Quizá quieras estar negándolo aún y no saber la verdad. Al fin y al cabo, ojos que no ven corazón que no siente.

Estas reacciones son comunes, así que no dejes que esos sentimientos ilógicos te derriben. Forman parte de los altibajos normales en este momento. En uno de tus momentos más serenos, piensa en las verdades siguientes con respecto a tu cónyuge. Es posible que te cueste algo de tiempo asimilarlas, pero al final, cuando se calme tu ira y comiencen a unirse de nuevo, los podrás aceptar. Te ayudarán a moverte hacia el perdón. Si el infiel está comenzando a expresar un verdadero arrepentimiento por sus acciones, y no está jugando cuando sugiere que quiere reparar su matrimonio, tendrán aplicación estas verdades evidentes.

El infiel ya ha pagado lo suficiente por lo que hizo

Eso es cierto, aunque no lo creas en estos momentos: si el infiel quiere volver al matrimonio, su sufrimiento es increíblemente angustioso.

No lo puedes hacer pagar por esto más de lo que ya ha pagado. Él lo ha arriesgado todo lo que es y tiene para revelarte su secreto; ahora tú tienes la oportunidad de reparar las cosas. Resístete ante la tentación de azotar sus emociones más allá de las expresiones normales y saludables de tu ira.

Recuerda el valor que tuvo el infiel

Este es el mayor riesgo que una persona puede correr en una relación: haber traicionado de verdad la relación y después admitir que lo hizo, y decir que quiere regresar. Es lo más valeroso que podría hacer una persona en sus circunstancias.

Pocas personas tienen esa clase de valor. Casi todos nosotros detestamos tanto el dolor que optamos por el secreto, en lugar de la sinceridad y la transparencia. Tu cónyuge no ha hecho esto. Eso te indica lo mucho que quiere regresar a ti y a la relación que había entre los dos. Claro que es culpable, pero te está demostrando el valor que le da a su relación contigo al revelar su aventura y expresar su deseo de regresar al hogar.

El mensaje ha cambiado

Como comentamos en el capítulo 8, toda aventura tiene su mensaje, y esto suele incluir alguna clase de déficit de intimidad. Comprende que al descubrir la aventura, tu cónyuge infiel te está diciendo que el mensaje del matrimonio ha cambiado. Te está diciendo con sus acciones que quiere recuperar la intimidad contigo. Quiere volver al punto en que estaban los dos cuando se casaron. Ese mensaje es de gran importancia, y necesitas prestarle toda tu atención.

No te apresures

Tienes todo el derecho a sentirte abrumada, fuera de control, furiosa y casi loca cuando te revelan la aventura. No reprimas el dolor muy rápido. Tómate tu tiempo para terminar el proceso, tal como se bosqueja en estas páginas.

Recuerda que Jesús en el huerto de Getsemaní se tomó todo el tiempo disponible entre la Última Cena y su arresto para trabajar en la terrible turbulencia emocional que estaba experimentando. Tomarse su tiempo es algo saludable. No es sabio que tomes decisiones relacionadas con otras personas mientras no hayas resuelto tu propia confusión en esta crisis, que es la más importante de todas.

Ahora que se descubrió la aventura, ya sabes la verdad. Por vez primera, tu relación tiene el potencial necesario para llegar a la intimidad genuina. Tendrás que irte abriendo paso por todo el proceso de recuperación, tanto si te quedas en el matrimonio, como si no. Así que comienza. Podrías recibir una agradable sorpresa.

¡Ánimo! Lo lograrás

Mientras tú y tu cónyuge reestructuran la intimidad en su matrimonio, comprende que va a ser un progreso de los que dan dos pasos hacia delante y uno hacia atrás. Les quedará mucha turbulencia a la que tendrán que enfrentarse.

Todavía tienen por delante unos días difíciles. Aun así, ten esto bien presente: están en el *proceso* de recuperación. No es algo que vaya a pasar de la noche a la mañana; en última instancia, nunca se superará por completo la aventura. Los traumas cambian a la gente, y así debería suceder.

La aventura y la recuperación los van a cambiar a los dos, y como resultado, su relación también va a cambiar. Un esposo infiel dijo lo siguiente al recordar su proceso de recuperación:

Nunca creí que Carole me iba a perdonar. Sin embargo, nuestra relación es hoy más fuerte que nunca. Le doy gracias a Dios por habernos sacado adelante, usando la consejería cristiana y esos amigos que nos han apoyado para ayudarnos a restaurar nuestra valiosa relación. Me siento agradecido en especial por las difíciles circunstancias que me hicieron enfrentarme a algo repugnante que llevaba dentro: que estaba buscando en el sexo mi realización personal. En realidad, era una estrategia absurda. No necesitaba un cambio de pareja; lo que necesitaba era un cambio en mi propia persona. Gracias a que pude comprender esto, y al perdón de Carole, hoy en día disfrutamos de una intimidad que yo habría considerado imposible antes de la aventura.

El hecho de que ese esposo pueda dar un testimonio así después de haber sufrido a lo largo de meses de incertidumbre y de confusión en su matrimonio, me alegra el corazón como ninguna otra palabra que pudiera escuchar.

Adelante, métanse en las aguas profundas

Más que ningún otro mensaje, lo que les quiero comunicar es esperanza. Si están dispuestos a meterse en las aguas profundas, Dios los ayudará para que vuelvan a unir los pedazos de esa relación rota. Es posible sobrevivir, y hasta prosperar, después de la infidelidad. Y pido en oración que lo intenten, a partir de hoy.